国家自然科学基金项目"中国古城防内涝的智慧和经验研究"（项目号：51878282）、国家自然科学基金项目"管理单元与历史城镇的有机更新"（项目编号：51678241）、国家青年科学基金项目"我国传统城市'坑塘水系'的防洪排涝机制研究"（项目编号：51408236）共同资助

城市形态研究丛书
田银生　主编

赣州古代城市发展及空间形态演变研究

The Development and Spatial Morphology Evolution of the Ancient City of Ganzhou

吴运江　著

中国建筑工业出版社

图书在版编目（CIP）数据

赣州古代城市发展及空间形态演变研究 = The Development and Spatial Morphology Evolution of the Ancient City of Ganzhou / 吴运江著 . — 北京：中国建筑工业出版社，2023.11
（城市形态研究丛书 / 田银生主编）
ISBN 978-7-112-29224-0

Ⅰ . ①赣⋯ Ⅱ . ①吴⋯ Ⅲ . ①城市史—研究—赣州—古代 Ⅳ . ① K295.63

中国国家版本馆 CIP 数据核字（2023）第 184488 号

赣州是一座历史文化名城，其历史积淀丰富，城市规模中等。同时，它也是一座位于山地河谷平原、交通要道上的商贸城市。因此，赣州是颇具价值的城市史研究样本。

本书把古代赣州城市的发展历程分为三个时期，这三个时期分别为秦汉至南朝城市选址和迁址时期；唐宋城市变革时期；宋代和明代的"盗乱"和"王化"时期。早期城市多以军事政治职能为主，容易发生频繁迁移，这是王权制度主宰城市的时期；城市经济、物质积累达到一定程度后就会发生商业变革，并走向繁荣、开放，这是城市的商业文明时期；而社会矛盾重重，陷入动荡衰败的时候，文化融合社会的力量是城市、社会活力延续的最终希望。

本书可供广大城市历史与理论研究者、高等院校城市规划专业师生等学习参考。

责任编辑：吴宇江　陈夕涛　孙书妍
责任校对：王　烨

城市形态研究丛书
田银生　主编

赣州古代城市发展及空间形态演变研究
The Development and Spatial Morphology Evolution of the Ancient City of Ganzhou
吴运江　著

*

中国建筑工业出版社出版、发行（北京海淀三里河路9号）
各地新华书店、建筑书店经销
北京点击世代文化传媒有限公司制版
建工社（河北）印刷有限公司印刷

*

开本：787 毫米 ×1092 毫米　1/16　印张：13¼　字数：278 千字
2024 年 1 月第一版　2024 年 1 月第一次印刷
定价：58.00 元
ISBN 978-7-112-29224-0
（41775）

版权所有　翻印必究
如有内容及印装质量问题，请联系本社读者服务中心退换
电话：（010）58337283　QQ：2885381756
（地址：北京海淀三里河路9号中国建筑工业出版社604室　邮政编码：100037）

前　言

赣州是一座历史文化名城，其历史积淀丰富，城市规模中等。同时，它也是一座位于山地河谷平原、交通要道上的商贸城市。因此，赣州是颇具价值的城市史研究样本。

本书把古代赣州城市的发展历程分为三个时期，这三个时期分别为：①秦汉至南朝城市选址和迁址时期；②唐宋城市变革时期；③宋代和明代的"盗乱"和"王化"时期。

本书据此分为4部分，共6章。

第一部分为第1章，它阐明研究的概念和理论框架，讨论赣州城市史研究的价值和意义；交代相关重要的概念和研究范围；总结城市史研究以及赣州城历史研究的现状，并提出本书的内容、目标；以"文化结构三层面"说、区域社会经济分析、中微观形态分析等建立研究框架。

第二部分为第2章，是赣州城从边城演化为郡治的时期。它以区域军政格局阐释早期赣州城的选址和迁移。

第三部分包括第3章、第4章、第5章，是赣州城从山城演变为江城的时期。其中，第3章论述唐宋南方区域经济、交通变迁，从人口、商税、产业、地望等方面分析虔州的经济繁荣程度；第4章讨论晋、唐、宋时期的虔州从军镇山城到商贸江城的形态演变，说明其发生了从规模到性质、从物质形态到精神面貌的变革；第5章分析赣州具有江城特色的营建——城墙及以福寿沟为主的防洪排涝体系。

第四部分为第6章，它以"盗乱""王化"为主线论述宋末至明清赣州城发生的重要变化。此章分析了赣州城陷入停滞的原因，以及在"王化"主流意识作用下城市空间发生的变化：一是赣州城的半军事化；二是赣州成为语言、文化孤岛；三是郁孤台重登城市制高点；四是官学频迁。

本书最后为研究的结论、启示以及对后续研究的展望第7章。早期城市多以军事政治职能为主，容易发生频繁迁移，这是王权制度主宰城市的时期；城市经济、物质积累达到一定程度后就会发生商业变革，并走向繁荣、开放，这是城市的商业文明时期；

而社会矛盾重重,陷入动荡衰败的时候,文化融合社会的力量是城市、社会活力延续的最终希望。

城市存在着差异,也汇集着活力,它多元、多彩且丰富多变。城市的历史和它的未来一样,充满魅力,也富于启示。

目 录

前 言

第1章 绪 论 ··· 1
 1.1 研究的缘起和意义 ·· 1
  1.1.1 缘起：沉默中消逝的历史都市 ··· 1
  1.1.2 赣州城——有待挖掘的典型案例 ··· 2
 1.2 研究对象和研究范围的界定 ··· 4
  1.2.1 研究对象——赣州及其相关概念 ··· 4
  1.2.2 城市发展、空间形态的概念 ··· 5
  1.2.3 研究的空间范围 ·· 7
  1.2.4 研究的时间跨度 ·· 7
 1.3 研究文献综述 ·· 7
  1.3.1 城市史研究现状综述 ·· 7
  1.3.2 赣州城市史文献和研究现状综述 ·· 11
  1.3.3 文献和资料梳理与分析 ·· 14
 1.4 研究内容和方法 ·· 15
  1.4.1 研究内容 ·· 15
  1.4.2 研究借鉴的理论和方法 ·· 15
  1.4.3 本书内容和框架 ··· 18
 1.5 研究的创新点 ··· 18

第2章 "边城"四迁——区域军政格局主导的赣州古城选址及迁移 ·················· 21
 2.1 赣城萌发的历史地理条件 ··· 21
 2.2 戍边立城——秦汉时期赣南城市的肇起 ·· 22
  2.2.1 秦征百越和汉初赣南的"边区"性质 ·· 23

	2.2.2	南越、山越和异姓王三大隐患——"边城"赣县立县、选址探析	25
2.3		从"边城"到郡治——赣县的4次迁移及其原因探析	29
	2.3.1	西汉至六朝期间汉族政权与南越、闽越、东越民族关系的变迁	30
	2.3.2	政区细化、战略重心转移——赣县首迁的原因及其选址探析	31
	2.3.3	东晋江州的开发、争夺和赣县的迁移	36
	2.3.4	赣县在东晋的第三次迁移和南朝第四次迁移	40
2.4		作为统治"工具"的早期赣城之选址及迁移特征	42
	2.4.1	"边城"赣县的选址、迁移及其工具性	42
	2.4.2	从军镇到郡治——虔州、汀州城迁移及定址的对比	43
	2.4.3	王权、军政、迁址和早期城市的工具性	46

本章小结 47

第3章 区域交通变迁下的唐宋虔州经济繁荣 48

3.1		唐宋赣江流域的繁荣	48
	3.1.1	国家意志推动的岭南经济、交通重心东移	49
	3.1.2	长江中游经济、交通重心东移和赣江流域的经济繁荣	54
3.2		虔州的唐宋——经济繁荣的时代	57
	3.2.1	人口、移民的考察	58
	3.2.2	唐宋虔州的经济产业和商业繁荣	68
	3.2.3	北宋商税的考察	73
	3.2.4	唐宋虔州的区域定位和角色转变	80

本章小结 84

第4章 从"山城"到"江城"的演变——唐宋虔州的城市变革 85

4.1		滨江扩城——城市规模和城市格局的演变	85
	4.1.1	遗失的"山城"——军镇特征的东晋高琰土城轮廓初探	86
	4.1.2	"江城"的雏形——南朝陈霸先土城	97
	4.1.3	"江城"——宋代虔城鼎盛格局的形成	103
4.2		城市职能、建筑类型和街巷格局的变革	112
	4.2.1	城市职能的改变	112
	4.2.2	城市的新容——新建筑类型和人文景观的出现	115
	4.2.3	唐宋前后的城市格局和城市主轴线转变	121

  本章小结 ··· 124

第5章 "江城"之殇——洪灾、城墙和福寿沟 ································· 127
 5.1 历代洪灾和"江城"赣州的发展制约 ·· 127
 5.2 赣州城墙的军事防御和防洪减灾功能 ·· 131
   5.2.1 历朝赣州城墙修葺频率分布的特点 ··· 131
   5.2.2 防敌、防盗、防洪还是防叛——地方和中央的博弈 ····························· 135
 5.3 "江城"的特色工程——福寿沟和河流、坑塘水系 ··································· 139
   5.3.1 福寿沟及其可靠记载分析 ·· 139
   5.3.2 福寿沟现场勘察 ·· 142
   5.3.3 现存福寿沟的保存状况 ·· 143
   5.3.4 福寿沟的营建特点和作用机制 ··· 144
 本章小结 ··· 148

第6章 "盗区"的"王化" ·· 149
 6.1 明清赣南的凋敝和赣州城市发展的停滞 ·· 149
   6.1.1 明清赣南经济和赣关地位的式微 ·· 149
   6.1.2 明清赣州城市发展的停滞 ·· 152
 6.2 "盗区"赣南——国与民的较量 ·· 153
   6.2.1 盐政、南溃与赣南"匪患"的形成 ··· 155
   6.2.2 逃户、鼠疫和"变乱"为特征的明代赣南 ·· 158
   6.2.3 "破山中贼"——南赣巡抚和"十家牌"法 ······································ 163
   6.2.4 "破心中贼"——乡约教化中的"王化" ··· 164
 6.3 文治与武功的较量——"王化"核心地赣城的变化 ·································· 165
   6.3.1 虔院、卫所驻地赣城的半军事化 ·· 166
   6.3.2 客都孤岛——人口变迁与赣州城的文化置换 ···································· 169
   6.3.3 "王化"和文化自新——士绅们的"科举焦虑" ······························· 171
   6.3.4 赣学九迁记 ·· 177
 6.4 余论 ·· 183
 本章小结 ··· 184

第 7 章 结论与启示 185
7.1 主要结论 185
7.1.1 关于早期赣城的性质、职能和选址分析 185
7.1.2 关于唐宋虔州的城市变革及其驱动力 185
7.1.3 关于宋、明、清赣州的"盗乱"问题和明清赣州城 187
7.2 创新点总结 187

图表索引 189
参考文献 192
后　记 201

第1章 绪 论

1.1 研究的缘起和意义

1.1.1 缘起：沉默中消逝的历史都市

当今中国经济快速发展，仅30年间，中国城市就取得了令人瞩目的发展成就，发生着巨大而快速的变化。与此同时，许多历史文化名城面临着前所未有的挑战：老城衰败，产业变迁，人口迁移，社会生态变化，历史遗存、文化特色在消失。历史上的都市，在新兴的城市力量和旧有历史遗存的衰败、废退中徘徊。

现存的历史都市曾凭借持久的生命力，历经千年，以不朽的姿态一次次度过劫难，焕发光彩。然而，如今它们的影像是孤独而沉默的；它们的命运似乎遭到了致命的质疑——历史是否还能延续？文化是否仍需保存？过往的兴衰又有何意义？

这些问题直指城市历史研究的存在价值。

1. 城市的空间结构——在沉默中延续的历史

现今的历史城镇，虽然在整体规模、微观物质构成上都已有非常大的变化，但是将各个时期的历史地图叠加对照，往往发现其核心区域（大多是历史城区）的街巷结构并没有太大改变，而新建的城区又常延续原有的街巷结构向四周扩散。这就是我们生活的现代历史都市的现实——新的建设扎根于传统的空间结构。

尽管城市的历史总体上处于沉默而失语的状态，我们已不知不觉地延续着旧有的城市空间结构，继承着历史，也在创造着历史。

不管是把城市的历史当作沉重的包袱还是当作时间的馈赠，事实上它一直存在于当今城市，并左右着城市的发展——无法丢弃，不可逃避。

是被动延续，任其衰败，还是继承、研究？这是必须面对的问题，也是城市史研究的现实基础。

2. 城市的文化特色——即将被遗忘的历史

吴良镛院士指出："技术和生产方式的全球化带来了人与传统的地域空间分离，地域文化的多样性和特色逐渐衰微、消失；城市和建筑物的标准化和商品化致使建筑特

色逐渐隐退。建筑文化和城市文化出现趋同现象和特色危机。"❶

在全球化的今天，快速建设吞噬着城市可供辨认的特征，消灭着可供记忆的历史遗存。尽管城市的历史存在于现状，却有可能被我们遗忘，被我们视而不见；尽管城市文明有丰富的积淀，城市精神却有可能走向衰微❷。没有历史的都市将"沦为一堆风干的泥土或石料，无形制、无目的、无意义"❸。

"古往今来多少座城市又无一不是时间的产儿"，消灭了时间印迹，也就失去了精神家园❹。早在1964年，国际现代建筑协会（CIAM）在《威尼斯宪章》中就提出："（历史文化保护）不仅包括单个建筑物，而且包括能够从中找出一种独特的文明，一种有一定意义的发展或一个历史事件见证的城市和乡村环境。"❺若不及时地研究、记录、保护城市历史，我们将可能面对一个文化消融、没有见证、失去特色、无法辨认的家园。

这是城市历史研究的文化内涵。

3. 城市的兴衰变迁——国家、社会、自然的变迁史

在学科性质上，城市史是个综合性很强的学科，涉及历史、地理、政治、经济、文化、社会、规划、建筑、灾害、水利等多学科内容；在空间范围上，城市史研究的对象也许是个体城市，但是它不可避免地频繁涉及地方、区域、流域甚至国家的影响，它们都在城市史研究的关注范围内；在时间跨度上，城市史研究大多跨越一次显著的社会变迁或一个持续的发展阶段。这说明，城市历史的研究具有广阔的视野和丰富而深刻的内涵。

城市的兴衰变迁史，就是国家、社会、自然变迁的历史。发现它们的因果联系、挖掘变迁的内在驱动力，以及提供历史借鉴，这是城市史研究的重要任务之一。

往者可鉴，来者可追。城市历史研究有助于我们认清历史规律，避免重蹈覆辙，以及减少对城市发展的误判或对城市建设的误导。

这赋予了城市史研究重要的实践意义。

诚如吴庆洲先生所说："中国城市营建史之研究，有重大的理论研究价值和指导城市规划、城市设计的实践意义。从创造和建设具有中国特色的现代化城市，以及对世界城市规划理论作出中国应有的贡献这两方面，这一研究的理论和实践意义都是重大的。"❻

1.1.2 赣州城——有待挖掘的典型案例

赣州是一座著名的历史文化名城，也是一座重要的地方城市。其历史有足够的丰

---

❶ 吴良镛.世纪之交的凝思：建筑学的未来[M].北京：清华大学出版社，1999：44.
❷ "城市精神"之说参见：格迪斯.进化中的城市[M].李浩，等译.北京：中国建筑工业出版社，2012：172-179.
❸ 刘易斯·芒福德.城市发展史——起源、演变和前景[M].宋峻岭，等译.北京：中国建筑工业出版社，2005：75.
❹ 刘易斯·芒福德.城市文化[M].宋峻岭，等译.北京：中国建筑工业出版社，2009：导言2.
❺ 王景慧，阮仪三，王林.历史文化名城保护理论与规划[M].上海：同济大学出版社，1999：3.
❻ 吴庆洲.迎接中国城市营建史研究之春天[J].建筑师，2011（1）：91-95.

富性和独特性，在某些方面又有典型代表性。

1. 赣州是重要的地方中等规模城市

无论是现在还是在历史上，赣州都是赣江流域的重要城市。因地处咽喉要冲，形势险要，自汉代开始，赣州就是中央政权控扼南方的重要统治据点。江西省简称"赣"，其重心在一头一尾：北为南昌、九江，南为赣州。同时，赣州又是具有代表性的中等规模城市。赣州市政府 2013 年工作报告指出，赣州市中心城区人口为 72.5 万。按照 2014 年公布的我国城市规模等级划分，赣州属于中等规模城市❶。2009 年，我国的城市总共 1608 个。其中特大城市、大城市、中型城市是我国经济和社会发展的重要"发动机"，共 227 个，中等规模城市为 108 个，占此三类城市的 47.6%，它们是我国城市体系的支撑节点❷。

以往的个体城市史研究多把目光投向古都、省会和大型名城，但是这些城市大多具有其他城市无可比拟的自然地理、历史文化优势。因此，对赣州这样相对重要、又有一定优势的地方中等城市作研究便具有普遍代表意义。

2. 赣州是典型的山地河谷平原城市

据地理研究统计，我国山地丘陵地形占陆地总面积的 43%，高原占陆地总面积的 26%，盆地占陆地总面积的 19%，平原占陆地总面积的 12%❸。我国相当大部分城市是山地城市，山地城镇人居环境约占全国城镇人居环境总数的一半，尤以西南地区为多，其中大多又坐落在山地的河谷平原地带❹。

这些城市具有一些共同的特点：发展依赖交通条件，并受交通限制；城镇空间相对狭窄，可用地不多；用地受地形影响大；人口压力大，人均用地密度高；民族、民系、族群关系复杂，矛盾突出，社会治安容易成问题；区域城市网络不发达，经济交往联系较松散等。另外，这些问题综合起来导致山地城市比较依赖历史发展机遇，而且山地城市在历史上兴衰起伏大，相对于平原城市是不稳定的。

以上特征在赣州城市发展史上有着比较明显的表现。因此，赣州城有作为山地城市的典型代表性。

3. 赣州是典型的交通要道型城市

历史上有不少城市因地处交通要道而兴起，这既有山地城市，也有平原城市；既有沿运河的城市，也有沿自然河流的城市；有内陆的城市，也有沿海的城市。大体上，前者都没有后者稳定，因为前者依赖的交通条件变迁的可能性比较大。另外，大多山地城市都处在交通要道上，其重要程度差别较大，因此城市的发展机遇各不相同。

---

❶ 《国务院关于调整城市规模划分标准的通知》（国发〔2014〕51 号）。
❷ 谢小平，王贤彬. 城市规模分布演进与经济增长 [J]. 南方经济，2012（6）：58-73.
❸ 陈玮. 对我国山地城市概念的辨析 [J]. 华中建筑，2001（3）：55-58.
❹ 黄光宇. 山地城市学 [M]. 北京：中国建筑工业出版社，2002：18.

赣州城是内地通向东南沿海的重要通道之一，是典型的交通要道型城市。秦汉时因军事交通而肇起；唐宋时因经济交往而兴盛；近代又因交通变迁而衰落。由于城市经济对交通的依赖性很大，因此地区经济发展、城市空间形态也都具有这类城市的特点。

4. 赣州是罕有的"宋城历史博物馆"，其历史内涵丰富并有待挖掘

赣州是国家级历史文化名城。赣州城历经秦末汉初以来的迁移、演变、兴衰，至今已有 2200 年的历史，并仍保留着宋代以来的城市基本格局。它有较为完整的宋代城墙遗存，是罕见的"宋城历史博物馆"，也是研究中国古代城市选址、规划、营建、发展和空间形态演变的珍贵案例。

此外，关于赣州的研究虽然成果丰硕，但我们还是缺乏对其城市历史作深入挖掘。选择赣州作为研究对象，是因为其城市史的研究基础较好，历史遗存也较为丰富并有待挖掘。

综上所述，赣州作为一个比较重要的、规模中等的、典型的山地河谷平原上的交通要道型城市，它既有特色又有普遍代表性，而且历史积淀丰富并有待挖掘，是个颇具价值的城市史研究样本。

1.2 研究对象和研究范围的界定

1.2.1 研究对象——赣州及其相关概念

1. 赣江流域

江西省简称"赣"，基本上就是赣江流域。赣江是江西省内的主川，是长江八条一级支流之一，南北贯穿江西省域，全长 945km，形成山岭夹江、多条支流汇入的赣江流域。赣江北流进入鄱阳湖，在九江、湖口汇入长江，周围形成肥沃的豫章平原，有南昌（洪州）、九江（江州）等著名城市，是江西的北部门户；其南部为上游，发源于五岭，为赣闽粤交界之山区，主要城市是赣州，是江西的南部门户。

2. "赣"字溯源——古老的南北文化交流

赣江在赣州由章、贡两江合流而成。历来有人望形生义，把"赣"字解释为"章""贡"合字生成，但事实并非如此，"赣"字的内涵远比表面看上去要丰富而且深刻得多。

成书于西周至战国间的《禹贡》，将赣州地区归属于九州中的扬州域❶。这一点，似乎为各史家公认❷。王建军在《赣水、赣县名称源流考》一文中，根据"赣"字字形的演化，详细地论证了赣县的"赣"字来源于赣江水名，其原字是"赐"的意思❸。

---

❶ 岳红琴.《禹贡》与夏代社会 [D]. 郑州：郑州大学，2006：20-25.
❷ 乐史. 太平寰宇记·卷之一百八 [M]. 北京：中华书局，2000.
　顾祖禹. 读史方舆纪要·卷八十八 [M]. 北京：中华书局，2005.
❸ 王建军. 赣水、赣县名称源流考 [J]. 南昌大. 学学报：人文社会科学版，2011（1）：157-160.

"赣"字在许慎的《说文解字》中也解释为"赐",音"gòng"❶。从"赣"字释义看,有许多学者把《尚书禹贡》中提到的"三江"解释为西江、北江和南江,并认为其中南江即指赣江,十分可信❷。

简言之,古代有赣县,有章、贡两江之名以前,赣江即名"赣",即《禹贡》中的南江,意为"贡赐"之江。因此,赣城以水得名,且章、贡两江得名在后。

这样,赣江就可能是远古南方少数民族向中原王朝"朝贡"(贸易)路线中的一条传统通道,而赣江流域及其以南的土著文明与中原文化的交流历史或可推至更早,当然这有待进一步的研究证实。

3. 赣南、赣州和虔州

赣江上游的崇山峻岭间有河谷盆地,它形成了一个相对封闭的区域:南阻大庾岭与广东北部接壤,西倚罗霄山脉与湖南分界,东邻武夷山脉与福建相邻,北据零山,与吉安、抚州相交。盆地周高中低,缺口朝北,形成一个U形。这一区域和周边的山岭丘陵被称为"赣南",即今之赣州市辖区。

隋朝以前,赣南称南康郡。隋代至南宋以前,赣南称虔州。南宋绍兴二十三年(公元1153年),虔州兵乱,以名不祥而易名赣州❸。因此,本书对应年代称作"虔州""赣州"时,皆指赣南,即今赣州市域。

4. 赣县、赣城、虔州城和赣州古城

赣城之萌发于赣南,是由于它的军事地理优势。章、贡两江在赣南合流为赣江,直下鄱阳湖。合流之三江交汇处,形成一个三面环水、易守难攻的舌状地形,即今赣城之所在。

赣城自秦朝南拓、汉立赣县以来,历经2200多年,并始终是赣南的军政、经济重镇,也是古中原王朝深入南疆的统治据点。随着中原文化南下,它也成了与南方土著文明交汇的重要节点。

汉代至南朝,赣县四迁其址。赣城作为赣南地区的治所,其在东晋时为南康郡治,隋代时为虔州治,南宋时为赣州治,并始终被称作"赣县"。

本书所称"赣县""赣城""虔州城""赣州古城",均指这一统治据点,它是城池以内以及与城池直接相关的章、贡两江四岸的范围。

1.2.2 城市发展、空间形态的概念

1. 城市发展

"城市发展"一词包含两个维度的内容:一是"发展"指纵向历史过程;二是"城市"限定其涉及面。

---

❶ 许慎.说文解字[M].北京:中华书局,1963:130.
❷ 王绪蕾认为"三江"系虚数。参见:王绪蕾.《禹贡》水名歧说研究[D].郑州:郑州大学,2013:34.
❸ 魏瀛.赣州府志·卷二[M].同治十二年刊本.台北:成文出版社,1970.

"发展"在《辞海》中的解释为"事物由小到大、由简到繁、由低级到高级、由旧质到新质的变化过程"或是"特指生产力，经济、政治、文化和社会的发展"❶。因此，本书研究的"赣州古城发展"是指赣州古城历史上各个阶段的"变化过程"。其中，"变化"及"变化的过程"是考察的重点。

"城市发展"一词未见有人下过明确的定义。刘易斯·芒福德（Lewis Mumford）在其名著《城市发展史——起源、演变和前景》一书中认为，"城市的发展从其胚胎时期的社会核心到它成熟期的复杂形式，以及衰老期的分崩离析，其发展阶段应有尽有，很难用一种解释来说明"❷。

刘易斯·芒福德没有对"城市发展"作出明确定义，但是他显然认为城市发展史所讨论的本质问题不在物质形态，而在于它容纳的文明，"如果我们仅只研究集结在城墙范围以内的那些永久性建筑物，那么我们就还根本没有涉及城市的本质问题"❸。

综上所述，本书讨论的"赣州古城发展"并不局限于物质形态，而是关注各个历史阶段推动城市产生变化的因素，其涉及面包括作为驱动因素的政治、军事、经济、交通、社会、文化等各个方面。

2. 空间形态

尽管城市文明无所不包，但是本书更倾向于把最终着眼点落实于"空间形态"上。

"形态"（morphology）一词来源于希腊语 Morphe（形）和 Logos（逻辑），即形式逻辑。"形式"限定其范围，而且重点在"逻辑"，即对形式的逻辑分析，这是其目的。

"城市形态"是对城市存在形式的逻辑分析。段进认为，广义的城市形态"不仅仅是城市各组成部分有形的表现，也不只是指城市用地在空间上呈现的几何形状，而是一种复杂的经济、文化现象和社会过程，是在特定的地理环境和一定社会经济发展阶段中人类各种活动与自然因素相互作用的综合结果"❹。谷凯认为，城市形态是"在特定的地理环境和一定的社会经济发展阶段中，人类各种活动与自然因素相互作用的综合结果，是人们通过各种方式去认识、感知并反映城市整体的意象总体"❺。以上都是广义城市形态的定义。狭义的城市形态特指城市的物质空间组成及其分析。

为区别于广义的城市形态，本书中的"空间形态"特指狭义的城市形态。限于精力和时间，本书不包罗微观的空间形态，即建筑的形制和风格，而把这些内容留给更专业的古建筑学者去深入探讨。因此，本书的"空间形态"着重于赣州古城的物质空间范围、分区、空间结构、街巷、市政设施等中观层次的空间构成及其逻辑分析。

---

❶ 夏征农，陈至立. 辞海 [M]. 第 6 版. 上海：上海辞书出版社，2009：550.
❷ 刘易斯·芒福德. 城市发展史——起源、演变和前景 [M]. 宋峻岭，等译. 北京：中国建筑工业出版社，2005：1.
❸ 刘易斯·芒福德. 城市发展史——起源、演变和前景 [M]. 宋峻岭，等译. 北京：中国建筑工业出版社，2005：3.
❹ 段进. 城市空间发展论 [M]. 南京：江苏科技出版社，2006：137-138.
❺ 谷凯. 城市形态的理论与方法：探索全面与理性的研究框架 [J]. 城市规划，2001（12）：36-41.

1.2.3 研究的空间范围

首先应该认识到，"城市空间形态是一种生态关系空间、其人流、物流、资金流、技术流、信息流有着较大的时间或空间跨度，在地域分布上也不一定是连续的，因而其空间边界是模糊的、抽象的"❶。

城市作为一个高度聚合的、复杂的巨型系统，必然跟外界环境进行物质和文化交流。影响城市发展的因素相当广泛，范围也相当广阔，国家、区域、流域以及地区的社会、经济和文化变迁都会深刻影响一个城市。这些内容在本书均有所涉及，但重点在前面所定义的"赣州古城"。

本书的研究空间以赣州城及章、贡两江四岸为核心区域。论述城市选址及其变迁时会涉及赣南的两个重要盆地和相关城市；论述交通变迁时有跨区域和流域的相关内容；论述盗乱和王化的章节用了赣南地区的史料佐证。对这些相关内容的探讨，都是为了阐述"赣州古城"的发展和空间形态演变。

1.2.4 研究的时间跨度

对"古代"赣州城市发展范畴的研究，其时间跨度为秦汉赣城萌发至清朝（近代化以前），而观察的重点则放在3个赣城的历史突变期，即关注发生"质变"的城市变革期。对历史突变期的现象及其背后的驱动力，将被尽可能地深入研究和阐述。

城市发展有综合和复杂的因素，它在某一时间段内往往由个别的、少量的因素主导。据此，本书研究的重点主要集中在赣城的3个历史时期的突变点：

（1）秦汉至南朝城市选址和迁址时期；
（2）唐宋城市变革时期；
（3）宋代和明代的"盗乱"和"王化"时期。

这三段历史时期可能有一定重叠，其分期的逻辑是分别对应于这一时期影响赣城性质和形态的主导因素：王权（制度）、商业经济（物质）与文化（精神）。关于分期逻辑，可参见本书 1.4.2 节。

1.3 研究文献综述

1.3.1 城市史研究现状综述

1. 海外学者关于西方城市通史的研究

西方的城市历史研究最早出现于 20 世纪初，苏格兰生物学家帕特里克·格迪斯（Patrick Geddes）率先提出以历史、文化的视角审视城市发展❷。然而作为一个具有影

---

❶ 段进. 城市空间发展论 [M]. 南京：江苏科技出版社，2006：138.
❷ 帕特里克·格迪斯. 进化中的城市 [M]. 李浩，等译. 北京：中国建筑工业出版社，2012.

响力的分支学科代表人物，20世纪60年代的刘易斯·芒福德首当其冲。刘易斯·芒福德的《城市发展史——起源、演变和前景》❶发扬光大，并把城市放置在历史、文化、地理和区域城市体系的宏观背景下，且与社会学相结合。刘易斯·芒福德因其名著《城市的文化》❷支持了帕特里克·格迪斯的区域规划理论，还被认为是区域规划理论的积极支持者。刘易斯·芒福德和另一位历史学家亨利·皮雷纳（Henri Pirenne）的《中世纪的城市：起源与贸易复兴》❸都开创了从历史、文化的角度挖掘城市的本质和意义的理论先声。他们的方法和观点为乔尔·科特金（Joel Kotkin）所支持，他在《全球城市史》❹中，把决定城市生命力的三个因素（神圣、安全、繁忙）中的文化精神——神圣列为第一位。在芒福德和科特金的观念中，城市的第一本质是人类文明的容器，城市的这一本质使其获得最关键的吸引力（磁力学说），而容器只是这一本质的外在形态。因此，城市的起源与繁盛并不取决于政治、军事力量，而是文明、精神的力量。这样的观点和英国艺术历史学家克拉克（Kenneth Clark）爵士在《文明的轨迹》里关于罗马灭亡表达的观点是一样的。

2. 海外学者关于中国城市史的论著

海外学者关于中国城市史的论著颇为丰富，有些已翻译为中文，其视野广阔且研究深入，常有发人深省的见解，并对本书在方法和思路上多有启发。

日本的加藤繁在《宋代都市的发展》（1931）提出了"市坊制崩溃"的命题。该文和《唐宋的市》（1933）被收录在《中国经济史考证》（1952）❺一书中。斯波义信的《宋代商业史研究》（1968）❻探讨了宋代城乡的经济结构；《宋代江南经济史研究》（1988）❼列表对比了150余座城池，得出关于宋代南北方城池建设多方面的推论。

施坚雅（G. William Skinner）主编的《中华帝国晚期的城市》（1977）收录了一批外国学者从经济学、社会学角度研究中国明清城市史的论文。书中提出了以区域城市体系理论研究中国城市的学术主张，把中国的城市按流域分为九大区域；他在中国城市与乡村市场的研究中，首次将"中心地"与层级理论应用到中国，打破了西方人对中国古代城乡二元论的理解，创立了著名的"施坚雅模式"❽。

罗威廉（William Rowe）的《汉口：一个中国城市的商业和社会（1976—1889）》（1984）❾认为汉口的行会曾起到近乎商业自治的作用。林达·约翰逊（Linda Cooke

---

❶ 刘易斯·芒福德.城市发展史——起源、演变和前景[M].宋峻岭，等译.北京：中国建筑工业出版社，2005.
❷ 刘易斯·芒福德.城市文化[M].宋峻岭，等译.北京：中国建筑工业出版社，2009.
❸ 亨利·皮雷纳.中世纪的城市——经济和社会史评论[M].陈国樑，译.北京：商务印书馆，1985.
❹ 乔尔·科特金.全球城市史[M].王旭，译.北京：社会科学文献出版社，2006.
❺ 加藤繁.中国经济史考证·第一卷[M].吴杰，译.北京：商务印书馆，1959.
❻ 斯波义信.宋代商业史研究[M].庄景辉，译.台北：稻禾出版社，1997.
❼ 斯波义信.宋代江南经济史研究[M].方健，何忠礼，译.南京：江苏人民出版社，2001.
❽ 施坚雅.中华帝国晚期的城市[M].叶光庭，等译.北京：中华书局，2000.
❾ 罗威廉.汉口：一个中国城市的商业和社会（1976—1889）[M].江溶，鲁西奇译.北京：中国人民大学出版社，2005.

Johnson）主编的《帝国晚期的江南城市》(1993)收录了5个学者关于苏州、杭州、扬州、上海的研究，认为"对于一个像中国这样地域广大的中央集权制官僚国家来说，政治因素确实起着决定中心地等级地位的重要作用"❶。申茨（Alfred Schinz）的《幻方：中国古代的城市》(1996)❷探讨了中华文明的哲学观和宇宙观在古代城市和聚落中的影射，认为中国城市的原型是一种九宫格形态。中国台湾旅美学者赵冈的《中国城市发展史论集》(2006)❸从人口、土地和粮食供应的角度分析了中国历代城市人口比例，并据此分析了多个名城经济腹地的承受能力以及漕运、选址和城市兴衰的关系。

海外的中国城市研究著述还有不少，诸如夏南悉（Nancy Shatzman-Steinhardt）的中国古代都城研究以及旅美学者马润潮关于中国古代城市和区域经济的研究等。

3. 国内关于中国城市通史的研究

国内城市史研究可追溯至20世纪30年代刘敦桢的《汉长安城与未央宫》，但直至20世纪80年代才出现城市史的研究热潮。

侯仁之的《历史地理学的理论与实践》❹从地理变迁的角度，讨论了北京、邯郸、淄博、承德等城市的兴衰。傅崇兰的《中国运河城市发展史》❺论述了天津、通州、济宁、淮安、苏州、杭州、扬州等运河名城的发展与航运的关系。贺业钜的《中国古代城市规划史》❻将中国古代城市发展分为五个时期，分别总结了当时的城市体系规划、城市规划的思想和特点，对古代各时期经济区域规划和城市区域规划关系的论述丰富翔实。董鉴泓的《中国城市建设史》❼系统阐述了中国古代奴隶社会、封建社会及近代半殖民地半封建社会及1949年后中国城市的发展历程，有明显的"营建史"色彩。此外，还有马正林的《中国城市历史地理》(1998)、庄林德、张京祥的《中国城市发展与建设史》(2002)、何一民的《中国城市史纲》(1994)、李孝聪的《历史城市地理》(2007)、许学强、周一星等的《城市地理学》(2009)、杨秉德的《中国近代城市与建筑》(1993)、成一农的《古代城市形态研究方法新探》(2009)等。

吴庆洲对古城的防洪抗涝、营建思想和军事防御体系研究独具特色，对本书有很大的启发。《中国古城防洪研究》(1995)❽对中国古城防洪进行了探讨，总结了中国古代城市防洪的八字方略；《建筑哲理、意匠与文化》❾一书总结了中国古代哲学与城市规划的关系；《中国军事建筑艺术》❿从城市防御的角度出发，分门别类地论述了中国古

---

❶ 林达·约翰逊. 帝国晚期的江南城市[M]. 成一农, 译. 上海：上海人民出版社, 2005：5.
❷ 阿尔弗雷德·申茨. 幻方：中国古代的城市[M]. 梅青, 译. 北京：中国建筑工业出版社, 2009：10.
❸ 赵冈. 中国城市发展史论集[M]. 北京：新星出版社, 2006.
❹ 侯仁之. 历史地理学的理论与实践[M]. 上海：上海人民出版社, 1979.
❺ 傅崇兰. 中国运河城市发展史[M]. 成都：四川人民出版社, 1985.
❻ 贺业钜. 中国古代城市规划史[M]. 北京：中国建筑工业出版社, 1996.
❼ 董鉴泓. 中国城市建设史[M]. 北京：中国建筑工业出版社, 1989.
❽ 吴庆洲. 中国古城防洪研究[M]. 北京：中国建筑工业出版社, 2009.
❾ 吴庆洲. 建筑哲理、意匠与文化[M]. 北京：中国建筑工业出版社, 2005：343-379.
❿ 吴庆洲. 中国军事建筑艺术[M]. 武汉：湖北教育出版社, 2006.

城池防御系统的设计和营建。

陈国灿的《南宋城镇史》❶展现了南宋时期丰富翔实的城镇发展图景，他的著作还有《中国古代江南城市化研究》《宋代江南城市研究》《江南农村城市化历史研究》《浙江城镇发展史》。此外，还有毛曦的《先秦巴蜀城市史研究》等。

4. 国内的古都城研究

叶骁军的《中国都城历史图录》（1987）、《中国都城发展史》（1988）、《都城论》（1994），杨宽的《中国古代都城制度史》（1993）都系统地论证了中国历代都城及其制度的发展演变。杨鸿年的《隋唐两京考》（2000）以隋唐长安、洛阳为研究对象，从城、市、街、坊、官府五个方面对两京城制进行了深入而广泛的研究。

田银生的《走向开放的城市——宋代东京街市研究》（2011）以宋代东京汴梁的街市分布、组织构造、市井生活为研究对象，通过对大量历史文献资料的研究，说明了中唐之后坊市的松懈和后周东京形成街巷格局的原因，阐明北宋东京街市的组成要素与城市性质变化的关系以及街市的组织构造与城市形态变化的关系。此研究以宋代东京作为案例，采取自下而上的归纳总结法，论证商业的发展、繁盛对中国古代城市发展产生的深刻的、革命性的影响。其中绪言部分阐述了"王权"对城市起源的决定作用，以及城市演进史中"商业"对"王权"的变革，这对本书有很大的启发❷。

此外，还有王社教的《汉长安城》、杜金鹏的《偃师商城初探》、刘庆柱和李瑜芳的《汉长安城》、张劲的《两宋开封、临安皇城宫苑研究》等。

5. 国内的地方城市史个案研究

近年来有更多学者着眼于地方城市的个案研究，如吴良镛先生的《张謇与南通"中国近代第一城"》（2006）、于海漪的《南通近代城市规划建设》、许蓉生的《水与成都》、李肖的《交河故城的形制布局》等。

吴庆洲主编的"中国城市营建史研究书系"，有苏畅的《〈管子〉城市思想研究》、张蓉的《先秦至五代成都古城形态变迁研究》、贺为才的《徽州村镇水系与营建技艺研究》、冯江的《祖先之翼：明清广州府的开垦、聚族而居与宗族祠堂的衍变》、刘晖的《珠江三角洲城市边缘传统聚落的城市化》、刘剀的《晚清汉口城市发展与空间形态研究》、万谦的《江陵城池与荆州城市御灾防卫体系研究》、王茂生的《从盛京到沈阳：城市发展与空间形态研究》、李炎的《南阳古城演变与清"梅花城"研究》、傅娟的《近代岳阳城市转型和空间转型研究（1899—1949）》、邱衍庆的《明清佛山城市发展与空间形态研究》、谢璇的《1937—1949年重庆城市建设与规划研究》、吴佐宾的《城水相依：明清西安城市水系与人居环境营建研究》、吴薇的《近代武昌城市发展与空间形态研究》、黄全乐的《乡城：类型——形态学视野下的广州石碑空间史》、

---

❶ 陈国灿. 南宋城镇史 [M]. 北京：人民出版社，2009.
❷ 田银生. 走向开放的城市——宋代东京街市研究 [M]. 上海：上海三联书店，2011.

梁励韵的《巨变与响应——广东顺德城镇形态演变与机制研究》等。本丛书目前共有24本，其他还在不断扩充中。这系列丛书涵盖了城市营建思想史、城（镇、村）与人居聚落发展史、城市水系、防洪、军事防御、形态等各个方面，其类型囊括了江城、山城、平原要塞城、商城、乡城等各种类型。此外，个案所属的地域从东北至岭南，其展现的研究方法有史学、地理学、社会学、城市经济学、形态学等，它充实、丰富了城市史研究的内容，并在研究的方法和成果上颇具参考价值❶。

6. 国内外相关理论研究总结评析

随着城市快速发展和旧城更新改造的盛行，国内的城市历史研究渐成一门"显学"，成果丰硕。过往的研究成果展示了丰富的研究思路，并为本书提供了坚实的基础。但是随着学科的逐渐发展以及研究的不断深入，也凸显出一些可改进之处，又呈现出一些可喜的变化。

（1）研究对象的级别，全国性的名城巨都为热点，中、小规模城市史研究方兴未艾。

（2）研究对象所属地域，从早期都城研究居多，到后来江南城市研究居多，如今其余地区的城市史研究也受到了关注。

（3）研究对象的类型，以往以经济发达地区的平原商城为主，山城、边城、军城较少；以个体城市营建历史为主，区域、流域城市体系的研究渐有成果。

（4）研究的时间范围受限于资料，明清城市史研究占据数量优势；但随着考古发现的资料补充，元代及以前的城市面貌日渐清晰。

（5）在研究方法上，海外的中国城市史研究限于条件，多偏向历史学、社会学、人类学、经济学，而对物质空间形态的演变则较少阐述；国内的城市史研究有较好的条件，但仍需倡导将政治、社会、经济、文化、历史地理和具体的物质空间形态演变相结合的研究方法。

1.3.2 赣州城市史文献和研究现状综述

1. 赣州的地方志和相关史料文献

赣州古城相关的地方志有：明嘉靖《赣州府志》、清康熙《赣州府志》、清乾隆《赣州府志》、清同治《赣州府志》、清康熙《赣县志》、民国《赣县志》、清顺治《赣石城县志》。其中以同治《赣州府志》最为丰富翔实，它分作79卷，记载了自秦末以来直至清同治的赣州建制、治理疆域、城池、山脉水文、官衙祠庙、兵制、财税、人口、人才等信息。特别是赣州城池和赣州城内街道的古地图非常详细，与赣州老城区的形态、布局一一对应，这是最重要的原始史料❷。

此外，地名志有赣州市地名委员会编印的《赣州市地名志》、赣县地名委员会编印

---

❶ 吴庆洲主编的"中国城市营建史研究书系"，由中国建筑工业出版社出版。其中苏畅、傅娟等著的10本书于2010年出版，邱衍庆、梁励韵等著的6本书分别于2014—2015年出版，之后又陆续出版了其他8本书。
❷ 魏瀛. 赣州府志[M]. 同治十二年刊本. 台北：成文出版社，1970.

的《江西省赣县地名志》等。

明万历《虔台志》有存本藏于日本，记录了明代赣南盗乱和弭盗的军事行动。台湾学者唐立宗的《在盗区与政区之间——明代闽粤赣湘交界的秩序变动与地方行政演化》即以此资料为基础研究明代赣州军事建制、赣粤闽湘边境的社会流民、走寇和私盐贩卖等非法商业活动。黄志繁的《"贼""民"之间：12—18世纪赣南地域社会》❶论述赣南历史上的动荡及社会变迁，其中关于社会阶层结构和利用科举制度教化流民的研究颇有参考价值。

2. 与赣州城市史研究相关的论著

1）关于赣州古城的论著

李海根的《宋城赣州》、韩振飞的《古城赣州》介绍了地域的地理位置、宋城、名胜古迹、街巷由来以及风土人情，甚至包括了方言的源流等。张嗣介的《赣州客家胜迹精粹》囊括了赣州市域范围内的建筑景观、人文景观。龚文瑞的《赣州古城地名史话》介绍了"虔州八景"、三山五岭八景台、三十六街、七十二巷等地名来历。谢宗瑶编著的《赣州城厢古街道》，也详尽介绍了三十六街和七十二巷的地名由来及其历史。

目前，尚未见有关赣州古城的系统论著。

2）关于赣州地区建筑、民居的论著

陆元鼎的《中国民居建筑》❷中有万幼楠主笔的赣南客家围屋的开拓性研究。吴庆洲的《中国客家建筑文化》❸也有相当多的赣南客家建筑资料。万幼楠的《赣南围屋研究》❹阐释了围屋的起源缘由、形制特征、家族聚居的宗法制管理和文化特征，他的《赣南传统建筑与文化》❺也是研究赣南地区民居的严谨著述。

3）关于赣州地区社会、经济和人文的论著

关于赣州地区社会、经济、人文方面，王社教的《明代苏皖浙赣地区农业地理研究》是关于赣南农业经济方面的研究。方志远的《明清湘鄂赣地区的人口流动与商品经济》❻是关于明清湘鄂赣流民与城乡商品经济的力作。

此外，黄志繁、廖声丰合著的《清代赣南商品经济研究——山区经济典型个案》❼探讨了动荡的明中期至清代赣南的山区经济。

罗勇的《客家赣州》❽论述赣州土著与客家先民斗争、交融的历史，阐释客家民系的形成以及他们的方言分布、民居风格、风水理念和民间艺术的来源及演变。

---

❶ 黄志繁. "贼""民"之间：12—18世纪赣南地域社会 [M]. 北京：生活·读书·新知三联书店，2006.
❷ 陆元鼎. 中国民居建筑 [M]. 广州：华南理工大学出版社，2003.
❸ 吴庆洲. 中国客家建筑文化 [M]. 武汉：湖北教育出版社，2008.
❹ 万幼楠. 赣南围屋研究 [M]. 哈尔滨：黑龙江人民出版社，2006.
❺ 万幼楠. 赣南传统建筑与文化 [M]. 南昌：江西人民出版社，2013.
❻ 方志远. 明清湘鄂赣地区的人口流动与城乡商品经济 [M]. 北京：人民出版社，2001.
❼ 黄志繁，廖声丰. 清代赣南商品经济研究——山区经济典型个案 [M]. 北京：学苑出版社，2005.
❽ 罗勇. 客家赣州 [M]. 南昌：江西人民出版社，2004.

3. 与赣州城市史研究相关的论文

1）关于赣州城市和建筑的论文

吴庆洲的《中国城市建设史的活教材——历史文化名城赣州》❶《中国古城选址与建设的历史经验与借鉴》❷《中国古城防洪的历史经验与借鉴》❸及其续篇，多次论及赣州城，并对其选址、军事防御和防洪给予了高度评价。李浑根的《赣州宋城维护与开发之我见》和《赣州的历史与文化》总结了赣州历史文化名城的特点。韩振飞的《赣州城的历史变迁》《赣州现存的宋代文史古迹》综述了赣州古城的历史发展和已有的考古、考证发现。黄翼、王建国的《赣州古城城市规划设计特色初探》❹论述了山水自然生态要素在城市规划特色塑造中的重要价值。肖红颜的《赣州城市史及其保护问题》❺及其续篇介绍了赣州的历史沿革、城池及布局和赣州古城的各种城市设施。黄厚文的《赣州历史文化名城保护规划与实施思考》❻认为赣州城地处"三山、三水"之中，形成了独特的龟形城市形态和"丁"字形传统空间格局。

赣南地方历史文化研究室的《赣州古城墙铭文城砖简介》❼分类概述了521种赣州古城墙的铭文砖，有助于研究赣州古城墙的修葺年代和古城变迁。

万幼楠的《赣州：宋代城建博物馆》介绍了古城、街景、浮桥和福寿沟的历史今昔。《赣南客家民居试析——兼谈赣闽粤边客家民居的关系》《欲说九井十八厅》《赣南客家围屋之发生发展与消失》《对客家围楼民居研究的思考》均从历史地理、军事、社会人文的角度出发，总结分析赣南客家民居的类型、形制和源流关系。

2）关于赣州社会、经济和人文的论文

薛翘、刘劲峰的《考古发现与赣南古代史》❽以考古发现证明了"赣巨人"之前赣南地区原住民的存在，楚国在赣南设立管辖统治等不见于史料的历史。

许檀的《明清时期江西的商业城镇》❾认为，由于明代禁海、清代独口通商，使得大庾岭商道成为南北贸易的重要干线。因此，江西形成一批繁荣的商业城镇，这在明清时期的全国商品流通中曾起过重要作用。

刘锡涛的《江西宋代手工业经济发展概述》论证江西宋代手工业经济在农业经济发展的条件下有一较大的发展。汤军等的《江西宋代商业经济发展概说》认为，江西宋代商业经济发展较快，出现了不少草市、城镇。

---

❶ 吴庆洲，李海根.中国城市建设史的活教材——历史文化名城赣州 [J].古建园林技术，1995（2）：53-60.
❷ 吴庆洲.中国古城选址与建设的历史经验与借鉴（上）[J].城市规划，2000，24（9）：31-36.
❸ 吴庆洲.中国古城防洪的历史经验与借鉴 [J].城市规划，2002，26（4）：34-92.
❹ 黄翼，王建国.赣州古城城市规划设计特色初探 [J].华中建筑，1999，17（3）：108-113.
❺ 肖红颜.赣州城市史及其保护问题 [J].华中建筑，2000（3）：113-115.
❻ 黄厚文.赣州历史文化名城保护规划与实施思考 [J].规划师，2004（4）：49-52.
❼ 赣南地方历史文化研究室.赣州古城墙铭文城砖简介 [J].南方文物，2001（4）：71-76.
❽ 薛翘，刘劲峰.考古发现与赣南古代史 [J].江西历史文物，1986（S1）：71-75.
❾ 许檀.明清时期江西的商业城镇 [J].中国经济史研究，1998（3）.

黄国信的《弭"盗"、党争与北宋虔州盐政》❶认为，北宋盐政的变化实际是朝廷政争与地方利益结合的结果。周琍的《盐粮流通与闽粤赣经济区域的形成》❷认为，历史上盐制的不合理和粮食分布的不均匀状况影响了闽粤赣边区的盐粮流通和该经济区域的形成。方志远的《明清湘鄂赣地区的"淮界"与私盐》❸就明清湘鄂赣地区的私盐贩卖进行了深入探讨。

罗勇的《论赣南在客家民系形成和发展中的地位》❹认为，赣南闽西边区是唐末五代接受北来客家先民的第一站，客家民系于北宋时期发育于赣闽边区，南宋时期成熟于赣闽粤三角区，明末清初闽粤客家倒迁入赣。周建华的《宋明理学在赣南创始、发展和推向新阶段》❺论述了赣南是宋明理学的重要发源地。

4. 与赣州城市史研究相关的博士和硕士论文

叶鹏的博士论文《赣州城市空间营造研究——客家文化为主的多文化互动博弈》❻阐述了赣城从先秦到现代的城市发展史。罗薇的《古代赣州城市发展史研究》❼初步整理了赣城历史的主体脉络。蒋芸敏的《赣州旧城中心区传统空间保护与传承研究》❽分析了赣州古城的山水结构、街巷空间、传统民居等空间环境。梁艳的《古城赣州地名的历史文化内涵研究》❾探讨了古城赣州地名的历史文化内涵。

1.3.3 文献和资料梳理与分析

从目前已经收集到的关于赣州城市史研究的相关文献和研究资料来看，赣州城市史的研究总体上尚有进一步深入探讨的余地：

（1）关于赣州城市选址方面的研究，尚未有论述赣州古城在历史上从蟠龙镇、赣县、七里镇到章、贡二水间四次迁徙的研究，而这一点正是理解赣州古城历史演变和政治、军事、经济、文化关系不可或缺的一个环节。

（2）城市方面的研究尚未有论著从历史地理、人文地理和政治、军事、经济文化等各个方面对赣州城市的发展进行综合性的梳理，从而探讨其发展的内在动因和机制。

（3）有关赣州城市历史演变的研究，在宋代和明清这两个大时期是相对断裂的，而且尚未有论著探究大庾岭道的兴衰和赣州城市历史以及城市形态之间的关系。

---

❶ 黄国信. 弭"盗"、党争与北宋虔州盐政 [J]. 史林，2006（2）：21-29，126.
❷ 周琍. 盐粮流通与闽粤赣经济区域的形成 [J]. 赣南师范学院学报，2007，28（4）：77-80.
❸ 方志远. 明清湘鄂赣地区的"淮界"与私盐 [J]. 中国经济史研究，2006（3）：104-113.
❹ 罗勇. 论赣南在客家民系形成和发展中的地位 [J]. 赣南师范学院学报，2001（1）：50-55.
❺ 周建华. 宋明理学在赣南创始、发展和推向新阶段 [J]. 赣南师范学院学报，2002（5）：112-114.
❻ 叶鹏. 赣州城市空间营造研究——客家文化为主的多文化互动博弈 [D]. 武汉：武汉大学，2012.
❼ 罗薇. 古代赣州城市发展史研究 [D]. 赣州：赣南师范学院，2010.
❽ 蒋芸敏. 赣州旧城中心区传统空间保护与传承研究 [D]. 北京：清华大学，2007.
❾ 梁艳. 古城赣州地名的历史文化内涵研究 [D]. 赣州：赣南师范学院，2008.

1.4 研究内容和方法

1.4.1 研究内容

综上所述，通过挖掘史料，对赣州城有了初步了解之后，可以发现有以下几个尚待挖掘和探讨的问题：

1. 赣城肇始之初的城址是如何选择的，又为何要四迁城址？

本书将对赣州盆地的军事、地理区位和民族矛盾与融合的历史作出分析，阐释赣州古城的选址、迁移的内在原因，并进一步阐明早期城市肇兴、选址和王权、军政之间的联系。

2. 古赣州是如何走向唐宋兴盛的，又兴盛到何种程度？

本书将分析赣州古城的兴衰历史与历朝的国家发展战略、区域经济交往之间的关系；横向对比，讨论赣州在流域、区域乃至全国的城市体系中的地位；分析经济增长、城市性质、职能的改变对城市空间形态的影响。

3. 古赣州城的城市空间是如何形成的，为何最终出现"龟城"的形态？

本书将探讨赣城空间形态的演变历程，分析其城墙范围、城市分区、街巷、肌理和城市空间轴线的关系，讨论"龟城"的确切含义，并且阐明其在军事防御体系和防洪排涝系统方面的积极效果。

4. 赣州在明清间因何曾经衰败，其城市发展状况又如何？

本书将分析明清时期赣州的社会、经济和文化状况，并与前朝对比；探讨产生变化的原因；进一步讨论在这种情况下城市空间发生的相应变化。

1.4.2 研究借鉴的理论和方法

1. "物质、制度、精神"三层面的文化结构和历史演进逻辑

建筑史学家吴庆洲在《建筑哲理、意匠与文化》❶中指出，文化由物质文化、制度文化、精神文化三个层面构成，并自下而上、由表及里分作三个子系统。这一三层面的文化结构学说也是我国文化理论界的主流观点❷。

历史学家、哲学史家庞朴认为"一个社会，可以划分为经济部分、政治部分和文化部分"，并在其著作《文化的民族性和时代性》❸中以此阐释了近代中国史"洋务运动—维新变法—五四新文化运动"的演进逻辑。

钱穆的历史文化构成论认为，人类历史文化是自下而上地由物质经济、社会组织、道德精神三阶层构成，这三阶层又相互关联、促进、制约，从而形成人类文化的演变

---

❶ 吴庆洲.建筑哲理、意匠与文化[M].北京：中国建筑工业出版社，2005：2-3.
❷ 邹春生.物质·制度·精神：客家文化的层次结构——一种基于文化学视野下的学术考察[J].西南民族大学学报：人文社科版，2005，26（12）：68-71.
❸ 庞朴.文化的民族性与时代性[M].北京：中国和平出版社，1988：10.

进程❶。

无独有偶，刘易斯·芒福德在其名著《城市发展史——起源、演变和前景》❷的第一章中将城市起源演变过程论述为"圣地、村庄、要塞"；乔尔·科特金在《全球城市史》❸中把城市繁荣的必要因素归结为"神圣、安全、繁荣"，这都恰恰对应物质、制度、文化三层面。

田银生在北宋东京街市研究中指出，"城市是作为统治的工具出现的"，并把市坊制解体的实质精辟地归纳为"商业"对"王权"的变革，印证了物质、制度文化在早期城市发展历程中的"裂变和整合"关系❹。他进一步认为，城市可能在信息时代解体而呈现出全新的空间分散状态，预判了高层面的精神文化对前两者的变革❺。

上述理论均高屋建瓴，是观察人类历史演进逻辑的宏观尺度的学说。若以此强行套用于赣州城市发展历程，未免有削足适履之嫌。但这些理论给本书很大的启发，形成了以"文化结构三层面说"（经济、政治、文化）观察城市历史演进的观念。

赣州的城市发展历程可分为三个阶段：萌发、兴盛和"王化"，这构成了本书的三段式结构：

1）赣城从"边城"演化为"郡治"的时期

赣城萌发于秦汉开拓的南疆，它是没有经济、文化基础的，而中原王朝军事政治力量的强势嵌入才使得这一时期的赣南城市萌发了。这样的状态一直持续到南朝。赣城存续由于没有经济（物质）基础，因此，其选址和迁移决定于中央政权，其核心问题是军政（制度）。再加上政治是最不稳定的因素，所以迁移频繁发生。

2）赣城从"山城"演变为"江城"的时期

赣城的兴盛，源于东晋至南朝时期城市经济基础的建立，以及其与唐宋南方大开发的耦合。由于山越消亡，政治统治基本确立，而文化的演变是最缓慢的，这一时期的最大变量是物质经济。城市性质、职能、形态的演变是基于经济力量的驱动，其物质层面是表层文化，易于凸显。因此，在"唐宋变革"时期，赣城物质形态的演变最为剧烈，信息也最为丰富。这构成了本书最大篇幅的一部分。

3）赣城作为"王化"核心地的时期

赣南"盗乱"和"王化"阶段最为复杂，经济、政治、文化在这一阶段均有表现，单独归因于任何一方面均显顾此失彼。但是从整体格局来说，赣城存在的物质基础并没有改变（大庾岭道和广州一口通商），制度层面（王朝统治）也不可能发生变化，只

---

❶ 徐国利. 钱穆的历史文化构成论及其中西历史文化比较观——对钱穆历史文化哲学的一个审视 [J]. 中国社会科学院研究生院学报, 2003（2）: 55-61.

❷ 刘易斯·芒福德. 城市发展史——起源、演变和前景 [M]. 宋峻岭, 等译. 北京: 中国建筑工业出版社, 2005: 1-30.

❸ 乔尔·科特金. 全球城市史 [M]. 王旭, 译. 北京: 社会科学文献出版社, 2006: 序言.

❹ 田银生. 走向开放的城市——宋代东京街市研究 [M]. 上海: 上海三联书店, 2011: 1-9.

❺ 田银生. 走向开放的城市——宋代东京街市研究 [M]. 上海: 上海三联书店, 2011: 5.

能在精神文化层面进行"王化",以缓和国家和地方社会之间的矛盾,这也是王阳明治理赣南的唯一选择。因此,赣城在明清两代并没有发生剧烈的空间形态变化,而社会形态却在缓慢改变——已经融合土著的客家文化在赣城被清出,中原文化占据主流。这种变化也在一定程度上反映到城市的空间形态:从郁孤台重登至高处,以及赣学频迁也可以清晰地看到文化三层面自上而下发生影响的现象——道德精神("王化"的主流意识)通过政治阶层(士绅、精英)对物质形态(郁孤台、赣州官学)施加影响,从而在一定程度上改变了城市空间形态。

需要说明的是,"王化"这一阶段历时过短,不可能产生全新的思想文化,因此也不可能发生变革,只能算是精神文化对物质、制度文化施加影响的一种表现。

以上逻辑构架是在研究、学习过程中逐渐形成的,仍然粗糙、幼稚,也许算是一种考察、分析城市发展演变史的方法的尝试。

2. 国家/区域和社会、经济分析的角度以及国家与地方利益博弈的思路

施坚雅在《中华帝国晚期的城市》一书中提出以地文区域来分区研究中国城市的方法,以此分析19世纪中国的地区城市化,并以此分析中国城市体系的经济、管理层级❶。海外研究中国城市史的学者如加藤繁、斯波义信、罗威廉、林达·约翰逊、赵冈等人都非常注重从区域和社会、经济的宏观角度研究中国城市历史。这给本书带来两条重要思路:

1)国家/区域和社会、经济分析的角度

施坚雅是从中国地域庞大、地文不一的角度提出分区研究的想法,这启发了本书的一条思路——更关注古中国作为长期中央集权的统一大帝国的特点:它必然导致其城市发展历程与西方不同。

中央集权的大一统帝国统治下的城市体系理应早于西方成熟,而且区域的政治、经济、文化联系更加紧密。早在古希腊城邦互相独立、角力竞争之前,周朝(虽然只是相对集权)就建立了基于分封制的千里王畿制和都邑制❷。这意味着中国古代地方城市的创立和发展与西方大不相同,受到强烈的军事政治影响。对赣城来说,其创立、选址和迁移因国家推动南方大开发而繁盛,并在宋代成为官方指定转运点而极兴,又因盗乱而"王化",其背后都有着国家的力量,而且区域的影响力巨大。

因此,本书十分注重城市的区域联系和横向对比,并在横向对比中寻找城市的性质、定位。在对比的过程中,还发现社会、经济的对比分析是最为明显且有效的,因此加强了人口、商税数据在城市形态分析方面的运用。

2)关注国家与地方利益博弈的思路

国家意志的强力介入通常并不一定与地方社会的利益相一致,从而导致国家与地

---

❶ 施坚雅. 中华帝国晚期的城市[M]. 叶光庭,徐自立,王嗣均,等译. 北京:中华书局,2000:242-297,327-417.

❷ 贺业钜. 中国古代城市规划史[M]. 北京:中国建筑工业出版社,1996:4-7.

方力量的博弈，影响城市的发展进程。当两方利益一致时社会繁荣，如唐宋南方大开发；当两方利益冲突时社会混乱不安，如秦汉至南朝和宋代至明代的赣南；即便是在宋代最和谐的时期，地方士绅也利用国家政策的转机整修城墙。

因此，大体上整个研究都贯穿着国家和地方两条暗线，虽然并非十分强调。

3. 受康泽恩启发的中观、微观平面形态分析法

康泽恩在《城镇平面格局分析：诺森伯兰郡安尼克案例研究》一书中展示了极其精细的平面分析、演绎的方法，几乎完整地推理了地块形态的历史演变全过程，从而创立了城镇平面形态分析的主流——康泽恩学派❶。

康泽恩利用地形、地质和平面历史信息推理、演绎的示范令人印象深刻，对本书分析东晋、南朝、宋代赣城的形态、轴线、分区、发展时序有很大启发。这种分析方法大致需要综合以下几种要素：

（1）地理特征（地质、地形、地貌）；
（2）大比例地图上的建（构）筑物平面特征；
（3）历史地图（提供对比印证）；
（4）历史记载（提供历史线索）。

也许对于建筑、规划设计专业的研究者，更加倾向于使用这种平面形态分析方法。因此，在本书的第4章和第6章，较多地尝试中微观平面形态的分析、演绎法。

1.4.3 本书内容和框架

本书研究内容和基本框架如图1-1所示。

1.5 研究的创新点

1. 以区域军政格局阐释汉朝至南朝赣县的选址、迁移，论证早期城市的工具性

本书考析汉朝初至南朝期间的南方军政局势，以及百越、山越的民族历史，发现赣县的选址和迁移的主导因素——汉族政权的军、政统治；进一步对比虔州、汀州的迁移和定址历史，概述历史上多个城市的迁徙史，说明早期城市的"军镇"性质和普遍频迁的内在原因——它是王权统治的工具。

本书还以类似的观察角度阐释了唐末卢光稠扩城的备战目的，以及城池形态与防御布局的关系。

2. 用人口数据列表，绘制曲线图进行纵向与横向对比，结合历史事件、帝王变化阐明唐宋虔州的发展分期、变化节点

本书搜集多城市、多时代的人口数据，列表并绘制曲线图，对应历史事件、帝王

---

❶ 康泽恩. 城镇平面格局分析：诺森伯三郡安尼克案例研究 [M]. 北京：中国建筑工业出版社，2011.

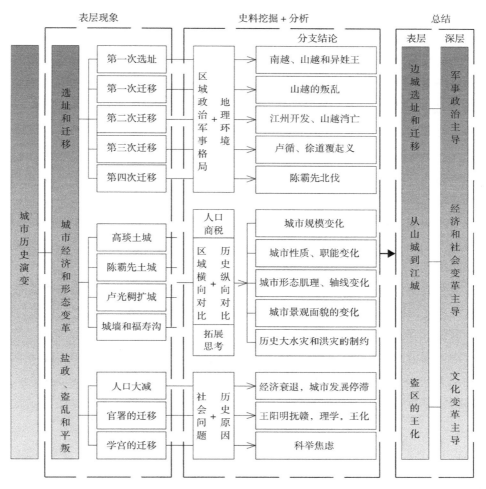

图 1-1　研究内容和基本框架图
来源：作者自绘

变化阐述唐宋虔州的发展分期；分析历史事件对城市发展的影响；透析移民对虔州发展的作用和时期；说明虔州城的"资源/人口"饱和点和繁荣顶峰出现在南宋。

这种方法还发现了唐元和七年（公元812年）遭受大水灾的严重打击，证明唐城发展受到洪灾限制，间接说明卢光稠扩城的考虑因素；类似方法也确证了明代赣南的衰败，消除了"明代户、口数据不确说"在赣南史研究上的疑虑。

在分析赣州历代修城频率时也用了类似的列表、绘图、对应历史事件的方法。

3. 排序对比《宋会要辑稿》的商税数据，分析赣州在各级城市体系的经济地位、赣州地区经济发展状况以及赣城"两江四岸"各区发展时序

本书汇总《宋会要辑稿》的各城市商税数据，分全国、区域、流域进行对比、排序，说明北宋熙宁十年（公元1077年）虔州的商业地位——商税排名全国第18，东南第7，流域第1，以赣州各场务税额的多寡说明赣城是个交通商贸型城市，其城乡差异大，并据此分析赣城"两江四岸"的分区发展时序。

4. 结合中微观平面形态分析的方法，考证分析晋、唐、宋三代赣城的形态，说明它从"山城"到"江城"的演变历史

初探赣州晋城，推测城池形态，绘图详解其与地形地貌、军事防御的关系，提出东晋高琰城范围即唐、宋、明子（府）城范围的观点；分析南朝陈霸先土城（唐城）的城池形态和城市分区；分析唐宋城市的格局演变、周边城区发展次序、肌理和轴线的转变及其主导因素。

5. 综合人口数据、城乡人口比例、人均城市用地、合理耕作半径、历史亩产等方面分析验证古赣州城各阶段发展状况

本书用历史人口数据，根据经济史、城市史前辈学者关于上述问题的研究成果，多方验证三代赣城的规模、范围、城市职能等历史状况，验证赣州城乡在南宋达到人口饱和的观点，从而达到各研究结论的自洽。

6. 从社会文化和主流意识的角度阐释宋、明、清赣城空间形态和城市面貌的变化

本书考证宋赣城人文景观建筑的新兴、书院的兴起、明代赣城的语言文化孤岛现象、军政公署的入驻和宋、明、清官学的频繁迁移，结合赣城在宋代的人文鼎盛、历代的科举焦虑、明清的"盗乱"问题和"王化"主流意识，阐述城市物质文明和精神文化之间相互关联，相互促进、制约的关系，以此说明社会文化、意识形态会最终反映在城市的物质空间形态和景观面貌上。

第 2 章 "边城"四迁——区域军政格局主导的赣州古城选址及迁移

2.1 赣城萌发的历史地理条件

赣州萌发于赣江上游的赣南地区。所谓"赣南",南达六庾岭,通广东;北抵雩山,接吉安、抚州;东以武夷山为界,与福建相邻;西隔罗霄山与湖南分界,形成一个山区盆地,大体即今之赣州市辖区(图 2-1)。赣南的地形天然地形成一个口袋状,其开口朝北。赣江于此朝鄱阳湖滚滚北去 500 余公里,经吉安、南昌,于九江市汇入长江。

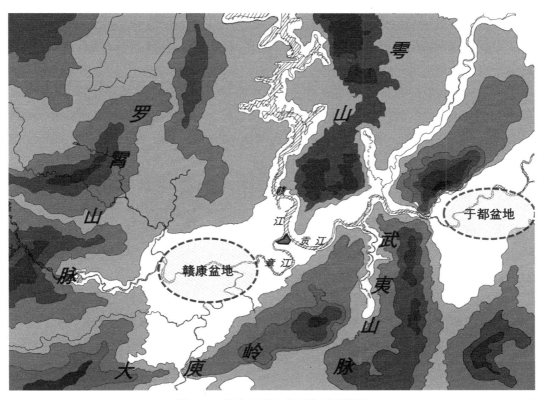

图 2-1 赣南地形和赣州古城形势图

赣南多山,核心要地有两块相对较大的盆地:一是赣康盆地;二是于都盆地。章江、贡江分别自两盆地流经，在赣县北合流。由于地处亚热带，气候温暖多雨，两盆地是赣南山区不可多得的农业用地，分别为赣县、南康和于都（古称雩都，为明确含义，后文在论述古代历史状况时均称为"雩都"）县的经济腹地。

其中，章江上游发自南北两支：北支为上犹江，发自湖南境内的罗霄山脉；南支为章水，发自崇义县聂都山，过大庾岭与上犹江合为章江。

远古时期，赣南大地已有人类活动。考古发现，赣城附近有通天岩广福禅林山顶遗址、湖边乡罗边村新岗窝遗址，并采集到石镞、石锛、陶器等；城郊有商周时期的遗址，如沙河乡葫芦岭遗址、沙石乡圳上遗址、短坑子遗址、寨子高遗址等❶。可见，早在4000多年前，就已有先民在此生存繁衍。

春秋时期，赣南为百越之地❷。至战国时期，江西曾先后属于吴、越、楚，所以此地区有"吴头楚尾"之说。成书于战国中期的《山海经·海内经》云："南方有赣巨人，人面长唇，黑身有毛，反踵，见人笑亦笑，唇蔽其面，因即逃也。"❸这是"赣"字第一次明确地作为与地理相关的名称出现在记录中，反映了赣地在战国时已经进入中原文明的视野，而"赣巨人"的传说也在一定程度上反映了战国时赣南作为"百越蛮荒之地"，中原文明尚未进入的状况。

百越主宰赣南的格局在秦代开始改变。秦灭六国之后，即遣五路大军开拓南疆，其一守南野（今赣州市南康区）；继而汉朝立赣县；东吴平定山越（百越后裔）；东晋之后，赣南才渐成汉文化主导的地区。

由于此地区地形险要，"层峦叠巘，气势磅礴"❹，是古代中原通往岭南、闽越的重要通道，被认为是"南抚百越，北望中州""据五岭之要会，扼赣闽粤湘之要冲"的战略要地。清代的军事地理学家顾祖禹也认为赣南是"接瓯闽百越之区，介溪谷万山之阻，为岭海之关键，江湖之要枢"，所以"江右有事，此其必争之所也"❺。

可见，赣城之萌发于赣南，是由于它的军事地理优势。赣城自秦朝南拓、汉立赣县以来，历经2200多年，始终是赣南的军政、经济重镇，是古中原王朝深入南疆的统治据点，也是中原文化南下与南方土著文明交汇的重要节点。

2.2 戍边立城——秦汉时期赣南城市的肇起

赣南在秦代以前是百越之地。第一次与中原文化发生紧密接触，大致始于秦朝的南拓。汉代以前，赣南地区并无中原王朝的建制统治。在汉赣县创立之后的几百年内，

---

❶ 赣州市政协文史资料委员会. 国家历史文化名城赣州 [Z].1994：2.
❷ 魏瀛. 赣州府志·卷二 [M]. 同治十二年刊本. 台北：成文出版社，1970.
❸ 王建军. 赣水、赣县名称源流考 [J]. 南昌大学学报：人文社会科学版，2011（1）：157-160.
❹ 魏瀛. 赣州府志 [M]. 同治十二年刊本. 台北：成文出版社，1970：序.
❺ 顾祖禹. 读史方舆纪要·卷八十八 [M]. 北京：中华书局，2005.

这个地方也一直是中原王朝的"边区"。

令人疑惑的是,在创立伊始,赣县就没有选在今址——今天看起来最合理的选址。此后,赣县又经历了4次迁移,尝掠今址而过(图2-2)。下文从边区民族关系、政治格局的角度分析各次选址、迁址,意图揭示这一时期赣城的"边城"性质以及频繁迁移背后的驱动逻辑——复杂的"边区"军政格局。

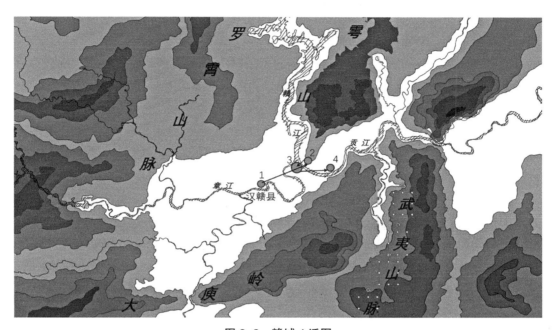

图 2-2 赣城 4 迁图
来源:根据 Google 地图自绘

2.2.1 秦征百越和汉初赣南的"边区"性质

汉代赣县的设立,起于秦汉开拓南疆。虽秦汉均致力于开拓南方,但终此二朝,百越问题都是令中央政府非常头疼的边区事务。而由于赣南地区的特殊位置,"在秦汉之世,凡对南方之开拓与战争,每多取道江西",即取道赣南❶。因此,赣州地区成为汉代南疆事务的前沿阵地,汉赣县的设立实肇起于此。探析汉赣县的选址和城市职能,十分有必要分析秦汉时期此区域的政治、军事格局。

秦灭六国,统一中国,于公元221年分天下为三十六郡。赣州地区属九江郡❷。此时的九江郡治于淮水南岸的寿春,中心在江北。赣南乃至整个长江以南都是作为刚刚建立的秦王朝的边缘区域存在的,统治基础十分薄弱。在这片远离秦朝统治核心的广

---

❶ 许怀林. 江西史稿 [M]. 南昌:江西高校出版社, 1998:序.
❷ "秦属九江郡",详见:乐史. 太平寰宇记·卷一〇八 [M]. 北京:中华书局, 2000.

袤丘陵山地中，楚国遗留下的百越部族广泛分布在浙、赣、湘、闽、粤地区，不仅尚未诚服，而且据山为险，具有十分强大的潜在力量，成为秦王朝的最大威胁（事实证明，秦灭于楚国后裔）。

当时百越的主要力量分为两支：一为南越，在五岭之南；另一为东越（闽越），在今浙东南和福建。东越多山，土地贫瘠；而南越有更广阔的平原，自然条件较好。所以一直到汉平南越之前，南越的力量都大于东越，而南越也是中央政府经略的重点。这样的政治、军事格局深刻地影响到秦、汉两朝在南部中国的郡县城池设置，这包括后来赣县出现的时期和位置。

为了巩固秦王朝的统治根基，避免潜伏于山中的百越族力量壮大，秦王朝发动了"南平百越"的战争。令王翦"竟平荆地为郡县，因南征百越之君"。在王翦初步平定越人之后❶，始皇三十三年（公元前214年），又发50万大军，分五路"戍五方"❷，镇压南越："使尉屠睢发卒五十万，为五军：一军塞镡城之岭；一军守九疑之塞；一军处番禺之都；一军守南埜之界；一军结余干之水。三年不解甲弛弩，使监禄无以转饷，又以卒凿渠而通粮道。"❸

上述南埜后称"南野"，即今赣州市南康区前身，是秦军进军南越的前哨之一，也是秦朝在赣南巩固统治的据点之一。南野是最早出现于赣南的中央建置，先于赣县出现，这是因为它邻近岭南岭北重要的交通孔道——大庾岭横浦关。1982年大余县池江乡长江村寨发现的遗址基本上确定为古南野的城址。其城一面环山，三面环水；为长方形，东西宽200m，南北长230m，面积仅4.6万m^2，与其军事据点的性质相符❹。汉赣县的出现与南野有密切的关系，其城市的性质、职能也与南野不尽相同。

秦朝戍守南方的军队数目（50万）远大于北伐匈奴的数目（30万），从侧面证明了秦朝在南方统治薄弱的状态。事实证明，秦朝的担心不是没有道理的，秦军主力一度遭到失败，主帅屠睢被越人袭杀。虽然秦朝后来加派军队，基本控制了岭南，但秦祚甚短，终秦一朝都没有彻底解决百越的问题。

另外，秦军进军的路线、史料分述五军的顺序以及秦军凿灵渠的举动等都证明，当时秦朝对湘桂粤路线的重视远甚于赣粤线。秦汉两朝在湘桂线的统治力量大于赣、浙，更大于闽。这一点应为学界共识，不再赘述。赣南的兴起是与六朝起开发东南、湘桂线衰落相伴随的。

汉初岭南岭北的局势与秦代相比，不见得有改善。前秦遗将赵佗整合了南越，成立的"南越国"尚未臣服；闽越也经过整合形成一个事实独立的"闽越国"。这两个政

---

❶ 文锡进论述了王翦初平岭南的观点，详见：文锡进.关于秦统一岭南的战争问题[J].中山大学学报：哲学社会科学版，1986（2）：111-119.

❷ 同❶.

❸ 刘安.淮南子·卷十八·人间训[M].顾迁，译注.北京：中华书局，2009.

❹ 张小平.大余县发现西汉南野古城址[J].江西历史文物，1984（2）：31-33.

权实际上远比原先一盘散沙的百越部族危险。同时，江南百越逃入山中成为"山越"，直至三国时期仍频频叛乱❶。汉朝必须防止他们有崛起、扩张的野心，豫章"襟三江而带五湖，控蛮荆而引瓯越"的战略地位就凸显出来，亟须巩固、强化在江西的统治（图2-2）。

另外，汉初各异姓王实力雄厚，党羽众多，雄踞肘腋之间，这才是心腹大患。汉朝并不急于解决南疆问题，反而在公元前202—前196年间，首先解决了众多异姓王的威胁。这样，只能在南疆采取防御、震慑的态势。

综上所述，秦汉时期的赣南地区实际上是中央政府控制下的一块"边区"，戍边必须立城。只有基于这样的区域定位认识，才能充分理解汉代赣县初立时的选址考虑。

2.2.2 南越、山越和异姓王三大隐患——"边城"赣县立县、选址探析

汉高祖六年（公元前201年），"使灌婴略定江南，始为赣县，立城以防赵佗，今州西南益浆溪故城是也"❷。此即赣州城市的肇起。

乐史在这里点出设立赣县是为了"防赵佗"，然而并没有指出这个说法的依据。按这个说法，赣县是个军事职能的城镇。辨析赣县设立的目的，仍需从区域城市设置的角度来进行考察。

事实上，按《汉书》记载"六年冬十月，令天下县邑城"❸，公元前201年掀起了全国城市建设的浪潮，同年设县立城的还有许多城市。汉初江西的18县中，至少有8县是在这一年设立的，稍早于此还设立了豫章郡❹。同时设立众多县治，赣县的设立并不特殊。仅仅凭赣县的设立，并不能说明它"防赵佗"的军事性质。

根据肖爱玲的研究，西汉城市数量大规模增长始自汉武帝，至汉成帝时期"与秦代相比增长了近2倍，相较于汉初也增长1.5倍"❺。同期，豫章郡的城市增长趋势与全国范围大不相同，秦代立7县，汉初急增至18县，为2倍有余。此后，到西汉末年仅增加了1县，为19县❻。从豫章郡城市在汉初的异常增幅（表2-1）可以看出，经略南疆是西汉政府的战略重点。有理由相信，不仅是赣南地区，甚至整个豫章郡郡县设置的增加都有基于备战南越、闽越及震慑山越的考虑。由于赣南地区"南抚百越，北望中州"的江山形胜，赣南三县——赣县、南野、雩都则分别成为整个战略格局中的边区和前哨。

---

❶ 卢星.秦汉东南战事与江西开发[J].江西师范大学学报：哲学社会科学版 2012, 45（6）：81-87, 93.
❷ 乐史.太平寰宇记·卷一百八[M].北京：中华书局，2000.
❸ 转引自：肖爱玲.西汉城市地理研究[D].西安：陕西师范大学，2006.
❹ 许怀林论述了汉初18县的建置，并指出豫章郡不是灌婴设立的，否定了乐史的说法。详见：许怀林.江西史稿[M].南昌：江西高校出版社，1998：23-31.
❺ 肖爱玲.西汉城市地理研究[D].西安：陕西师范大学，2006：37.
❻ 肖爱玲指出，西汉末年江西19县。见：肖爱玲.西汉城市地理研究[D].西安：陕西师范大学，2006：86.

豫章郡城市数量在汉初的异常增幅　　　　　　　　　　　表 2-1

朝代	全国城市		豫章郡城市	
	数量（个）	增幅	数量（个）	增幅
秦代	800～900	—	7	—
汉初	（约）1000	11%～25%	18	157%
西汉末	1587	58%	19	5.6%

数据来源：肖爱玲.西汉城市地理研究 [D].西安：陕西师范大学，2006.
　　　　　许怀林.江西史稿 [M].南昌：江西高校出版社，1998.

另外，对城市人口的考察也可以从侧面说明赣县的军事职能。整个南康郡（即今赣州地区）在西晋太康中期户数仅为1400户，5县平均户数仅为280户❶。由此，可以推想汉初设立赣县时人口之少，几乎纯为军事政治目的。

再从城址选择方面考察，赣县选址能进一步说明赣县设立的目的所在。

汉代赣县的位置与今不同，在"州西南益浆溪"。《读史方舆纪要》指出：益浆溪源出湖南桂阳益浆镇❷，即今汝城县的益将乡（汝城在清代曾名桂阳）。按此，则益浆溪是指上犹江，益浆溪故城应在上犹江畔，即今赣州市西南。

按谭其骧的《中国历史地图集》，把汉代赣县定在今赣州市蟠龙镇附近三江交汇处❸，这一定位也被许多历史研究者认同。目前，最重要的证据是1980年10月在蟠龙武陵狮子岭清理的一座东汉画像砖墓。据分析，该墓是县一级官员的墓地，很可能就葬在当时的城外❹。分析赣州至南康的地形，谭其骧《中国历史地图集》所标的位置基本上是合理的。上犹江与南康河、章江三江交汇处是明显的军事要地，即今蟠龙镇以西5km左右。

重要的是，为什么汉赣县会选址在偏西的上犹江、南康河的交汇处，而非今赣州市所在？今赣州市的位置显然能控扼章、贡两江，这是赣南地区最有军事战略价值的天然险要。同时，还能控制、利用南面大片的冲积平原，这也似乎应是最合理的军事城镇选址。然而，分析汉初的区域城市和军政格局，可以发现汉赣县的选址反而是最适合的。

首先，汉赣县的设立，其首要目的是控制今赣州至南康的盆地，保障南野、零都二前哨的后方安全。赣南地区与南越、闽越接壤处有3个重要的盆地——赣康盆地（赣县控制）、池江盆地（南野控制）和于都盆地（于都控制）。其中，赣康盆地又分为赣、康盆地两块，是南野、零都与中央政府联系的必经之路。它一旦被敌占领，则二县后方将被切断。赣县作为前哨的后方，直接面对的是在豫章郡乃至整个江南岭北广

---
❶ 魏瀛.赣州府志·卷四 [M].同治十二年刊本.台北：成文出版社，1970.
❷ 顾祖禹.读史方舆纪要·卷八十八 [M].北京：中华书局，2005.
❸ 谭其骧.中国历史地图集（第二册）[M].北京：地图出版社，1982：24-25.
❹ 赣州市政协文史资料委员会.国家历史文化名城赣州 [Z].1994：8.

泛存在着的未臣服的山越❶。贡江在雩都的控制下基本无忧，反倒是上犹江、南康河、章江一带没有中央建制的存在。另外，上犹江的上游在长沙郡，与南越国北界非常接近，而长沙郡是在异姓王长沙王吴芮治下（汉初7个异姓王中，除长沙王存在50年之外，其余均在几年内被消灭，恐怕就是因为汉朝不敢相逼，以免其投靠南越国）❷。因此，赣县的设立其目的是控制上犹江、南康河和章江流域，即同时兼顾赣、康盆地。汉赣县的选址既在三江口，又接近赣康盆地的几何中心，在不考虑遭受大规模攻击的情况下实是最优选址（图2-3）。

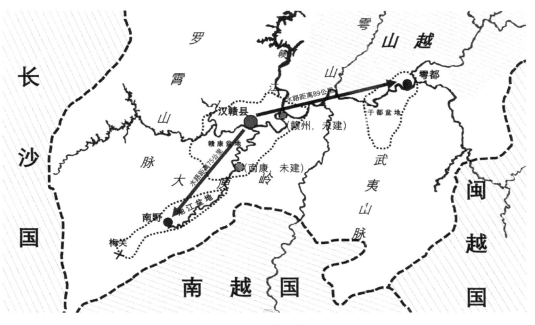

图2-3 汉初赣县选址图

其次，汉赣县设立也是为了支援和羁縻南野、雩都两个军事前哨，其中以南野为重，因此其选址需要靠近南野。汉初的南越国控制了南海、桂林、象郡三郡，幅员辽阔，广有膏腴之地，与闽越王的弹丸之地、山野穷僻之乡不可同日而语。因此，直至公元前111年南越国被灭之前都是汉朝防御的重点。这样，汉赣县、南野、雩都三县扼守的赣南边区，其战略重心偏向南野也就不难理解了。汉赣县的设立，表明汉朝已经做好了与周边不稳定因素长期对峙的准备。

最后，汉赣县与两县之间的距离也可侧面证明上述分析。汉赣县所在的蟠龙镇欧潭至唐赣州（今赣州城北部郁孤台附近）的直线距离只有8km，而水路距离却有22km

---

❶ 江南岭北的山越问题至少在孙吴时期仍很严重。参见：卢星.秦汉东南战事与江西开发[J].江西师范大学学报：哲学社会科学版，2012，45（6）：81-87，93.

❷ 肖爱玲.西汉城市地理研究[D].西安：陕西师范大学，2006：27.

（按今水路在电子地图上测量，下同）。汉赣县至汉南野县❶水路距离约75km，至雩都水路距离约91km。若选址在唐赣州，则至南野水路距离约97km，至雩都水路距离约67km。一者，赣县之于南野、雩都，显然是后勤补给和支援的基地；二者，考虑到古代军事行动对水运辎重粮草的依赖以及秦汉时期的内河航运能力，这24km的数字对于经常性的后勤补给是相当可观的距离，具有明显的军事意义❷；三者，由上述水路距离可见，汉赣县所在相对于唐赣州所在显然是更为居中，亦即位置更优。

综上所述，乐史认为设立赣县是为了"防赵佗"是有道理的，但未免过于片面。根据以上分析可以得出两个结论：

首先，赣县设立的目的，一是为了震慑山越；二是为了增强对赵佗的防御；三是为了钳制长沙王。总的来说，就是控制上犹江、南康河及章江流域和赣康盆地，为南野、雩都二县巩固后防，并且支援、羁縻二县，而其中的重点是支援、羁縻南野县。基于这样的目的，可以认为汉赣县的选址是当时的最佳选择。

其次，汉赣县、南野和雩都都是为了军事政治目的而设立的城市，其军事职能不言而喻，虽然城市规模和经济活力有限。其中，南野是为了防御南越国，雩都是为了防御闽越国，赣县则起到巩固后防、保障军需、支援、制约二县的作用❸。相对而言，赣县控制的腹地广阔得多，利于屯田、军垦、殖民，其经济发展的前景更大。其余二县本来就是军事前哨，只是囿于地形所限而已。从长远来说，随着边疆问题的解决，其重要性必将减弱而从属于赣县。

汉赣县设立对国家统一起到了非常重要的作用。

设立赣县5年之后（公元前196年），赵佗自去帝位，北面称臣。又85年之后（公元前111年），南越国因反叛而被灭。汉朝派遣的四路大军中，出豫章下横浦关的楼船将军杨仆率领的一路因路近先到达，起到主要作用，其余的都因各种原因迟到，到达时叛乱已平❹（图2-3）。

又1年后（公元前110年），汉平东越。汉武帝亦曾令"诸校屯豫章、梅岭待命"，接着兵分四路，而"王温舒出梅岭"为其中一路❺。

---

❶ 汉南野县在今大余县池江镇。详见：张小平. 大余县发现西汉南野古城址 [J]. 江西历史文物，1984（2）：31-33.

❷ 关于航速，有汉大司农郑当时提议修建漕渠之事。按渭水河道900汉里，耗时6个月（180日），漕渠开通后300汉里，耗时3个月（90日）计算，可求得航速速度每日6.7汉里（合2.16km），装卸货耗时45日，这个数字方能吻合郑当时的估算。这一航速与松浦章在《清代江南内河的水运》中说的长江航行"逆流的情况下一日三十里"相比，低得难以置信，有待考证，但至少反映了秦汉时期内河逆水漕运速度之低。亦即秦汉时期，24km的距离对于经常性的军事后勤补给具有相当的意义。详见：王子今. 秦汉时期的内河航运 [J]. 历史研究，1990（2）：26-41.

❸ 薛翘、刘劲峰也有此观点，详见：薛翘，刘劲峰. 考古发现与赣南古代史 [J]. 江西历史文物，1986（S1）：71-75.

❹ 姚公骞《江西史稿序》。详见：许怀林. 江西史稿 [M]. 南昌：江西高校出版社，1998：序.

❺ 同❹。

这两次叛乱和平叛的事件，一方面反映了汉朝时期中原政权已经充分意识到赣南、大庾岭在南疆的军事价值，从而在军事行动中加以充分利用；另一方面反映了百越对他们故土的怀念和领土独占的诉求。此外，还从侧面反映了汉、越族群尚未融合，中原政权在南方的统治远未巩固，汉族移民在赣南尚处于孤险的现实。此后，百越被驱赶为山越，直至晋代才与汉族基本完成融合。这一点深刻影响着江南地区的城市布局，包括之后赣县的迁移。在这期间，赣南地区一直是一块"边区"，而赣县作为一个"边城"，一直保持着军事政治为主的城市职能。

2.3 从"边城"到郡治——赣县的4次迁移及其原因探析

赣县在汉初立县之后490年都没有迁移，而从太康末年（公元289年）至梁承圣元年（公元552年）的263年内，就发生了4次迁移（表2-2）。这样频繁的政区调整不是孤立的，这段时间正是汉族政权在南方频繁地设立郡县并巩固统治的时期，它从侧面反映了汉族政权在此期间对南方地区的深入开发。

赣县迁徙时间表　　　　　　　　　　　　　　　　　　　　表2-2

位置	时段	间隔时长
蟠龙圩	汉高祖六年（公元前201年）至晋太康末年（约公元289年）	490年
虎岗	晋太康末年（约公元289年）至永和五年（公元349年）	60年
章、贡二水之间	永和五年（公元349年）至义熙七年（公元411年）	62年
七里镇一带	义熙七年（公元411年）至梁承圣元年（公元552年）	141年
章、贡二水之间	梁承圣元年（公元552年）至今	1400余年

晋室南迁伊始，南朝政府在江南立足未稳，为谋求生存、发展，亟须在南方巩固统治，打压地方势力（包括少数民族）。此时，南方的大部分地区还都是少数民族地区。何兹全认为："截止到魏晋时期，汉族和汉族文化在南方的发展也只是沿长江交通线的两岸、沿海，即以广州为重心的一些点以及从荆州南下，通过湖南逾五岭而至广州的交通线上疏落的一些点。这以外的广大区域还都是文化上比汉族落后的各族人民在居住着。"❶ 此后直至南陈，迫于人口、土地和北方的军事压力，南朝政权一直都致力于控制、开拓整个南方地区。

汉族政权开拓南方的一个重要手段，就是设立郡县并作为统治据点，深入控制少数民族地区。郡县数目的大幅增加，足以说明这个问题。按吴刚统计，南朝陈时

---

❶ 何兹全. 魏晋南北朝史略 [M]. 上海：上海人民出版社，1958: 148-149.

共有514个县,其中置于秦汉时期的有147个县❶,占28.6%;六朝时期置有367个县,占71.4%。秦汉两朝共442年,南朝(孙吴至南陈)共369年,而南朝置县数为秦汉的2.49倍。

赣县的迁移,即与汉族政权在南方地区的郡县布局密切相关。考察其迁徙原因及时机、地点,则必先考察两个因素:

时代背景——岭南和扬州地区的民族关系、少数民族政策以及汉族政权对南方地区的开发进程。

历史事件——区域郡县布局的变化。

2.3.1　西汉至六朝期间汉族政权与南越、闽越、东越民族关系的变迁

1. 岭南民族关系简述

公元前110年之后,南越、闽越都正式纳入中原政权的版图。但是,汉朝对原南越国的领地显然重视得多,并在原南越国领地上设置了南海、苍梧、郁林、合浦、交趾、九真、日南、珠厓、儋耳九郡❷。

跟闽南不同,岭南土地旷阔、沃野千里,而且远离中央政权的政治核心。从汉朝到由孙吴开始的南朝政权都对岭南采取两手政策,一方面积极建立统治据点,推进统治的深入;另一方面则充分利用并逐步蚕食地方势力,采用以抚为主、以镇为辅的怀柔政策❸。因此,在汉朝之后岭南地区的民族矛盾以及中央政权与地方势力的矛盾不是特别突出,反而一直都相对平和地向汉族政权过渡。孙吴在用步骘夺取士燮家族和岭南的控制权之后,实行交广分治,并在原有七郡的基础上增置了新昌、武平、九德、临贺、桂林、高凉、高兴、宁浦八郡,此后的岭南基本上都在汉人政权以及怀柔政策的羁縻之下。

2. 扬州(山越、蛮族)民族关系简述

相比之下,汉朝对原闽越国领地却只采取了简单粗暴的武力迁徙政策,直至汉末仅设了一个冶县(后称侯官,在今福州),隶会稽郡。用汉武帝的话来说,"东越狭多阻,闽越悍,数反覆,诏军吏皆将其民徙处江淮间,东越遂虚"❹。此前,闽越攻击东瓯的时候,大臣田蚡也说过类似的话:"越人相攻击,固其常,又数反覆,不足以烦中国往救也。自秦时弃弗属。"❺

可见,由于福建、浙南山地极多,土地狭小,统治难度太大,秦、汉两朝都对东越、闽越的领地没什么兴趣,对今福建、浙南地区的统治是长期忽视的,几乎主动放弃。因此,

---

❶ 吴刚.秦汉至南朝时期南方农业经济的开发[J].上海社会科学院学术季刊,1991(1):152-160.
❷ 许怀林.江西史稿[M].南昌:江西高校出版社,1998:35.
❸ 方高峰.六朝民族政策与民族融合[D].北京:首都师范大学,2002:30-31,34-35.
❹ 转引自:方高峰.六朝民族政策与民族融合[D].北京:首都师范大学,2002:2.
❺ 赵志强.秦汉地理丛考[D].西安:陕西师范大学,2013:160.

此区域越族人与汉族的融合也是长期而缓慢的[1]。同时,虽然秦汉以来一直对越人施行迁移政策,但"北迁仅限于它的贵族、官僚和军队等,至于一般的闽越人民,仍散居各地"[2]。这些留下的越人演变成为山越,广泛居住在今福建至浙南这一地区,并且在汉族政权削弱的时期频频起事[3]。以至于到三国时期,在中原人的眼里,这片地方都不是"汉地"[4]。这种状况,直到孙吴大规模开发江南的时候,才不得不被重视并发生改变。

关于孙吴到六朝时期有关山越问题的由来,以及汉族政权对山越的政策,许怀林[5]、方高峰[6]、安般[7]、卢星[8]等人的著述中有详细的讨论,这里不再赘述。在此,仅列出几个与本书密切相关的关键点:

(1)直至汉末,在扬州境内(今浙南、江西、福建)广泛居住着的族群不是汉族,而是山越及其他少数民族。

(2)终孙吴之世,山越都是令统治者头疼的问题。曹魏也积极鼓动山越叛乱以牵制东吴,收效甚佳。孙权统治的四五十年间,大部分精力都用来对付山越,而无暇北顾。

(3)孙吴政权通过多次进剿、招抚,基本解决了山越反叛的问题,并在南部不断移民,增设郡县[9]。因此,孙吴之后史籍罕见有"山越"一词,但偏僻地区的山越仍得以保存。其中,闽北地区因山多林深,直至宋朝还有山越的存在[10]。

(4)西晋至南朝承续孙吴的政策,不断加强对南方少数民族地区的防范、控制并设置蛮府机构,以及设立郡县,其手段以抚为主、以讨为辅。

2.3.2 政区细化、战略重心转移——赣县首迁的原因及其选址探析

赣县的首迁发生在西晋吞吴之后以及向南部山区深入统治的时期。太康末年(约公元289年,灭吴十年),徙赣县于贡水东之葛姥城。关于这次迁徙,重要的问题有两点:一是为什么赣县在立县490年之后会发生迁徙;二是新址为什么也没有选择在今赣州所在。

这次迁徙活动最早见于《太平寰宇记》记载,对迁徙原因有神秘化的描述:"晋太康末,洪水横流。忽有大鼓随波而下,入葛姥城。众力齐曳,蹲而不动。卜其地置县吉,

---

[1] 方高峰.六朝民族政策与民族融合[D].北京:首都师范大学,2002:6.
[2] 朱维干.闽越的建国及北迁[C]//百越民族史研究会.百越民族史论集.北京:中国社会科学出版社,1982.
[3] 卢星.秦汉东南战事与江西开发[J].江西师范大学学报:哲学社会科学版.2012,45(6):86.
[4] 《蜀书·许靖传》载其与曹操书云:"浮涉沧海,南至交州。经历东瓯,闽、越之国,行经万里,不见汉地。"转引自:方高峰.六朝民族政策与民族融合[D].北京:首都师范大学,2002:37.
[5] 许怀林.江西史稿[M].南昌:江西高校出版社,1998:62-65.
[6] 方高峰.六朝民族政策与民族融合[D].北京:首都师范大学,2002:1-7,25-27.
[7] 安般.山越盛衰浅析[J].中央民族大学学报,1999(4):38-43.
[8] 卢星.秦汉东南战事与江西开发[J].江西师范大学学报:哲学社会科学版.2012,45(6):86.
[9] 方高峰.六朝民族政策与民族融合[D].北京:首都师范大学,2002:73.
[10] 刘克庄《漳州谕畲》:"……然炎绍以来常驻军于是,岂非以其壤接溪峒,茆苇极目,林菁深阻,省民山越,往往错居,先朝思患豫防之意远矣。"详见:安般.山越盛衰浅析[J].中央民族大学学报,1999(4):38-43.

遂徙以就。"❶

以往的学者解读这次迁徙活动多引用这段话，并将汉赣县迁徙的原因解释为"遭洪水淹没"。但细看这段描述，对城市毁坏只字不提，却着重强调"大鼓漂入葛姥城"的神秘现象。按史书记载，洪水仅仅是"横流"，未见"圮城"之类的记载。另一方面，却偏偏有这样的有心人去"卜其地"，得出"置县吉"的结论。这令人不得不怀疑这是一次为迁城做准备的，有预谋的舆论造势。

可见，汉赣县因洪水迁徙的说法并不可信。如果仅仅把目光盯向汉赣县则无法理解这次迁徙活动。考察这次迁徙的原因和选址，大概要从区域军事政治的角度入手——盖因晋朝时期对南越采取怀柔羁縻政策，而积极强化赣南山区的统治，使得战略重心转移向东。

1. 东吴赣南山区平叛和汉族政权在赣南、浙南、福建的政区细化

赣南郡县的增置始于东吴时期山区的一次叛乱。同时，又以庐陵南部都尉的设置及其改置南康郡为重要的时间节点。

如前所述，终孙吴之世，山越都是孙吴政权的心腹大患。是以孙吴政权一边清剿山越，一边建置郡县，以巩固统治。东吴时期庐陵南部都尉、南康郡各县的建置、布局显然与此相关，并且导致了晋初的赣县迁移（图2-4）。

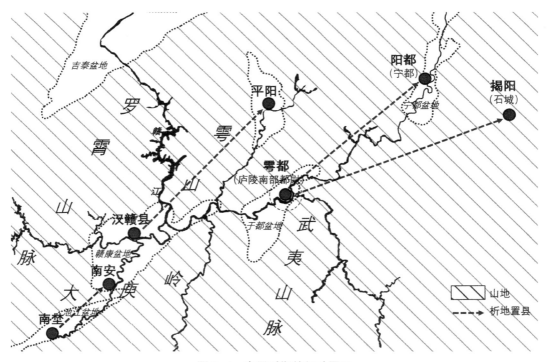

图2-4 东吴时期的析地置县

---

❶ 乐史. 太平寰宇记·卷一百八 [M]. 北京: 中华书局, 2000.

嘉禾三年（公元234年），"庐陵贼李桓、罗厉等为乱"❶。这次叛乱的中心应该在于都附近山区。同治《雩都县志》记载，"庐陵贼李桓为乱，邑中大震"。嘉禾五年（公元236年），叛乱平定，也是"获李桓于雩都斩之"❷。同年，孙吴"析庐陵地置南部都尉于雩都"❸，并且在南部都尉增置四县——析南野地置南安县（即今南康区），析雩都地置阳都县（即今宁都县），不久又"析阳都之陂阳地为陂阳县，寻改曰揭阳"❹（故城在今石城县西），同年又析赣县地置平阳县（即今兴国县）。

这样，庐陵南部都尉统领的7县之中，有4县是新建置的。其中，3县在雩都的东北一带山区，而此前至汉初的400余年，此地区的郡县建置都没有发生变化。这些郡县的增置显然与此前的叛乱有关，叛乱令东吴政权感觉到有必要细化政区设置，增强在庐陵南部的统治力度，尤其是在赣南、浙南与福建交界的武夷山区一带。

显然，加强南部山区的统治是东吴政权的既定国策，晋朝吞并东吴之后也延续了这一方略。在设立庐陵南部都尉之后，汉族政权不断增强在东南的郡县设置，一直把统治势力延伸到今福建省的东南沿海。吴太平二年（公元257年）分会稽郡置临海郡。吴景帝永安三年（公元260年）分会稽郡置建安郡。晋太康三年（公元282年）分建安郡置晋安郡。同年，升南部都尉为南康郡，领县五（赣、雩都、平固、南康、揭阳），原南野并入南康❺。

这些细化政区和加强统治的举措为之后的赣县迁徙及其新选址埋下了伏笔。

2. 增置南安县、废置南野县和汉赣县迁移的必然

南安县（西晋起改为南康县）的增置是导致赣县迁移的直接原因。晋太康三年（公元282年）南野县东移并入南康县，这是对南康县位置的再度确认。在南康县地位确立之后，汉赣县原有的军事战略地位被严重削弱。

如前所述，汉代赣县的作用在于两点：一是控制上犹江、南康河和贡江三江交汇处，防备长沙王；二是控制赣康盆地。然而在汉代消灭异姓王之后，两个作用已去其一；在南野东移为南康之后，赣县与南康仅隔20km，水路距离也只有40km，南康盆地也不再需要汉赣县兼顾。汉赣县的军事重要性一落千丈，只能负责管控赣州盆地；而它的位置相对于赣州盆地又太偏于一隅（图2-5）。

汉赣县作为一个军事政治据点，已经失去其重要意义。在晋代地广人稀的赣南，维持这个据点的行政、军事编制无异于浪费战略资源。赣县迁移势在必行。

3. 西晋南康郡平叛的战事中心——武夷山区和西晋赣县的选址

如果考察晋初在赣南和闽南的郡县布局可以发现，晋政府在此区域的战略方向是

---

❶ 陈寿.三国志·吴主传[M].上海：上海古籍出版社，2006.
❷ 王颖.雩都县志·卷六·武事志[M].同治十三年刊本.台北：成文出版社，1970.
❸ 王颖.雩都县志·卷二·舆地志[M].同治十三年刊本.台北：成文出版社，1970.
❹ 王颖.雩都县志·卷一·舆地志[M].同治十三年刊本.台北：成文出版社，1970.
❺ 同❸.

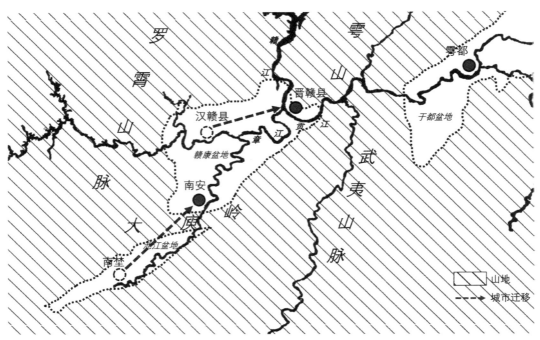

图2-5 南野移至南安和赣县迁移关系图
来源：根据Google地图自绘

不断向武夷山区挺进。对于赣南来说，就是不断向东部武夷山区增置郡县。

赣南原属庐陵郡，治所在今吉州市。成立郡级的行政单位，始于南部都尉，其治所在雩都；之后南部都尉升为南康郡，直至永和五年（公元349年），此间115年的时间，赣南治所均在雩都。庐陵南部都尉是一个半军事半民政的行政区，也是设立南康郡的过渡。改为南康郡以后，治所也不在南康，而仍在雩都。可见，从东吴至晋，赣南的战略重心始终在通往闽南的武夷山区，并且经历了从军事治所演变到普通郡治的过程。与此相对应，从郡县布局可以看出，东吴至晋代的闽南战略重心是在靠近闽北武夷山区的建安。

如前文所述，闽北地区直至宋朝仍有山越见于史料。可见在晋代武夷山区，山越仍然是令统治者担忧的问题。另外，雩都周边山区的再度叛乱也证明了中央政权在山区统治力度的薄弱：西晋"太康八年冬十月，南康平固县吏李丰反，聚众攻郡县，自号将军。捕讨伏诛"[1]。这次叛乱虽终被平息，但晋朝政府显然希望通过郡县布局加强这一带的统治力度。

葛姥城位于今赣州东北贡水对岸的虎岗高地。这个位置相比今赣州城所在地，其空间狭窄，可发展余地小，地形也未见利于防御。唯一的优点是地势较高。如是这样，那么"洪水迁徙说"似乎是可信的。然而考察东晋赣县的位置，其标高多在114m以

---

[1] 魏瀛. 赣州府志·卷三十二·经政志·武事[M]. 同治十二年刊本. 台北: 成文出版社，1970.

上，已经比今赣江水位高 15～20m；另外，仅仅时隔 62 年（即永和五年，公元 349 年），东晋政权就将"置县吉"的说法抛之脑后，改在章、贡二水之间立城，其间也未见城墙防水技术有质的提升，选址虎岗出于防洪考虑的说法恐怕也站不住脚。

事实上选址虎岗的原因只能从军事角度解释：

西晋赣县与东晋赣县选址只有一岸之隔，但在军事上却有本质区别：前者在贡江东岸，后者在西岸，这在军事上有截然不同的意义。前者是进攻态势，后者是防御态势。西晋政府向东面武夷山区布置军政据点，必须全面控制贡水运输线，其防御的军事攻击来源于东面武夷山区。假如在章、贡两江之间立城，固然易守难攻，但是一旦贡水东岸高地被山越控制，则无法保障前线的供给运输。相反，在贡水东岸高地立城，西岸平原地带和贡水都在防控范围内，可保无虞。从山越角度考虑，控制贡水东岸高地是十分有利的，其西进可截断贡江，东退可进入武夷山区防守。反之，在西晋立城于虎岗的情况下，山越欲控制章、贡两江之间的高地，必须渡水经过平原，这十分凶险，即便得手也是一个随时被围歼的孤险之地，几乎不可能实施（图 2-6）。

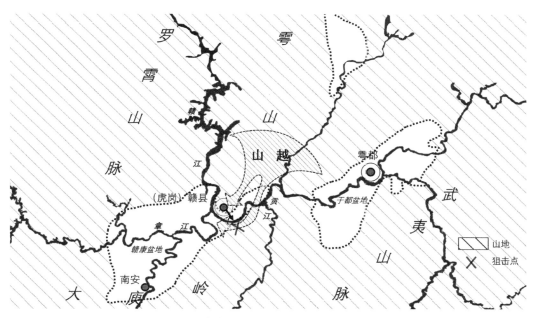

图 2-6　虎岗选址的赣县和山越军事关系图
来源：根据 Google 地图自绘

综上所述，西晋政府欲进击武夷山区清剿残余山越，那么虎岗是必守之地。章、贡两江之间看似险要，反而不必守控，所以对于西晋来说，赣县选址虎岗优于章、贡两江之间。这两个选址的优劣与后世的理解大不相同。之所以这样，是因为当时的区域军政格局与后世大不相同，并且西晋强而山越弱，西晋在战略上处于积极的进攻态势，而山越则处于游击退缩的态势。

另外，汉赣县的迁徙及后来时隔62年的再度迁徙再一次表明：虽然历经490年的发展，西晋赣县仍然是一个以军事政治职能为主的城镇（上一节引述的西晋太康中期南康郡总户数为1400户，也印证了这一点），迁城及其选址几乎全出于军事政治目的，其背后的推动力是自上而下的统治需要，所以才有《太平寰宇记》记载的利用占卜择吉迁城的故事。对于西晋王朝来说，赣县是其扩张军事政治统治的据点，既是"山城"，又是"边城"。

2.3.3 东晋江州的开发、争夺和赣县的迁移

赣县首迁于虎岗之后，并没有在这个位置盘踞太久。时隔仅62年，东晋永和五年（公元349年），赣县再度迁址。这一次，终于选址在章、贡二水之间，即今赣州所在，而且升为南康郡的郡治。关于这次迁徙，《元和郡县图志》仅描述8个字，"至永和五年移理赣"❶。《太平寰宇记》则只有19个字，"东晋永和五年，太守高琰置郡城于章、贡二水间"。

古人惜墨如金，但一个城市的迁移当然不至于像这般看似毫无原因。山越销声匿迹，山区统治越来越稳定是一个大前提。另外，背后涉及的军政冲突、利益纷争之多，可谓暗流涌动。赣县在东晋再迁的原因可归纳为四个方面：山越一蹶不振是迁徙的大前提；晋室南渡、北人入赣使江州经济得到大开发，同时战略地位骤升是迁徙的时代背景；东晋永和年间短暂的安定局面是迁徙的时机；门阀政治导致地方各自为政，拥兵自重，暗自经营图谋似乎是迁徙的真实目的。

1. 山越的消亡和山区的稳定

东吴至西晋对赣南山区统治的加强，总的来说应该是成功的。《三国志·吴书》里"山越"两字总共出现25次，而整个《晋书》里竟然没有"山越"一词❷；自赣县立于虎岗之后，整个南康没有一次发于本地的寇乱记录。山越在遭到东吴至西晋的镇压、同化之后，几乎销声匿迹。自此以后，史料里罕见"山越"一词。

从这个角度来说，西晋赣县的选址无疑是合理的，这种合理性一直持续到东晋时期。西晋作为一个统一、强大的王朝，对外征服、开发并且加强征服地区统治是其军政的重点；晋室南渡之后，皇室衰微，形成"王与马，共天下"的门阀政治格局，内部斗争成为焦点。与此同时，北人入赣，使江西乃至赣南得到空前的开发机遇。西晋赣县存在的内、外条件发生变化，引发了再一次的迁徙，并且把郡治从雩都迁移至此。

2. 东晋北人入赣与江州、赣南经济和战略地位的提升

对赣南地区的大规模开发，是在东汉以后进行的。这一时期，由于中原离乱，民不聊生，大批北人南迁。汉至南北朝时期，规模较大的迁徙就有2次。第一次为东汉

---

❶ 李吉甫.元和郡县图志·卷二十八·江西道四·虔州 [M].北京：中华书局，1983.
❷ 此数字系笔者遍查两本史书统计得来。

末年，中原地区豪强混战，赤地千里，人民纷纷南逃。公元213年，江北自耕农一次就有10万余户渡江逃到南方，其中一部分溯赣江而上进入赣江中游地区。第二次为两晋南北朝，肇因八王之乱导致五胡侵扰中原，王室南渡。于是许多有迁移能力或有机会南下的部族都相继率族南迁❶。

依照葛剑雄先生《中国移民史》，西晋永嘉乱后到东晋南朝时期北民南下，大致可以分为以下几个阶段：

（1）永嘉之乱后（公元307—324年）；
（2）东晋太宁三年至永和五年（公元325—349年）；
（3）东晋永和六年至咸安二年（公元350—372年）；
（4）东晋太元八年至南朝宋永初二年（公元383—421年）；
（5）宋永初三年至泰始五年（公元422—469年）；
（6）宋泰始六年（公元470年）后❷。

表2-3的人口数据恰好基本覆盖了上述6个阶段加总的时间段，可以说明一些问题。

表2-3 晋宋豫章诸郡户、口及占全国的比重

郡别	西晋太康初（公元281年）	宋大明八年（公元464年）		说明
	户数	户数	口数	
豫章	35000	16139	122573	
鄱阳	6100	3242	10950	
庐陵	12200	4455	31271	1. 资料来源：《晋书》卷十四《地理志》、《宋书》卷三十七《州郡志》。
临川	8500	8983	64805	
安成	3000	6116	50323	
南康	1400	4493	34684	2. "合计"即江西各郡之和。宋时期的全国数，是宋政权管辖区的总数
寻阳		2720	16008	
合计	66200	46148	330614	
全国	2494125	901769	5174074	
江西占全国百分比（%）	2.65	5.11	6.38	

来源：许怀林. 江西史稿[M]. 南昌：江西高校出版社，1998：76.

由于北人大批南迁，赣南人口急剧增加。据《晋书》《宋书》《隋书》《新唐书》等史籍记载，晋代南康郡仅1400多户，南朝宋时增至4493户，隋代增至11168户，到唐开元年间，由南康郡改名的虔州，人口猛增到37647户。唐宪宗元和六年（公元811年），第虔州为上州❸。赣南的人口、经济地位在晋以后急剧上升。虎岗的位置

---

❶ 薛翘，刘劲峰. 从赣南出土的古代农具看汉、唐时期江西南部的开发[J]. 农业考古，1988（1）：174-177.
❷ 葛剑雄. 中国移民史[M]. 福州：福建人民出版社，1997：310-374.
❸ 薛翘，刘劲峰. 从赣南出土的古代农具看汉、唐时期江西南部的开发[J]. 农业考古，1988（1）：174-177.

狭窄，因此没有发展空间，也不能适应赣县的发展需要。

由何德章先生的研究可知：六朝时期，赣水流域的水灾次数、水利建设规模都超过了湘水流域；汉代时人口比湘水流域稀少，南朝陈时人口几乎赶上了湘水流域。这说明，汉代赣水流域原来是相当落后的地区，而六朝时的开发程度已不低于湘水流域。

东晋时，江西成为长江上游军粮的主要补给地，也是六朝政权的重要产粮区之一。从刘宋时起，江西的鄱阳流域、湖南的洞庭湖流域和江苏、浙江的太湖流域及浙东的会稽均成为南朝的著名粮仓。由于盛产稻米，加之水运便捷，故南朝京城以外的大粮仓2/3设在江西境内。《隋书·食货志》载，萧梁时，"其仓，……在外有豫章仓、钓矶仓、钱塘仓，并是大储备之处" ❶。以上三大粮仓，江西境内占有其二。豫章、钓矶二仓得比于盛产粮食地区的钱塘仓，可见江州粮储之富。《晋书》中有"（朱序）表求运江州米十万斛，布五千匹以资军费，诏听之"。

西晋元康元年（公元291年），江州的设置使江西地区从此不再隶属别州并成为单独的最高一级地方行政单位，而江州的核心地区则是南昌、九江一带。江州最初设立时，西晋是统一王朝，江州的位置并不显得如何重要，它只不过是为分割面积广大的荆、扬两州而设。进入东晋，中国历史便开始了长达272年的南北对峙时期，而南北对峙基本上是沿淮河一线展开的，这样一来地处建康上游的江州的位置便愈显重要了❷。

由于江州的战略重心在一头（南昌、九江一带）一尾（赣南），因此，江州地位的提升亦使赣南的战略地位随之上升。东晋政治集团对北伐缺乏诚意，这一时期的军政格局以内部斗争为重心，以致赣南战略地位也体现在其内部争权上。

3. 东晋门阀政治和方镇拥兵自重

东晋皇权衰落，门阀争权夺利。东晋政局先后为王、谢、庾、桓四大家族把持。四大家族各自争夺、据守地盘，拥兵自重，各自经营。田余庆先生所著《东晋门阀政治》中引述《魏书》卷九六《司马睿传》曰："德宗（司马德宗，即晋安帝）以来，内外乖贰，石头以外，皆专之于荆、江；自江以西，则受命于豫州；京口暨于江北，皆兖州刺史刘牢之等所制，德宗政令所行，唯三吴而已。"❸地盘争夺的焦点之一，正是江州。

当时江西地区的粮食不但要供应首都建康，而且上游军事重镇武昌也要依赖江州地区的粮食供给，且江州集聚许多流民，是"甲兵所聚"之地，从而使江州成为上游荆州和下游扬州之间的军事要冲，所以，江州成为东晋士家大族的必争之地和门阀士族政治斗争的焦点，并引发了江州各朝宗室王和各级官僚在江州的起兵叛乱❹。

由于战略地位重要，江州曾先后转手于王、谢、庾、桓四家族之中，赣南亦然。

---

❶ 田燕兵.六朝时期江西军事地理研究[D].长沙：湖南师范大学，2009：5.
❷ 田燕兵.六朝时期江西军事地理研究[D].长沙：湖南师范大学，2009：1-9.
❸ 转引自：田余庆.东晋门阀政治[M].北京：北京大学出版社，1991：289.
❹ 江州在东晋内部争权中的特殊地位。详见：田燕兵.六朝时期江西军事地理研究[D].长沙：湖南师范大学，2009：2.

在东晋永和五年（公元349年）迁址之前，江州刺史为庾氏家族的庾翼，南康郡守即为庾氏家族的庾恪。而正是在永和元年（公元345年）前后，庾氏家族失势，谢、桓氏家族崛起，江州又暂为王氏家族取得（据考证，王羲之在永和元年至永和三年之间为江州刺史）❶。

方镇拥兵自重，不仅东晋朝廷无能为力，而且权势熏天的门阀家族也似乎只能采取默认的态度，甚至把封官鬻爵作为"橄榄枝"伸向地方势力。据《晋书》记载王敦争权，"南康人何钦所居险固，聚党数千人，敦就加四品将军，于是专擅之迹渐彰矣"❷。可见地方拥兵自重成为风气，朝廷和门阀不但不加征讨，反而要拉拢、争取。

在这样的局势下，永和五年（公元349年），高琰接手庾恪留下的南康郡❸，随即迁赣县于章、贡二水之间，并且把郡治设在此地。这一举动，无论是否授意于上司，都有经营地方、拥兵自保的意思。

赣县再迁的时机因素就是东晋永和年间的短暂安定局面。永和安定局面的内部条件，则是庾翼死后颍川庾氏势力骤衰，江左士族没有哪一家具有足够的实力和影响可以立即代替庾氏发挥作用，"真能影响政局的人是一个也没有了"❹。在这种情况下迁城，反倒受到的阻力和质疑是最少的。

4."活地"和"死地"之选——东晋赣县、雩都作为郡治的优劣对比

以南康郡整体考虑，原郡治在雩都，主要是出于强化山区统治的考虑。而在山区稳定需要发展经济建设的时候，郡治选址在章、贡二水之间，这比起雩都是有明显区位优势的。经济方面的优势是：

（1）赣康平原的经济腹地面积明显大于雩都，其地势平坦，因为地处下游，所以土壤比雩都要肥沃，特别是作为地区农业经济中心的地理优势非常明显；

（2）赣康平原汇集章、贡二水，水源充沛，其农业灌溉比起雩都显然有利；

（3）赣康平原水运条件，交通条件远较雩都为好；

（4）赣康平原上建立城市，其发展空间大，用地显然比雩都充裕。

军事、政治方面的优势是：

（1）章、贡二水之间设城，在军事上易守难攻，只有两面能遭受强攻，而这一方向的攻击只能来自后方，所以在后方稳定的情况下，设防条件不亚于雩都；

（2）章、贡二水之间设城，作为地方政权，进可北窥鄱阳湖口，乃至顺流直下，直迫建康。退可据守一方，至不济时还可以选择闽、广山区作为逃逸的退路。作为中央政权面临南面的攻击时，其军需供应可以无忧，进可挥师南下，退可据守鄱阳湖口；

（3）章、贡二水之间设城，可以控扼整个赣南地区与建康王朝之间的通道，在政

---

❶ 田余庆.东晋门阀政治[M].北京：北京大学出版社，1991：289.
❷ 房玄龄，等.晋书·列传第六十八·王敦传[M].北京：中华书局，1970.
❸ 魏瀛.赣州府志·卷三十四·府秩官表[M].同治十二年刊本.台北：成文出版社，1970.
❹ 田余庆.东晋门阀政治[M].北京：北京大学出版社，1991：130.

治上十分有利。在这里设立郡治、布置优势兵力，这对于建康政权和南康郡都是可以有效控制赣南地区的最佳选择。

相比之下，雩都作为南康郡治的优势只有3个，而且都是军事方面的优势：

（1）有利于加强南康郡东北部山区的军事威慑力；

（2）雩都地处南康郡的几何中心，一旦地方有事，即可迅速发兵；

（3）雩都四面环山、易守难攻，这里只需要把控三四个关隘就可以布防。

但是，雩都作为郡治，它在经济和城市发展上自然无法与赣县相比，而且在军事上的劣势也是致命的：

（1）从建康政权方面考虑，一旦赣县被敌方（主要可能是来自岭南的敌方）占据，则建康、雩都、南康三方面的联系均被切断。不仅整个赣南地区落入敌手，而且江州的核心——浔阳将直接面临军事压力；

（2）从地方政权方面考虑亦是同理。一旦赣县被占据，南康不保，并将丢失大片经济腹地；

（3）对于地方政权，更糟糕的是：雩都虽然易守难攻，但由于腹地太小，不足以供养大批军队。一旦被围困，势必"瓮中捉鳖"，在军事上就是个"死地"。

在这些优势、劣势的对比中，东晋赣县是进退有据的"活地"，而雩都则是"死地"，这两点对于地方政权至为重要。后世南朝陈开国皇帝陈霸先在北伐取得建康政权之前，四迁赣县于章、贡二水之间，并且以此为北伐的根据地，盖因于此矣。

综上所述，南康郡治设在雩都，是在闽、广地方政权效忠建康，并且山区统治不稳定的特殊历史时期的优选方案。在山区统治稳定的情况下，无论对于建康政权还是江州、南康郡来说，设郡治于章、贡二水之间都是最优选择，而这种选择对于南康地方政权似乎更有利。因此，南康郡在建康政权方面没有阻力的情况下，势必积极推动郡治移至章、贡二水之间。而建康方面除了忧虑南康地方政权坐大之外，似乎也没有合适的理由阻止这样的布局。

赣县西移章、贡二水之间，并且作为郡治之后的62年，南康遭到来自广东叛军的攻击，印证了上述考虑。

2.3.4 赣县在东晋的第三次迁移和南朝第四次迁移

1. 卢循、徐道覆起义和赣县三迁的思考

东晋义熙六年（公元410年）春二月，卢循、徐道覆趁刘裕领兵北伐之机，从始兴北上南康，攻克赣县，城"无完堵焉"[1]。平叛之后，赣县迁移到贡水东南之七里镇。这是赣县的第三次迁徙。

---

[1] 顾祖禹. 读史方舆纪要·卷八十八 [M]. 北京：中华书局，2005. 另见：赣州市地名委员会办公室. 江西省赣州市地名志 [Z].1988：8.

这次迁徙的史料确凿，因果清晰无疑，但细细考察其前因后果，至少有三点值得关注：

（1）卢循、徐道覆起义的前半期极其顺利，说明了赣县选址的军事战略意义。

首先，徐道覆是突然袭击，攻其不备拿下赣县的。《晋书·卢循传》记载：

"初，道覆密欲装舟舰，乃使人伐船材于南康山，伪云将下都货之。后称力少不能得致，即于郡贱卖之，价减数倍，居人贪贱，卖衣物而市之。赣石水急，出船甚难，皆储之。如是者数四，故船版大积，而百姓弗之疑。及道覆举兵，案卖券而取之，无得隐匿者，乃并力装之，旬日而办。遂举众寇南康、庐陵、豫章诸郡，守相皆委任奔走。"❶

在攻克赣县之后，同月，徐道覆即北上陷庐陵、豫章诸郡，败镇南将军何无忌，直取建康。《晋书·何无忌传》记载：

"卢循遣别帅徐道覆顺流（赣江）而下，舟舰皆重楼……闻其舟舰大盛，势居上流……以大舰逼之，众遂奔败。"❷

可见，在取得章、贡二水的控制权之后，顺赣江而下，能实施闪电战。且船只顺流，具有作战优势，能攻克鄱阳湖一带，直接威胁建康。

（2）卢循、徐道覆在精锐尽失于建康一带之后，仍然能退走交、广，也印证了前述掌控赣县、进退有据的优越性。只是准备不充分，赣县被毁不足据守，广州又被刘裕先行派兵占据，才导致迅速败亡。

（3）赣县被毁之后，并没有复址于虎岗高地，而是选择了地势较低而较开阔的七里镇一带，并且仍为郡治。这说明经过62年的发展，虎岗高地已经不能容纳战乱之后剩余的人口。同样，也从侧面说明了赣县在迁址章、贡二水之间时，城市人口和经济水平有了质的飞跃。赣县已经从一个军事、政治据点为主要职能的"军镇""边城"演变为一个兼具经济职能的"郡治"。

显然，置于七里镇并不能实现赣县城市的最大价值。在141年之后，终于又有军事谋略家看中它的军事战略价值，复徙赣县于章、贡二水之间，并作为北伐基地。

2. 陈霸先北伐的根据地——赣县的第四次迁移考析

梁承圣元年（公元552年）五月，陈霸先起兵北伐王僧辩，自赣江北上❸。同年，复迁赣县于章、贡二水之间❹。

虽然《赣州府志》没有说明是谁建城，但是时间、地点如此吻合，迁城的想法必出于陈霸先无疑。而陈霸先既然在北伐同时有迁城之举，这是看重赣城在章、贡二水之间的军事战略意义。

明末清初的军事地理大家顾祖禹在评述赣州府这段历史时称："陈霸先奋自始兴，

---

❶ 房玄龄，等.晋书·列传第七十·卢循传[M].北京：中华书局，1970.
❷ 房玄龄，等.晋书·列传第五十五·何无忌传[M].北京：中华书局，1970.
❸ 姚思廉.陈书·本纪第一·高祖[M].北京：中华书局，1972.
❹ 魏瀛.赣州府志·卷三·舆地志·城池[M].同治十二年刊本.台北：成文出版社，1970.

进军南康，赣石既捷，而霸业以成。"这句话的意思，显然是认为陈霸先的北伐是以赣州城为根据地而成功的。

陈霸先和徐道覆的北伐是惊人的一致，这也是做了充分准备的，从始兴起兵到进军的路线，但是其结局全然不同。重要的原因之一，就是前者事先掌控了赣南（北伐前一年，平定侯景之乱，陈霸先趁机拿下南康），妥善经营赣城，并以此作为根据地。而后者并没有充分重视赣城的军事战略意义，毁掉了赣城，导致劳师远徙，后继无力。

可见，在这次北伐中，赣城的军事战略优势起了关键性的作用，赣城的物资供应能力已经不可小觑。从此之后，赣州作为地区的军事、政治、经济中心，再未迁徙。赣州城市开始进入发展期。

2.4 作为统治"工具"的早期赣城之选址及迁移特征

早期的城市不是主体，而是一种工具，它没有足够的自主性，所以统治者在布局城市与确定选址的时候更加着重于减少统治资源的消耗，并提高统治效率。同时，也相当重视区域城镇在军事政治方面的相互关系。后来的城市逐渐演化为一个独立的主体，因此有了经济功能，也就有了自己强大的生命力。

2.4.1 "边城"赣县的选址、迁移及其工具性

如果汉至两晋的赣县不仅仅是一个军事政治据点，而是在经济上十分繁荣的市镇，那么它的迁移将面临着重大的困难和巨大的代价。但是，正如前面所述，直至东晋，南康各县的平均户数才250户。这证明赣县在彼时只是一个小小的军事政治性质的城镇，它具有强烈的工具性，而非主体性，并受控于统治集团的利益而不能自主。

在赣县获得了充足的经济发展之后，其主体性逐渐强于工具性，从军事重镇演变为郡治，自主选择合适的位置就成为必然。这样的变化发生于唐代，也非偶然。

从早期赣城的选址及迁移的考察，可以发现：

1）早期城市的选址及其迁移主要决定于中央政权的军事政治意图。

2）中央政权的考量主要着眼于三个因素：

（1）区域的军事战略格局；

（2）周边城市所辖范围及军事政治管控的便利性；

（3）针对其防御对象，城市具体选址点的军事地利。

3）当城市自身由于某种契机得到充足发展之后，其选址及迁移将不再完全受制于中央政权的需要，而具有充分的自主性。

4）早期赣县的选址及迁移并不仅仅是一个特例，而是可以作为一个"边区城市"（相对中原城市）的典型案例而具有某种代表性，与其他类似的城市——如夔州、汀州具有共性。

综上所述，陈霸先北伐之后，赣州作为地区的军事、政治、经济中心再未迁徙。赣州城市开始进入发展期。在此之前，赣州作为一个"统治工具"的军镇存在是没有自身话语权的。由于城市早期本体的孱弱，自身命运掌握在统治政权手中：在通盘布局中，作为一颗棋子是可以安插在"实土扩边"所需的位置，也可以作为防御进攻、守护交通线的堡垒，还可以成为进攻据点的楔子、桥头堡，当然也可以成为一颗弃子。

由此可见，早期的赣城不是主体，而是一种工具，它没有足够的自主性，所以其选址和迁移受制于统治当局。统治者在布局城市、确定选址的时候，更加着重于减少统治资源的消耗，提高统治效率，也相当重视区域城镇在军事政治方面的相互关系。

2.4.2　从军镇到郡治——夔州、汀州城迁移及定址的对比

以另外两个历史上的"边区"城市——夔州、汀州为例，对比分析它们的选址—迁移—定址的过程，可以进一步说明上述问题。这两个城市还与早期的赣县有一个共同特征——都具有"山城"的地形特征。这只是为了突出案例的典型性。实际上，许多城市在早期都经历过多次迁徙，都可以作为同类的研究案例（详见 2.4.3 小节）。

1. 夔州的迁移及定址

另一个历史上有名的"军镇演变为郡治"的案例就是夔州（今属重庆市），它还频繁发生迁移。马剑曾发表多篇论文对此城的发展历史进行细致的研究探讨，这个城市的中心在白帝城、奉节之间反复迁移，可称为经典的"双城记"。但马剑的关注点似乎主要在"唐宋变革"：

> 夔州地处长江三峡中瞿塘峡之西端，"坚完两川，间隔三楚"，自古为兵家重地与交通要道。……后公孙述据其地，更名鱼复曰白帝。蜀汉改巴东郡，西晋仍名巴东郡，刘宋亦置巴东郡，南齐置巴州，梁置信州，皆治白帝城。唐武德二年（公元 619 年），改为夔州……以宋初为断，此前三峡地区的行政、军事中心多在白帝城一带，此后治所即迁移到其西约十里❶的"瀼西"（大瀼水之西，即长江三峡水库蓄水前的奉节县城一带；大瀼水即今梅溪河）。它们分别代表两种典型的治所城市模式：军政要塞式与经济、行政功能兼具式❷。

马剑在研究了夔州的历史之后，提出了以下几个观点：

（1）夔州治所由白帝城向"瀼西"的转移，反映出三峡地区在全国的政治地理格局特别是长江上游与中游地区政治格局的变动。这一变动介乎唐代中期至宋代。

（2）长江三峡中心地区政区治所由白帝（赤岬城）❸转移到"瀼西"，由有利于军事防守的险峻之地迁至适于居民及进行商贾贸易之处，这一转移是与峡区军事、政治地位下降和经济功能增强的趋势相一致的。

---

❶ 本书中"里"均为"宋里"，按宋太府尺，1 宋里约合 553 米。
❷ 马剑. 夔州城市形态与空间结构的演变 [J]. 中国历史地理论丛，2008，23（3）：100-108.
❸ 白帝城北面紧邻赤岬城，是同一个地方的两代城池，共用一段城墙。

（3）夔州虽深处峡中，然其治所由白帝城向"瀼西"的迁移，恰恰发生于"唐宋变革"这一广泛的社会经济与政治文化的转变时期，可以说是"唐宋变革"在中国腹心地带一座小城的具体表现❶（图 2-7、图 2-8）。

图 2-7　白帝城、奉节城位置关系图

来源：根据 Google 地图自绘

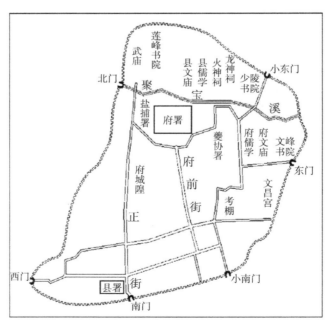

图 2-8　清代中后期夔州府城图

来源：马剑. 夔州城市形态与空间结构的演变 [J]. 中国历史地理论丛，2008，23（3）：100-108.

---

❶　马剑. 夔州城市形态与空间结构的演变 [J]. 中国历史地理论丛，2008，23（3）：100-108.

2. 汀州的迁移及定址

福建汀州的建制曾经一次废置，城址两度迁徙。建制设置始于西晋太康三年（公元282年），县名新罗；刘宋泰始四年（公元468年）废置；唐代又复置❶。

唐代汀州城的筑建始于大历年间（公元766—779年），刺史陈剑移筑卧龙山之阳，旨在加强对闽粤赣交界地区之控制。而大中年间（公元847—859年）刺史刘岐之增筑，则是由于此时期北方移民不断迁入，需要进一步强化对汀州地方社会之控御❷。关于此处的地势，《读史方舆纪要》卷九十八：福建四·汀州府中有精辟概述：

"地势平夷，方数十里，而卧龙山突起平地中，府半壁高挂其巅。鄞江绕于左，西溪抱于右。二水合流，绕出丁位。南走潮海，西下豫章，为形胜之地。"

"形胜"实为军事地利，汀州府治"半壁高挂"卧龙山，显见非常险要。因此，自宋代以迄明清，汀州城址未再变动（图2-9）。

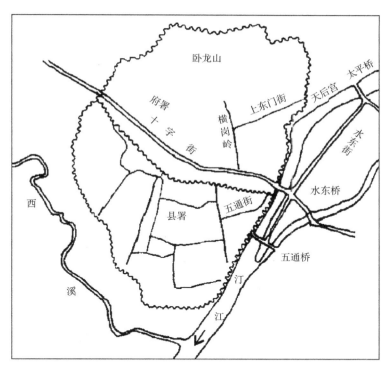

图 2-9 汀州府城图

来源：林小昭. 福建汀州城市历史地理的初步研究 [J]. 中国历史地理论丛，2008，23（1）：16-24.

唐代汀州城没有再发生移动，各志"城池"部分皆只提及陈剑之始筑和大中年间刘岐之增修而已。"城池官守虽有增益，而府治基址无改于旧。"由各方志所记以及后

---

❶ 曾日瑛，等修. 李绂，等纂. 汀州府志·卷之二·建置 [M]. 同治六年刊本. 台北：成文出版社，1966.
❷ 林小昭. 福建汀州城市历史地理的初步研究 [J]. 中国历史地理论丛，2008，23（1）：16-24.

世修筑之情形可以看出,大历年间陈剑所筑之州城实为后世历代汀州城之基本轮廓。这说明历代统治者对此地形和选址的军事控制效果非常满意。

2.4.3 王权、军政、迁址和早期城市的工具性

刘易斯·芒福德指出,"从分散的村落经济向高度组织化的城市经济进化过程中,最重要的参变因素是国王,或者说是王权制度"❶;马正林认为,"中国的城市,许多都是国都和地方的政治中心,以政治职能为主"❷;田银生在《走向开放的城市——宋代东京街市研究》一书中指出,王权先于商业,是引发城市先后变革的两大要素,而且"中国古代城市,就性质而言,始终不曾脱离政治堡垒的特征"❸。

相应地,中国古城的选址和迁移也多反映出城址与区域军政格局的相应关系。

秦都从栎阳迁咸阳,是为了发挥水陆交通上的优势,以利于东出函谷逐鹿中原;汉长安改在渭水南,有倚仗天险防范游牧民族的考虑❹。洛阳地区更是纷繁复杂,商汤灭夏,为看守夏朝遗民迁都西亳,而西南距夏都斟鄩6km;周灭殷商,又营洛邑;汉魏洛阳在洛北邙山下相对开阔的台地,想必与创始者吕不韦的经营图谋同出一辙;隋唐洛阳西移,是为了控制伊、洛、瀍、涧四水❺。宋灭北汉,北迁太原45里于山关狭隘处,是为了削弱其割据能力,加强其对外守边的军事功能❻。夔州在北宋之前的军政中心在白帝城,此后因军政地位下降而迁治奉节❼。韶州汉代故城在浈水之东,倚高控扼武、浈二水;隋末刺史邓文进迁城水西以图经营割据;南汉为守北部门户又迁两水之间❽。汀州在唐开元二十四年(公元736年)置于上杭九州村;大历四年(公元769年)为了强化赣闽粤边区控制,北移220里至更险狭的山区长汀❾。

可见,早期赣县的频繁迁移并非特例。由于城市早期本体的孱弱,城市的命运掌握在统治者手中;作为统治工具,选址及其迁移主要决定于中央政权的军政意图。因此,不同时期,不同政权,军政形势迥异,有不同的统治需求,对城市最佳选址的理解亦不同,从而导致城市频繁迁移。

同理,后人认为的最佳城市选址,对于前人可能并非优选;反之亦然。而中国固有的"正统"观念又导致某些城市选址上的失策。譬如北京城对于南窥中原的游牧民族,是最佳的军事指挥中心;对于防御游牧民族,需要战略进深,需要发展经济的明朝来说,

---

❶ 刘易斯·芒福德.城市发展史——起源、演变和前景[M].宋峻岭,等译.北京:中国建筑工业出版社,2005:38.
❷ 马正林.中国城市历史地理[M].济南:山东教育出版社,1999:9.
❸ 田银生.走向开放的城市——宋代东京街市研究[M].上海:上海三联书店,2011:1-9.
❹ 马正林.中国城市历史地理[M].济南:山东教育出版社,1999:32.
❺ 马正林.中国城市历史地理[M].济南:山东教育出版社,1999:40-42.
❻ 张慧芝.宋代太原城址的迁移及其地理意义[J].中国历史地理论丛,2003,18(3):92-100.
❼ 马剑.夔州城市形态与空间结构的演变[J].中国历史地理论丛,2008,23(3):100-108.
❽ 额哲克.(同治)韶州府志·卷二十五·古迹略·城址[M].清同治十三年刊本.
❾ 王子奇.福建汀州城址勘查[J].中原文物,2014(2):29-34.

却可能是个险地[1]。

早期城市普遍频繁的迁址，充分体现出其工具性。然而，当城市逐渐复合了其强大的经济力量，也就有了强大的生命力和足够的自主性，并演化为一个独立的主体。那也将是另一个变革的开始。

本章小结

本章从区域军政的角度出发解析赣城早期选址和迁移原因，切入点在中央（汉族）政权对地方统治的开展和深入。

2.1节概述赣南的险要，说明赣城萌发于赣南的必然性——中央政府欲经略南方，必须在此建立统治据点。

2.2节分析早期赣城的选址。直至西晋，赣南对于中央政权都是个"边区"。

秦汉时期的赣南，汉族人尚处孤险。汉初，南越、山越和异姓王是中央政权的三大隐患，汉初赣县选址不仅仅是为了史书中记载的"防赵佗"，也是为了防止长沙王叛乱而切断赣南地区的军事联系。

2.3节分析赣城的4次迁址及其原因。

第一次迁址：西汉至六朝，南越问题得到解决，山越频繁反叛。汉族政权开始对山越用兵，导致赣县第一次迁址。选址虎岗是为了保护贡江运输线，进击山越。

第二次迁址：东晋时期，赣县转而落址章、贡二水之间，并且成为郡治，开始有择优选址、拥兵自重、发展经济的"地方主义"色彩。

第三、四次迁址：卢循、徐道覆反叛摧毁了赣城，打断了赣城的发展步伐，使其迁至水东七里镇；陈霸先为北伐重迁赣城至章、贡二水之间，以赣城为北伐根据地，说明赣城当时已经具有一定的物资供应能力。

本章2.4节结合另外两个从军镇演化为郡治的案例——夔州、汀州的选址迁移，说明早期城市由于本体的孱弱而只能具有工具性，成为一种统治工具。只有当城市有了足够的经济功能，才能有足够的自主性和强大的生命力，才能演化为一个独立的主体。

---

[1] 赵冈曾经论述这一点，明朝223年间北京曾被敌军兵临城下13次。详见：赵冈.中国城市发展史论集[M].北京：新星出版社，2006：117-118.

第 3 章　区域交通变迁下的唐宋虔州经济繁荣

虔（赣）城在定址之后，周边军政格局趋于稳定，恰迎来中国历史的变局——唐宋变革和经政中心南移。这一时期的中国各经济区域趋于整合，经济交往频繁，留下了气势恢宏而且内涵丰富的史料。

赣城恰位于各区域交往大动脉的节点上，获得了历史性的机遇，从而也在这个时期发生了重大变革——走向开放，走向繁荣，走向成熟。

下文梳理这一时期与赣城密切相关的经济、交通变局；面向区域，分析经济史料，进行横向和纵向的对比，找到唐宋虔（赣）州的城市定位；接着重点分析城市从人口、规模、性质、职能到形态的变革，以图揭示城市大变革时代的复合驱动逻辑——既有国家的意志，也有地方的努力，更重要的是还有商业经济的驱动力。

3.1　唐宋赣江流域的繁荣

唐宋以来，关中地区经历鼎盛而走向衰落，中国经济、文化重心南移。这个大趋势已是史家的共识。

实际上自东晋以来，因为北方的战乱等原因，就有大批中原人民南迁，甚至汉人的政治中心也时有南迁。这给南方带来了先进的生产力、大量劳动力和财富，促进了南方社会经济的大幅度发展。

与此同时，隋朝修建大运河、唐朝与西域诸国的战争、船运技术提升使得海上贸易呈现全新的前景。唐代中、后期海上丝绸之路兴起（这也是唐代经济重心南移的重要原因之一），和大运河一起作用，形成了南达岭南的经济贸易大动脉。岭南经济开发初有成效，又隐隐为大庾岭路开通和赣南经济的勃兴埋下了伏笔。

这个时期，不仅江淮经济圈成为全国的经济重心，岭南也作为社会、经济的主角之一开始登上历史舞台。贺业钜认为，"盛唐时，全国大体上分为五个大的经济分区。这五区是：关陇西北经济区、关东经济区、江南经济区、巴蜀西南经济区和岭南经济区"❶。

---

❶ 贺业钜认为此前有四大经济圈，其中并不包括岭南。详见：贺业钜. 中国古代城市规划史 [M]. 北京：中国建筑工业出版社，1996：411.

总体来说，晋唐以来我国的经济中心南移，并于宋代大体完成了这一南移。这也已经成为学术界的共识。"接瓯闽百越之区，介谿谷万山之阻"的虔州恰恰处在商贸南移路线的关键节点上❶。受益于商业勃兴的大时代，得助于交通优势，馈取于区域经济往来，唐宋虔州社会、经济、文化均出现了空前的发展和繁荣的局面，城市的规模、性质、职能和城市格局都发生了革命性的变化，面貌骤然一新。

3.1.1 国家意志推动的岭南经济、交通重心东移

"唐宋之际"，虔州的发展是令人瞩目的。但是，论及社会、经济发展，同时代的许多城市也是成就斐然的。如此，则需要把虔州放在全国性的经济、交通变局之中，从流域的角度出发，进行横向对比，才能确切地了解虔州之于唐宋，或是唐宋之于虔州的意义。

之所以首先探讨岭南和长江中游发生的变化，因为前者在虔州之南，后者在虔州之北。这二者对于虔州起着直接的经济带动的作用：若无岭南的经济发达，则无唐宋虔州的经济勃兴；同样，要不是赣江流域在长江中游取得竞争优势，唐宋虔州也不会有如此重要的经贸交通地位。

1. 汉末以来岭南经济重心及过岭路线东移

唐代作为封建王朝的空前鼎盛时期，疆域辽阔，经济繁荣。岭南虽然地极边远，但是物产丰富，尤其有海运之利。自东吴步骘实行"交广分治"之后，汉族政权确立了对岭南的统治，广州凭借独特的地理优势，逐渐取代了交州，地位日益重要，经济日趋发达。岭南政经重心东移充分发挥了海运的优势，区域经济崭露头角，凭其特殊地理优势和丰饶物产，日渐受到中原王朝的重视❷。

三国时期的曹魏尚视广大南方非"汉地"，而及至隋唐，中央政府已将统辖南方的目光倾注于岭表❸。

隋开皇四年（公元584年），隋文帝下诏建南海神庙，这是一个由皇帝亲自下令建立的官庙，与加封五岳具有相近的意义，标志着中央政府已正式将岭南这一"化外之地"视为"皇舆所及"。及至唐朝，广州已成为海上丝绸之路最重要的起点，外商云集，蕃坊人口达30万之多。广州与泉州、明州、扬州并列，成为全国四大港口之一，地位愈发重要。开元十四年（公元726年），因久旱，唐玄宗下诏令"太常少卿张九龄祭南岳及南海"❹；天宝十年（公元751年），唐玄宗认为隋朝祭祀海神仅以公侯之礼，"虚王

---

❶ 语出洪迈。见：王象之.舆地纪胜[M].北京：中华书局，1992：1443.

❷ 段塔丽.试论三国时期东吴对岭南的开发与治理[J].南京大学学报：哲学·人文科学·社会科学，1999（1）：175-183.

❸ 《蜀书·许靖传》载其与曹操书云："浮涉沧海，南至交州。经历东瓯、闽、越之国，行经万里，不见汉地。"转引自：方高峰.六朝民族政策与民族融合[D].北京：首都师范大学，2002：73.

❹ 黄咸强.张九龄与南海神庙[J].广州航海学院学报，2014（1）：41-43.

仪而不用，非致崇极之意也"，于是又派张九皋奉玉简金字，册祭南海神为"广利王"，并写《册祭南海神记》，刻碑记事❶；元和十五年（公元 820 年），唐宪宗又再加封南海神为"南海广利洪圣昭顺威显王"，韩愈作碑文曰：

"考于传记，而南海神次最贵，在北东西三神河伯之上，号为祝融。"

神位的排序实非某个人能决定的，韩愈把南海神排在东海神前面，在海神河伯之中最为尊贵，显然是授意于中央政府❷。以上举措都显示了隋唐两代对岭南，尤其对广州作为南方大港的政治、经济地位的重视。事实证明，对海路的重视是高瞻远瞩的❸。

在中国整体经济重心南移、岭南经济日渐崛起的背景下，过岭交通路线的便捷性日益受到重视，并且发生迁移。按陈伟明在《唐五代岭南道交通路线述略》中的研究，唐代过岭至中原王朝的路线主要有桂州线、郴州线、虔州大庾岭线三条，自西而东分列如下❹：

（1）桂州线（越城岭线）。此线最长，优点是在南方均为水路。由广州溯西江至广西柳州，沿漓江北上至桂州（桂林），经灵渠转湘水北上衡阳，过洞庭湖沿长江北上江陵、襄阳、邓州，再沿丹水过武关至长安。

（2）郴州线（骑田岭线）。此线最短。自广州溯北江上韶州，沿武水至郴州（中间需转陆运），转湘水北上衡阳，余者与上述桂州线同。

（3）虔州大庾岭线。此线长度居中。自广州溯北江上韶州、南雄，弃舟过大庾岭至大余，循章江至虔州达赣江，北过鄱阳湖，经鄂州至襄阳，余者与桂州线同。

这 3 条路线在不同的时代背景有着各自的优势。但总体来说，从秦汉至唐宋，过岭路线的重心随着中国政经格局和区域中心不断东移。刘新光在《帝国路线的选择：历代五岭交通路线的变迁》一文中认为，秦汉过岭路线中，桂州线负责军粮物资，郴州线利于行军驰达；六朝割据时期，南朝则倚重于大庾岭路；唐宋由于大运河开通，大庾岭线已经占据了主导地位❺。

蔡良军在《唐宋岭南联系内地交通线路的变迁与该地区经济重心的转移》提出的见解略有不同，即秦汉至唐，过岭路线经历了桂州线—郴州线—大庾岭线的两次东移❻。唐代以前，过岭路线主要倚重于桂州线（即越城岭线或曰灵渠线，其支线为贺州线或曰萌渚岭线）为代表的西线，其原因主要在三点：

（1）两晋以前中原王朝的政经重心在关中，岭南的政经重心在交趾；

---

❶ 陈典松. 广州南海神庙始建年代考 [J]. 广东史志，2001（1）：39-40.
❷ 闫晓青. 南海神庙——中国古代海上丝绸之路的重要遗迹 [J]. 南方文物，2005（3）：95-99.
❸ 王元林. 浅议地理环境对北方、南方陆上丝路及海上丝路的影响 [J]. 新疆大学学报：哲学·人文社会科学版，2006，34（6）：60-65.
❹ 陈伟明. 唐五代岭南道交通路线述略 [J]. 学术研究，1987（1）：53-58.
❺ 刘新光. 帝国路线的选择：历代五岭交通格局的变迁 [J]. 国学学刊，2014（1）：80-90.
❻ 蔡良军. 唐宋岭南联系内地交通线路的变迁与该地区经济重心的转移 [J]. 中国社会经济史研究，1992（3）：33-42.

（2）两晋以前贸易方式以朝贡为主，范围仅限于南海诸国，离广西最近；

（3）灵渠连通湘江、漓江，充分利用了北方陆路发达、南方水运发达的便利。

蔡良军又认为，三国之后，由于东吴、东晋政治中心在江南，岭南政经重心移至广州，郴州线（骑田岭线）有逐渐取代桂州线之势，后世的唐代许多著名的流贬官如韩愈、李绅、沈佺、杜审言均取道于此。与此同时，桂州线由于绕行过长，且灵渠经常淤塞，相形见绌。这是过岭路线的第一次东移。

蔡良军文中进一步认为，郴州线也有武水艰险、陆路险狭的问题。随着唐代广州外贸繁荣，江淮与岭南经济联系加强，张九龄开通大庾岭路，形成了过岭路线的第二次东移。

综上所述，可以得出两个推论：

（1）唐代以前大庾岭路不能成为过岭的主要路线，虔州、赣南的发展则受限于区域交通，只能扮演"要冲"的角色，处于相对封闭的状态。南北不能充分交流，赣南区域经济活力有限，则虔州城市性质难脱军镇色彩，发展是相对落后的。

（2）及至隋唐，关中资源和人口关系趋向饱和❶，生态恶化❷，南北大运河修通，江淮、岭南的经济开发和经济联系有了实质进展，促成了张九龄开通大庾岭路，也促成了过岭路线的再度东移，才开启了虔州、赣南发展的新时代。

2. 凿滩开岭、舟行车通——过岭路线东移背后的国家意志

如前所述，赣南历代都是一个战略要地，最重要的原因是它"接瓯闽百越之区，介豁谷万山之阻，为岭峤之关键，江湖之要枢"的特殊地理环境❸。唐宋经济重心南移提升了江南经济的地位，海上丝绸之路又加强了岭南的重要性，直接打通赣、粤通道成为历史的必然选择。而唐代之前，大庾岭路线有两大险峻之处——梅关和赣江十八滩，阻隔着岭南岭北之间的联系。这两处天险都是在唐代中期凿通的。

1）开岭通车——张九龄修通大庾岭路

唐开元四年（公元716年），张九龄奉诏开凿了大庾岭新路，过岭路线彻底东移，开启了赣南发展的新时代。

赣粤通道在唐代以前就存在，只是较之郴州线离国都更远，而且道路险狭，不能通车。张九龄在《开凿大庾岭路序》中提到了原大庾岭道的艰险：

"初岭东废路，人苦峻极。行径夤缘，数里重林之表；飞梁嶫嶫，千丈层崖之半。颠踬用惕，渐绝其袤。故以载则曾不容轨，以运则负之以背。"❹

从张九龄文中可知，大庾岭道在张九龄开凿以前曾经荒废，虽能通行，但条件很差，

---

❶ 赵冈. 中国城市发展史论集 [M]. 北京：新星出版社，2006：103-105.
❷ 史念海认为唐宋"这一时期像关中等平原已经几乎没有什么森林可言"，详见：史念海. 历史时期黄河中游的森林 [C]// 河山集（二集）. 北京：生活·读书·新知三联书店，1981：232-313.
❸ 顾祖禹. 读史方舆纪要 [M]. 北京：中华书局，2005：4053.
❹ 张九龄. 曲江集 [M]. 刘斯翰，校注，广州：广东人民出版社，1986.

不足以通车。更重要的是，张九龄在序里陈述了修建的理由：

"先天二载……我皇帝御宇之明年也。理内及外，穷幽极远……而海外诸国，日以通商，齿革羽毛之殷，鱼盐蜃蛤之利，上足以备府库之用，下足以赡江淮之求。"❶

可见，张九龄认为开凿大庾岭路的原因有以下两点：①政治上加强对边远地区的治理（穷幽极远）；②经济上利于对外贸易。其中经济因素显然是重点，不单指出"海外诸国，日以通商"，还特别指出大庾岭商道对江淮经济圈的重要作用——"下足以赡江淮之求"。

张九龄作为朝廷的重臣，他的文章可视为唐朝开通大庾岭路的政策解读。如前所述，经济重心南移、过岭路线东移的背景之一，是唐朝前期与西域各国之间的战争，西域丝绸之路曾经一度堵塞。这样，就可以勾勒出大庾岭道开通的目的了：

（1）北方陆上丝绸之路因为和突厥、吐蕃的战争受到影响，贸易风险大；

（2）南方海路畅通，航海技术发达，货运量大，已经形成比较成熟的海上贸易路线❷；

（3）隋朝开凿的大运河已经开始发挥作用，江淮经济圈逐渐形成，则南方贸易大港广州及其代表的岭南经济区与江淮经济圈的密切联系必将带来巨大的经济效益。

于是，大庾岭道在中原王朝的经济新版图中的地位开始凸显。可以看出，大庾岭路比起其他两条路，最大的优势不是它跟中原王朝的联系，而是实现了岭南和江淮经济圈的紧密联系。

大庾岭新路串联形成的东南路线，是从东都洛阳出发，途经河南、江苏、安徽、江西，通往广州，跨越五省，连接黄河、淮河、长江、珠江流域，途经关东、江淮和岭南三大经济区。这条线路，沿线串接了全国最发达的商业城市和地区中心城市，如洛阳、扬州、湖州、杭州、蕲州、洪州、饶州、广州。区域之间的联系增强了地域分工和合作关系，江南和岭南经济日趋发达。

唐代大庾岭固然已显重要，但宋代才是这条要道的辉煌期。宋代由于"冗兵"的财政压力，极重广南外贸，以补贴国用。大中祥符九年（公元1016年）二月，宋真宗诏令：

"如闻广南上供纲运，悉令官健护送至阙，颇亦劳止。自今令至虔州代之。"❸

自此，官方确立了虔州城的转运站地位。虔州成为了"广南纲运，公私货物所聚"之地❹。嘉祐八年（公元1063年），江西提刑蔡挺与广东转运使蔡抗两兄弟商议，由两

---

❶ 张九龄. 曲江集 [M]. 刘斯翰，校注．广州：广东人民出版社，1986.
❷ 一艘商船相当于200头骆驼和300匹马的运输能力。详见：刘明金. 中国陆海两条丝绸之路比较 [J]. 湛江海洋大学学报，2003，23（2）：6-11.
❸ 徐松. 宋会要辑稿 [M]. 北京：中华书局，1957：5564.
❹ 王象之. 舆地纪胜 [M]. 北京：中华书局，1992：1417.

道各自出钱，整修大庾岭道❶。大庾岭道更"商旅如云，货物如雨"❷。

2）凿滩行舟——路应凿开三百里"赣江十八滩"

但是，张九龄等人凿修大庾岭并没有彻底解决这一线的交通问题，虔州有另一处交通天险——赣江十八滩。

赣水自虔州北行一千二百里入长江，虔州以北六十里处，有三百里巨石滩险，梗阻航道。此即"南康赣石"，是与蜀之三峡、陕之三门齐名的"险绝之所"❸。其中的"惶恐滩"，即文天祥《过零丁洋》诗中"惶恐滩前说惶恐"的所在。十八滩对交通的制约非常大，以至于非丰水季节无法大规模运输。这在卢循、徐道覆起义和陈霸先北伐的历史记载中都得以印证：

"六年春正月丁亥……是月，广州刺史卢循反，寇江州。"❹

"六月，高祖发自南康。南康赣石旧有二十四滩，滩多巨石，行旅者以为难。高祖之发也，水暴起数丈，三百里间巨石皆没。"❺

卢循、徐道霞和陈霸先的北上时间都选在六月，显然都是因为到三百里赣江石滩的险阻作用，只能在丰水期进行大规模运输。这一点在《陈书》中记述得很清楚。以卢、陈的军事力量都不能忽视十八滩险，可见险峻，也可见它对交通制约的严重，直到唐中期利用政府力量，才清除了这一障碍。

安史之乱（公元755年）前后，是唐朝对外贸易路线的转移时期：此前，唐朝的对外贸易路线还是以陆上丝绸之路为主；此后，盛唐转衰，无力掌控西域，陆上丝绸之路被阻断，海上丝绸之路取代陆路成为唐王朝对外贸易的主要通道，大庾岭线愈发重要❻。

于是，在张九龄开凿大庾岭道之后72年，安史之乱后33年，唐贞元四年（公元788年），虔州刺史路应"凿赣石梗险，以通舟道"❼。

在路应开凿十八滩之前，此处险峻之极。唐代张籍有诗云："月明渡口漳江静，云散城头赣石高"❽。孟浩然咏《下赣石》，诗云："赣石三百里，沿洄千嶂间。沸声常活活，洊势亦潺潺。跳沫鱼龙沸，垂藤猿狖攀。榜人苦奔峭，而我忘险艰。放溜情弥惬，登舻目自闲。暝帆何处宿，遥指落星湾。"❾

---

❶ 脱脱.宋史[M].北京：中华书局，1977：10575.
❷ 桑悦.重修岭路记[M]// 黄鸣珂.南安府志.台北：成文出版社，1975：1895.
❸ 王谠.唐语林校证·卷八[M].周勋初，校证.北京：中华书局，1987.
❹ 房玄龄，等.晋书·帝纪第十[M].北京：中华书局，1970.
❺ 姚思廉.陈书·本纪第一·高祖[M].北京：中华书局，1972.
❻ 王元林.浅议地理环境对北方，南方陆上丝路及海上丝路的影响[J].新疆大学学报：哲学、人文社会科学版，2006，34（6）：60-65.另见：龚缨晏.关于古代"海上丝绸之路"的几个问题[J].海交史研究，2014（2）：1-8.江西内河航运史编审委员会.江西内河航运史：古、近代部分[M].北京：人民交通出版社，1991：30.
❼ 魏瀛.赣州府志·卷四十二·官师志[M].同治十二年刊本.台北：成文出版社，1970.
❽ 张籍.寄虔州韩使君.见于彭定求等编，《全唐诗》，北京：中华书局[Z].1999年版，1960.
❾ 魏瀛.赣州府志·卷六·舆地志·水[M].同治十二年刊本.台北：成文出版社，1970.

可见在唐代凿滩开岭之前，大庾岭线是很难成为岭南与中原的交通主线的。反观之，在当时的社会生产力条件下开凿三百里滩险，工程之艰巨是可想而知的，从中可以看到赣江的重要性大幅跃升，还可管窥唐朝政府疏通东南，联系岭南、江淮经济圈的决心和动力。

这里在宋代仍是险峻之地，宋朝的庄绰在《鸡肋编》里描述了十八滩的险峻，并引用了苏轼的记述："贡水在东，章水在西，夹城北流一里许，合流为赣江。江中巨石森耸如笋，水湍激，历十八滩，凡三百里始入吉州万安县界为安流……吉州万安县至虔州……由赣水经十八滩三百八十里，去虔州六十里，始出赣石，惶恐滩在县南五里。东坡贬岭南，有初入赣诗云：'七千里外二毛人，十八滩头一叶身。山意喜欢劳远梦，地名惶恐泣孤臣。'注云：'蜀道有错喜欢铺，入赣有大小惶恐滩，天设此对也。'其《北归》云：'予发虔州，江水清涨丈余，赣石三百里无一见者。惶恐之南，次名……凡十八滩……惟石没水不深为可畏也。'"❶

庄绰是宋人，曾在虔州居住，他的记载显然可信——宋代的十八滩仍极为险峻，可与蜀道相比。

为此，北宋州守赵抃亦曾再度募集人力，大举凿滩。这次工程的力度当不下于唐代路应发动的那次。文天祥《重修知军赵清献公祠记》中说"清献距今二百余年，赣石公所凿也"，宋徐鹿卿《出滩赋滩石》云"清献昔疏剔，不露斧凿痕"❷。这三者同为宋人，十八滩险峻显然确凿无疑。

从一次次凿滩开岭挑战天险的古代大型工程，可以看到经济重心东南移、过岭路线东移不仅仅是经济、社会发展形成的自然趋势，背后也有国家意志的推动。回溯历史，隋朝政府开通大运河，启动了这一趋势；唐、宋两朝政府看到了这一大趋势，顺应时势实行了积极的推动政策。凿滩开岭之后，舟车通行，大庾岭线不负唐朝政府所望，成为绵延数千里，北入中原，中经赣江，南达广南的南北水陆交通大动脉；宋朝政府更是积极建设和利用这一条大动脉，推动了宋代虔州乃至整个赣江流域的经济繁荣。

3.1.2　长江中游经济、交通重心东移和赣江流域的经济繁荣

在经济利益的吸引和国家力量的推动下，唐宋时期不仅整个国家的经济重心南移，而且东南地区内的经济、交通格局都发生了结构性的变化❸。赣江流域在唐宋时期，尤其是宋代，出现爆发性的经济增长，从而取代荆湘流域，成为长江中游的经济领先地区。以下对比秦汉以来长江中游湘、鄂、赣三省的历代经济、交通形势，以证明这种趋势

---

❶ 转引自：张勇. 宋代江南东、西路物资转输地理格局的演变[J]. 武汉大学学报：人文科学版，2014，67（5）：101-109.
❷ 魏瀛. 赣州府志·卷六·舆地志·水[M]. 同治十二年刊本. 台北：成文出版社，1970.
❸ 黄枚茵认为，唐代在江西地区是有意识地规划开发的。详见：黄枚茵. 唐代江西地区开发研究[M]. 台北：台湾大学出版委员会，1987：2.

改变的必然性。

秦汉时期进行的岭南开发，人口流入最多的郡县是江南中部零陵、桂阳、长沙、豫章。其中湘江流域人口增长最快，四郡中占了三个，江西的豫章因为地处鄱阳湖，交通便利而在其列❶。可想而知，在秦汉两代，湘水流域的经济开发优于赣水流域。

湘江流域相对于赣江流域的经济优势，在三国至南朝的时候就已经开始改变：一是赣江与南都建业之间的距离更短捷；二则因为孙吴政权控制岭南和赣江全线，相较之下，湘江流域被吴、蜀分割而不得畅通。所以从三国开始，湘水运道便退居次要，而赣江则成为连通吴、越的大动脉❷。《隋书·食货志》记载，萧梁时南京城外的三大粮仓，"在外有豫章仓、钓矶仓、钱塘仓，并是大贮备之处"。豫章仓在今南昌，钓矶仓在今江西九江❸。

湘江流域相对于赣江流域的经济先行优势在唐宋的时候被完全改变，赣江流域得益于袋状的封闭地形，历代战乱较少，人口大增。根据方志远对湘、鄂、赣三地区人口和经济的研究，两汉时期，湘、鄂、赣人口最密集的地区是荆州的所在地南郡；到了唐代中期，江西设县已接近两湖，而户、口数则分别超过了两湖；两宋时期，江西的经济和人口发展更加惊人，江西设县超过了两湖，户、口总数更是分别超过两湖的总和❹。

人口分布与农业经济紧密相关，唐时江西的农业经济发展水平已高于湖南（湖北由于战乱更是萧条）❺。北宋统一全国之后，江南西路成为上贡物资来源地，"广南金银、香药、犀象、百货陆运至虔州，而水运入京师"❻；南宋时的江西更是粮食的主要供应地，征收量全国最高❼。南宋吴曾著《能改斋漫录》卷十三记：

"……惟本朝东南岁漕米六百万石，以此知本朝取米于东南者为多。然以今日计，诸路共六百万石，而江西居三分之一，则江西所出为尤多。"❽

不仅贡纳和粮食输出令人瞩目，北宋中期的江西城镇和商税增长速度都十分耀眼，即使与长江下游区域相比也不遑多让：根据马峰燕的统计，40年间，城镇增长45.1%，超过了江南东路（25.9%）、福建路（24.1%）以及两浙路（23.1%），高居东南第一；商税增长53.2%，也快于江南东路❾。

通过上述流域之间的宏观横向对比可以发现，三国至两宋，长江中游的经济、交通

---

❶ 周霖. 秦汉江南人口流向初探 [J]. 江西师范大学学报，1997（3）：56-61.
❷ 江西内河航运史编审委员会. 江西内河航运史：古、近代部分 [M]. 北京：人民交通出版社，1991：10.
❸ 田燕兵. 六朝时期江西军事地理研究 [D]. 长沙：湖南师范大学，2009：5.
❹ 方志远. 明清湘鄂赣地区的人口流动与城乡商品经济 [M]. 北京：人民出版社，2001：40-48.
❺ 郑学檬. 中国古代经济重心南移和唐宋江南经济研究 [M]. 长沙：岳麓书社，2003.
❻ 脱脱. 宋史·志第一百二十八·食货·上三 [M]. 北京：中华书局，1977.
❼ 张勇. 宋代江南东、西路物资转输地理格局的演变 [J]. 武汉大学学报：人文科学版，2014，67（5）：101-109.
❽ 转引自：江西内河航运史编审委员会. 江西内河航运史：古、近代部分 [M]. 北京：人民交通出版社，1991：33.
❾ 马峰燕. 北宋中期东南地区城镇的数量、商税与空间分布研究 [D]. 上海：复旦大学，2010：68-69.

重心一直呈东移的趋势：唐宋时期，赣江流域取代荆、湘，成为长江中游的经济重心；连通中原、江淮和岭南的大庾岭—长江—大运河线也一跃成为中国南北交通的主要动脉。

综上所述，唐宋时期大庾岭线在岭北的交通格局中成为重心，是由于以下几个因素的叠加：

（1）唐宋时期的经济重心南移；

（2）长江中游的经济、交通重心东移至赣江流域；

（3）西域变乱，海上丝绸之路取代陆路，成为对外贸易的主要路线；

（4）唐朝政府凿滩开岭，打通虔州一带的岭峤江险。

唐宋的赣江流域成为长江中游的经济重心之后，经济发展呈现出欣欣向荣的繁盛景象。

田粮方面，北人入赣，耕作技术提升，耕地扩大，亩产提高。唐代江西、湖南的米粮已成为北运的主体，永贞年间江淮大饥，即调江西、湖南米粮救济❶。南宋的江西米粮更是常年输援荆湖、江淮大军❷。

经济作物方面，唐代全国产茶，江西最多，浮梁是中心产地，白居易《琵琶行》诗云"商人重利轻别离，前月浮梁买茶去"，又有《新唐书·地理志》记饶州为贡茶产地，税额竟占全国茶税 3/8❸；林木为江西历代盛产，且材巨质佳，远销外地，"利则数倍"，隋代的宫殿巨木由豫章采来，竟"二千人挽一材"；柑橘历来为江西名特产，到唐代已有专门种植，其中有贡品，张九龄诗云"江南有丹橘，经冬犹绿树"，白居易诗云"见果多卢橘""江果尝卢橘"；另外，蔬菜和药材也颇为盛产，都有贡品，并且有商品化的迹象❹。

手工业方面，唐宋的江西陶瓷业渐负盛名，洪、吉两州和景德镇的瓷器除上贡之外，还远销海外；饶州银山产银占全国银税近六成，虔州有瑞金监产铜钱，信州有铅山开采；虔州夏布在宋代是贡品，亦行销海外，江西七州均贡纻布，洪、虔、吉、抚均贡丝布；竹编器具在江南流通；临川滑薄纸、九江云兰纸均为名纸；制糖、酿酒亦为名产；渔业、造船业、航运业更是历史久远，技术发达❺。

王勃《滕王阁序》云"渔舟唱晚，响穷彭蠡之滨"，尽现江西舟船之盛。唐代的江西洪州、饶州、江州是重要的造船基地。唐太宗曾令阎立德特地到洪州"造浮海大航五百艘，遂从征辽"。贞观十八年（公元 644 年），唐太宗远征高丽，又令阎立德等"诣洪、饶、江三州，造船四百艘，以载军粮"❻。

---

❶ 黄枚茵.唐代江西地区开发研究 [M].台北：台湾大学出版委员会，1987：111-122.
❷ 张勇.宋代江南东、西路物资转输地理格局的演变 [J].武汉大学学报：人文科学版，2014，67（5）：101-109.
❸ 江西内河航运史编审委员会.江西内河航运史：古、近代部分 [M].北京：人民交通出版社，1991：34.
❹ 黄枚茵.唐代江西地区开发研究 [M].台北：台湾大学出版委员会，1987：126.
❺ 黄枚茵.唐代江西地区开发研究 [M].台北：台湾大学出版委员会，1987：140-158.
❻ 罗薇.古代赣州城市发展史研究 [D].赣州：赣南师范学院，2010.

水网密布，船运如此发达，大庾岭线又是连通中原、江淮发达地区的交通动脉，"海外诸国，日以通商"，江西的商业也随之发展起来。范文澜在《中国通史》第4册中叙及唐代的西域商人，说"在长安的西域商人，也还有经由海道一路而来，其中多半是大食、波斯人。他们先自南海到广州、由广州经洪州（江西南昌）、扬州、洛阳到达长安。长安城中的西域商人，盛时总数达数千，组成为一个极富有的集团"❶。宋代的小说集《太平广记》里，有两则关于胡商在江西做买卖的故事：一个是临州岑氏在豫章卖给波斯商人两块宝玉，得钱三万；另一个则是莫傜在洪州将一象牙以百万卖给胡商。可见胡商北上长安，途经江西，在当地做买卖是常有的事情。《隋书·地理志》甚至还记载了江西妇人从商的现象，豫章"衣冠之人，多有数妇，暴面市廛，竞分铢以给其夫"。隋唐时期的江西竟多有妇人从商，亦足见其商业的兴盛❷。

3.2 虔州的唐宋——经济繁荣的时代

这一节之所以着重地提出虔（赣）州的唐宋，是因为唐宋之于虔州不仅仅是一个时代，而是一个大变革的时代。固然唐宋时期的经济繁荣，是南方乃至整个中国共同具备的特征，但是虔州在其中所获得的莫大机遇和取得的耀眼成就，却是其他许多城市不具有的，也是虔州的其他时代不能赋予的。

前文简述了唐宋之际，全国、南方以及长江中游发生的结构性的地域经济格局改变，目的是勾勒出唐宋虔州变革的宏观背景。只有把虔州城市放在这一系列气势磅礴的前所未有的经济大变局当中，去考察它的地位、角色及其与周边经济区域的联系，才能理解在唐宋虔州发生的急剧变化，也才能恰当地理解挂动虔州城市变革的根本动因——经济发展。

其时，岭南受益于海上丝绸之路，广州成为全国大港；江淮受益于南方大开发，成为全国经济重心；长江中游的赣江流域取代湘、鄂成为先进地区；虔州成为与江淮、中原的交通和商业交往的枢纽，甚至成为赣江流域的经济主角之一。军事城镇的性质悄然退去，经济的推动力登上舞台，开始成为赣州发展的主角，开启了赣州城市发展的新时代。

若要全面论述唐宋赣州经济勃兴的各方面因素，则交通往来、商业贸易、人口增长、农业科技，水利建设等各方面都得到大幅改善，并且相得益彰。就城市发展来说，其中最直接相关的，就是人口和产业：人口决定了城市规模，产业决定了城市的性质和布局。

---

❶ 范文澜，蔡美彪.中国通史：第四册[M].北京：人民出版社，1994.
❷ 黄利娜.唐末五代江西经济开发[D].沈阳：辽宁大学，2011：14.

3.2.1 人口、移民的考察

一般认为，在南方大开发过程中，北方移民是其中非常重要的因素。然而对于具体城市的发展历史来说，却需要更详细的考察，以便说明以下两点：①移民是否是最重要的户、口增长方式？②它在哪个阶段重要，又对城市的发展产生了怎样的影响？

1. 晋代至元代历代虔州户、口及移民的考察

为考察历代赣州的户、口变化，根据明嘉靖《赣州府志·食货》和《宋史》的记载，赣州府人口见表3-1。

晋初至元初赣州府户、口变化表　　　　　　　　　　表3-1

年代	户	口
晋太康中（约公元285年，《府志》按见晋志）	1400	—
南朝宋大明中（约公元469年，《府志》按见宋志）	4493	34684
隋开皇中（约公元593年，《府志》按见隋志）	11168	
唐武德中（约公元622年，《府志》按见旧志）	8994	39900
唐延和中（约公元711年，《府志》按见唐书）	37647	275410
唐开元中（约公元727年，《府志》按见元和郡国志）	31837（查元和郡县图志为32837）	—
唐元和中（约公元813年，《府志》按见元和郡国志）	26260[a]（元和七年大水灾）	
宋太平兴国中（约公元980年，《府志》按见旧图经）	主67810	—
	客[b]17338	
宋淳化中（约公元992年，《府志》按见旧图经）	98132	97204（此数字违背常识，不采信）
宋熙宁中（约公元1073年，《府志》未说明出处）	主86100（疑水灾）[c]	—
	客16509	
宋元丰中（约公元1082年，《府志》按见九域志）	主81621	—
	客16509（不可信）	
宋崇宁中（约公元1103年）[d]（此数据来自《宋史·志第四十一·地理四》）	272432（疑误，见注释曹树基的观点）	702127
宋绍兴中（约公元1145年，《府志》按见旧图经）	主71270（疑误）	—
	客49715	
宋淳熙中（约公元1182年，《府志》未说明出处）[e]	主258425	主436836
	客34910	客82484

续表

年代	户	口
宋宝庆中（约公元 1226 年，《府志》未说明出处）	主 287880	主 540024
	客 33476	客 99370
元（约公元 1320 年，《府志》按见元史）	71287	285148

a 元和六年（公元 811 年）第虔州为上州，按开元十八年（公元 730 年）定的州县等级制，户数应已高于 4 万。元和中期户数大降疑为元和七年（公元 812 年）"深处四丈余"的大水灾导致。详见：王溥. 唐会要·卷七十·州县分望道 [M]. 北京：中华书局，1955.

b 指客籍，是相对于主籍而言。客籍和主籍的差别，其一是客籍户不拥有土地田产，其二是客籍户名义上不纳税服役（即便实质上承担着主籍户转嫁给他们的税赋负担。）

c 熙宁及元丰中主籍户数下降疑为熙宁八年（公元 1075 年）水灾后果，客籍户数两者一样，元丰客籍户数不可信。

d 此数据来自：脱脱. 宋史·志第四十一·地理四 [M]. 北京：中华书局，1977.

e 曹树基认为崇宁户数有误，并认为表中熙宁户数实为崇宁户数；周运中认为崇宁、淳熙的虔州户数均有误。但笔者将淳熙赣州府各县户数相加，恰等于嘉靖府志中淳熙户数，即淳熙户数可信。详见：

曹树基. 赣、闽、粤三省毗邻地区的社会变动和客家形成 [M]// 中国地理学会历史地理专业委员会《历史地理》编辑委员会. 历史地理：第 14 辑. 上海：上海人民出版社，1997：123-135.

周运中. 客家人由来新考 [J]. 地方文化研究，2015（1）：52-68.

其他数据来源：董天锡. 赣州府志 [M]. 宁波天一阁藏明嘉靖刻本. 上海：上海古籍出版社，1962：82-83.

根据此表数据，结合几个重要的历史事件（陈霸先筑城、开凿大运河、开凿大庾岭路、安史之乱、卢光稠扩城、靖康之难）和北宋、南宋虔州修筑浮桥的时间节点（由于某些历史事件持续一段时间，取其中点），绘制图表得出的南朝宋至元初赣州户、口变化曲线图（图 3-1）。

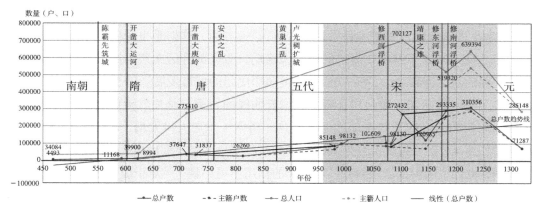

图 3-1 南朝宋至元初赣州府户、口变化曲线图

由于南安军是淳化元年（公元 990 年）设置，此后的人口实际上扣除了南安军人口，由于数据年代不一，故此表未能处理。因此宋代人口应理解为较此图表更高，幸得整体趋势大体不变，不影响结论。另附：南安军宋 37721 户，55582 口；元 50611 户，名

1818；明洪武 17000 余户，74000 余口；万历 8615 户，47599 口；康熙四十五年（公元 1706 年）8092 户，丁口 16056 口 ❶。

表 3-1 中宋淳化中的人口数应是漏了十万位数，可能是"1"或"2"，不足采信，在图 3-1 中略去；且崇宁户数突变，不够可信（详上表注释），但人口能对应变化，存疑；绍兴主籍户数不合常理地大降，也疑是少了十万位的数字，在图 3-1 中做了略去的平滑修正（图中黑色粗线）；由于户数在古代是纳税的重要单位，人口数的统计方法各代有差异，所以户数的统计更加可信，在图中做了一条户数的增长趋势线。

如果把赣州户、口数作为权衡其城市发展水平的重要依据，观察图 3-1 的曲线可以看到以下一些现象并得出推论：

（1）公元 622 年，正是林士弘政权垮台，唐朝统一战争进入尾声的时候，虔州人口少于隋代。

（2）唐宋虔州发展的最重要推动力可能源于一个大背景——唐初的安定发展局面，还有两个重要事件——开凿大运河和靖康之难，这两个事件和虔州户、口数上升最快的两个阶段表现出很强的相关性。

（3）自隋朝开凿大运河后，赣州户、口数开始明显上升，在唐初的 89 年间（武德中期至延和中期），户数增至原 4.2 倍，人口增至原 6.9 倍 ❷。

（4）张九龄开凿大庾岭路发生在唐虔州户、口大增之后。因此，与其说张九龄开通大庾岭路直接推动了唐虔州的繁荣，不如说是隋朝大运河推动了南方经济繁荣和人口、赋税增长，进而推动唐政府顺应这一趋势，制定了南方大开发的战略决策，从而有了张九龄开凿大庾岭路，路应开凿赣江十八滩之举。

（5）开凿大庾岭之后，唐虔州的户数没有上升，反而罕见地下降了一段，经考察应该是遭遇大水的原因（详见后文分析）；此后户数比原斜率稍缓地增长至北宋中后期（若扣除客籍户数量，则基本和原斜率一致）。一方面，这似乎也说明唐宋虔州城市发展的核心动力来源于重心东南移的经济大格局，张九龄开通大庾岭路只是唐宋虔州城市迅速发展的众多因素之一；另一方面，这说明唐虔州的城市发展受限于地形、水灾影响。

（6）隋末至北宋，虔州户、口总数增长曲线的斜率与总户数历史趋势线的斜率相近，而唐初的人口增长斜率却远远大于这一斜率（每户人口大增）。一方面，89 年间户数增加至 4.2 倍，速度十分惊人，持续的移民很可能是重要因素；另一方面，每户人口大增，也许说明内部增殖对户、口增长的作用不可小觑 ❸。对于虔州来说，虽然唐代对移民从"狭乡"移往"宽乡"有宽松政策 ❹，但唐初政局稳定，经济复兴，很难想象

---

❶ 杨鋆. 南安府志补正 [Z]. 重印本. 1987：55.
❷ 同一时期的江西人口增速也极惊人。详见：许怀林. 江西史稿 [M]. 南昌：江西高校出版社，1998：122.
❸ 黄枚茵提到，学界普遍认为移民是唐代江西户、口激增的原因，而牟发松主张江西自身人口增长的条件成熟才是主因。详见：黄枚茵. 唐代江西地区开发研究 [M]. 台北：台湾大学出版委员会，1987：5.
❹ 任士英. 试论唐朝均田令时代的移民政策 [J]. 中国历史地理论丛，1997（2）：113-126.

会有大量移民到赣州垦殖。这段时间的户、口增长，如果有移民的因素，那也是长期而渐进的（没有爆发性的移民增长）。

（7）宋代不抑兼并，失地者、外来无地者为客籍户，此后的户、口数据大多分别统计主籍户和客籍户。一方面可能说明有唐一代，新移民迁入并未导致地方生存资源紧张、争夺，且唐朝政府对于移民南迁采取默许或者鼓励的政策；另一方面说明自北宋起虔州人口和农业资源之间的矛盾开始浮显，这也是宋代虔州商品经济繁荣的基础❶。

（8）两宋之际（崇宁、绍兴）总户数突变，似不可信。但绍兴之后的数据可信，应是北方大战，大量北方移民涌入的结果，按此计算移民户数远大于主籍户数（曹树基也认为如此）。70年后（淳熙中）主籍户数迅速增加（若绍兴中主籍户数字为有十万位则是42年后），一方面说明南宋政府大力推动客籍入主籍，消除主、客矛盾，也反映了南宋政府在消弭社会矛盾、防止族群冲突的有效管控能力；另一方面还说明客籍移民能迅速融入当地社会，找到了谋生的出路（考虑到土地承载力，应为经商）。

（9）赣州的第二、三条浮桥（东河浮桥和南河浮桥）的修建时间颇为相近，与靖康之难前北方移民在当地安居入户的时间颇为相关，说明新移民大量涌入使赣州被动拓展了河东、河南的城厢地区，城市开始向郊区发展。

（10）元代的户数和人口大幅下降，此后的户、口记录不再有主籍户和客籍户之分，反映了赣州内部人口增长和纳入移民的趋势已经结束，并且城市发展开始走向停滞。

总结以上的现象和推论，大体可以说明：

（1）移民方面，可以划分为三个时期。①移民带来的劳动力影响对于虔州来说，至少在唐代前、中期并不明显，其作用可能主要在于带来北方的先进生产科技；即便是在安史之乱之后，虔州的移民数量也没有使人口大幅改观，许怀林等人的研究表明，这一时期的移民主要由赣江下游、中游吸纳❷。②唐末五代至宋初，虔州开始出现较多的移民，应该是上述区域人口趋于饱和的结果，因此虔州相对于赣江中下游是经济后发区域。③移民真正大规模进入虔州，始自北宋后期至南宋。吴松弟指出："高宗绍兴年间赣州户近12.1万，孝宗淳熙年间为29.3万，年平均增长率达25.6%，高于全国平均增长率几十倍。"❸

（2）唐宋虔州的大变革，从宏观历史尺度来说，其动力主要来源于区域整体经济环境的改善和内在条件的成熟，凿滩开岭只是其中两个环节；隋炀帝开凿大运河对于虔州发展的推动作用竟然比张九龄开凿大庾岭路还明显，这似乎也说明这时候区域经

---

❶ 虽然严格意义来说无地者即可为客籍户，但是按照何朝银等人的研究，客籍和移民还是大体能对应，其数目应该是大致能反映移民数的。详见：何朝银，施骏栋. 流寓民的差别性户籍制度与客家民系的形成——基于人口流动和社会分层的分析 [J]. 赣南师范学院学报，2012（2）：3-10.

❷ 许怀林. 江西史稿 [M]. 南昌：江西高校出版社，1998：120-129.

❸ 吴松弟. 中国移民史·卷四 [M]. 福州：福建人民出版社，1997：350.

济辐射的作用,经济交往和联系已然成为城市发展的重要推动力。

以上通过人口、移民的分析对唐宋虔州发展的阶段进行了历史纵向的分期,并且在横向区域联系上进行了基本的判断。那么北宋后期,虔州骤然涌现许多移民,这些移民的分布如何,对当地社会、经济的影响如何,可以从南宋赣州各县户、口升降及主籍和客籍户、口数的变化上窥见踪迹(表3-2)。

南宋赣州府各县户数和口数升降表　　　　　　　　　　　表3-2

地区	年代	主籍户数	客籍户数	主籍户口数	客籍户口数	口数升降
赣县	淳熙	59322	6499	99091	10483	—
赣县	宝庆	61209	6991	99726	10097	0.23%
雩都	淳熙	32868	5632	43085	5859	—
雩都	宝庆	37105	—	58782	—	20.1%
信丰	淳熙	39988	9689	78344	42402	—
信丰	宝庆	43673	10750	98119	48215	21.19%
兴国	淳熙	21445	1078	39740	2724	—
兴国	宝庆	23682	1405	54465	5015	40.07%
会昌	淳熙	16443	1693	30427	2875	—
会昌	宝庆	19118	2998	38794	8376	41.64%
安远	绍兴	11913	2665	44633	5014	—
安远	淳熙	3772	1650	27351	2804	39.26%
安远	宝庆	8141	1016	10071	2210	59.27%
虔化	淳熙	39610	5836	58480	5483	—
虔化	宝庆	45145	4835	99726	5013	63.75%
瑞金	淳熙	23413	488	25010	610	—
瑞金	宝庆	26140	2103	30393	7725	48.78%
龙南	淳熙	8393	841	7993	1199	—
龙南	宝庆	10489	841	15387	1199	80.44%
石城	淳熙	13171	1533	27351	2545	—
石城	宝庆	13879	2335	34689	2075	22.97%

来源:许怀林.江西史稿[M].南昌:江西高校出版社,1998:120-129.

从表3-2可以发现,越是核心的,开发得早的地区(如赣县、雩都),越是有肥沃平原的区域,户、口增长数目越小;反之,越是晚开发的县,越是靠近山区的县,户、口增长越多。这从某个方面说明,南宋时期大规模移民涌入已经使得早期开发的城市(或称平原地区)的环境容量达到某个限度。也许是由于自发的流动,也许是因为官府有意识的引导,人口开始向山区转移(这些地区恰恰是今天赣南客家人和客家围楼聚集的地带,如龙南、安远、兴国)。

2. 户、口及移民的横向对比考察

从以上的讨论可以知道，虔州在唐宋时期的户、口大幅增加，唐末五代始移民较多，宋代移民暴增；唐宋虔州的城市变革，区域经济交往的带动起到了关键作用；南宋开始，赣州平原地区开始出现资源和人口紧张的局面，人口流向山区。

另外需要考虑的是，虔州比起同一时期的全国、赣江流域或是其他流域城市的户、口增长是怎样的呢？如果其他城市普遍都有这样的增长，甚至过而胜之，那么虔州在唐宋的人口大增就不足以说明什么问题。

表3-3是4个地区28个城市在唐元和年间至宋太平兴国年间的户数，通过横向对比，可以说明虔州在这一时段的户、口增长及其绝对数量相对于同期的城市究竟如何。从中亦可一窥虔州城市在南方地区的经济地位。

唐元和年间至宋太平兴国年间4道28州的户数　　　　　　表3-3

	州军名	元和户数	太平兴国五年至端拱二年户数	升降百分比（以元和为100%）		州军名	元和户数	太平兴国五年至端拱二年户数	升降百分比（以元和为100%）
江南西路八州	虔州	26260	85086	324%	山南东道八州	襄州	107107	26892	25%
	洪州	91129	103478	114%		邓州	14104	20376	144%
	饶州	46116	45917	99.6%		复州	7690	7428	97%
	吉州	41025	126453	308%		郢州	11900	3966	33%
	江州	17945	24364	136%		唐州	40750	7428	41%
	袁州	17126	79703	465%		隋州	12716	6213	49%
	信州	28711	40685	141%		均州	8182	7619	93%
	抚州	24767	61279	247%		房州	4400	5572	127%
福建四州	福州	19455	94470	486%	剑南八州	益州	46010	131878	287%
	建州	15480	90492	585%		彭州	9887	33980	344%
	泉州	35571	96581	272%		汉州	2115	58744	2777%
	汀州	2618	24007	917%		眉州	5804	62923	1084%
其余人口增长较快的南方州	循州	1404*	8339	594%		嘉州	1975	28898	1463%
	潮州	1955	5831	208%		蜀州	14508	46576	321%
	端州	1795	843	47%		梓州	6985	63915	915%
	温州	8484	40740	480%		绵州	7148	37716	528%
	明州	4083	27681	678%		上述各州总计	736481	1576530	214%
	杭州	51276	70457	137%					

*宋循州只包含唐循州6县之2县，故谢重光先生把唐循州的户数减半以便对比，本表转引时，完全按谢重光先生的处理引用数据。（本书作者注）

来源：谢重光.客家源流新探[M].福州：福建教育出版社，1995：50.

从表 3-3 可以看出，虔州的户、口增长速度远超平均数。仔细观察可以发现，大多数户、口增速惊人的州，是因为户数基数小，其元和年间户数都在 1 万以下；元和年间户数超过 1 万而增速超过虔州的，只有建州、福州、袁州，虔州排第四；元和户数超过 2 万的州，虔州增速高居第一；若论户数增加的绝对数值，只有益州、吉州、福州、建州明显超过虔州，袁州、泉州的户数绝对增长与虔州相类，都接近 6 万，虔州排第七位。

观察表 3-3 赣江流域的 8 个州，下游鄱阳湖一带的洪州、江州、饶州几乎没有太大变化；中游的袁州、吉州、抚州、信州户数增长较多，袁州山地最多，基数小，增速最高，吉州增速可与虔州相比较，绝对增幅大。换言之，赣江流域的 8 个州，只有袁州、吉州的户数增长可算与虔州相类。

但是，把南宋赣州（北宋虔州）与吉州、抚州、袁州的客籍[1]户占比相比较，就又能发现一些差别（表 3-4）。

南宋赣州、吉州和袁州客籍户占比　　　　　　　　　　表 3-4

地区	年代	总户数	客籍户数	百分率	资料来源
赣州	绍兴	120985	49715	41.09%	董天锡：嘉靖《赣州府志·卷四·户口》
	淳熙	293344	34919	11.90%	
	宝庆	321356	33476	10.43%	
吉州庐陵县	淳熙	151933	62536	41.16%	陆在新：康熙《庐陵县志·卷八·户赋志》"户口"条
	嘉泰	154500	71780	46.50%	
吉州龙泉县	淳熙	30738	16156	52.56%	定祥：光绪《吉安府志·卷一五·赋役志》"户口"条
抚州	嘉定	247320	76290	30.85%	徐应镳：光绪《抚州府志·卷一四·建置志》载李炫《清风门考》引《嘉定志》
袁州萍乡县	嘉定十三年	35459	12563	35.43%	锡荣：同治《萍乡县志·卷三·食货志》"户口"条
袁州万载县	嘉定十三年	31223	15266	48.89%	龙赓言：民国《万载县志·卷四之二·食货志·户口》引《嘉定志》

来源：刘玲清. 南宋赣南经济文化研究 [D]. 上海：上海师范大学，2014：10.

表 3-4 的对比年代不尽相同，但是赣州的第二组数据是淳熙年间的数据，比其他各州的嘉定、嘉泰更早，更可说明问题。

一方面，客籍户占比的变化说明赣州客籍户转化为主籍户更早更普遍，可以理解为赣州客籍户大多找到了正当职业，谋得固定财产（土地），贡纳税赋，亦即南宋赣州能提供更多的就业机会，经济发展的局面可观；另一方面，表 3-4 也说明，由于吉州、抚州、饶州在赣江中游，开发较虔州早，资源和人口比虔州更为饱和，南宋时期已经

---

[1] 指客籍，是相对于主籍而言。客籍与主籍的差别主要有二，一是客籍户不拥有土地田产，二是客籍户名义上不纳税服役（即便实质上承担着主籍户转嫁给他们的税赋负担）。

无法消化吸收更多的移民,移民将更倾向于向赣州地区甚至更远的闽、粤北流动。结合表3-3,建州、福州和循州令人瞩目的人口增长,就更加证明了这种趋势。

南北移民迁入赣州,推动了赣州的经济发展。首先,移民进入增加了赣州的劳动力。劳动力的增加是赣州经济发展的动力也是赣州经济发展的表现。①移民迁入经济发展较好的洪州、江州等地,使当地的人口密度增大,从而促使人们在农业方面向深度和广度推进,也促进了人们转向手工业和商业领域。移民对经济发展较好地区的进一步开发有重要作用。如,洪州由于人口的增加,成为全国最重要的城市之一,并一度成为南唐的南都。②由于平原人口密度增大,许多移民开始进军丘陵和山地,使这些地区得到开发。信州、吉州等地的丘陵、山地由于移民的进入,土地得到开垦,经济得到发展。总之,移民进入推动了赣州全面开发。此外,移民带来了先进的生产技术,推动了赣州农业和手工业的进步。唐末五代,赣南小麦的普遍种植即得益于善种小麦的北方移民进入。

3. 从唐宋流贬官看虔州地位的变化

还有一种有趣的人口流动,也能从侧面反映一些情况——就是虔州是否作为流贬地。一方面,既然流贬是一种惩罚,流贬地必然是卑陋穷困之所;另一方面,朝廷贬谪官员,有一种考虑是给当地派遣人才,即"补阙",也能说明流贬地是比较落后的地区❶。虔州是频繁作为流贬地,还是虔州官员被流贬他地,可以反映统治者心目中虔州的社会、经济发展状况及其城市地位。

梁瑞的《唐代流贬官研究》收集了整个唐代的流贬官记录,其中流贬至虔州,或从虔州流贬他地的官员见表3-5。

唐代流贬至虔州的官员列表 表3-5

流官	被贬年代	流放前任职	流放所去	备注
李峤	先天元年(公元712年)		随子之江南西道虔州	
源敷翰	建中元年(公元780年)	虔州刺史	原虔州刺史,流之	
许圉师	龙朔二年(公元662年)	侍中(相)	虔州刺史	
刘允济	则天中(约公元694年)	著作郎	大庾尉	后至虔州
王同庆	开元十一年(公元723年)	汾州平遥令	赣县尉	
乔崇隐	开元中(约公元727年)	大理评事	虔州录事	
穆宁	大历中(约公元773年)	都团练使	虔州司马	再贬昭州(广西平乐)
裴垍	大历中(约公元773年)	左司郎中	虔州刺史	
韦伦	代宗时(约公元773年)	信州司马	虔州司户	量移随州,遇赦寓洪州
李众	贞元中(约公元796年)	京兆万年令	虔州司马	
李夷简	贞元中(约公元796年)	监察御史	虔州司户	
李乃	贞元十二年(公元796年)	宣武兵马使	虔州司马	

---

❶ 梁瑞.唐代流贬官研究[D].杭州:浙江大学,2011:113-121.

续表

流官	被贬年代	流放前任职	流放所去	备注
刘伯刍	贞元十九年（公元803年）	主客员外郎	虔州参军	
韩泰	永贞元年（公元805年）	抚州刺史	虔州司马	此前由京西司马贬职抚州刺史，后量移漳州
田景度	元和中（约公元813年）	泗州刺史	虔州刺史	
韦绶	元和中（约公元813年）	谏议大夫	虔州刺史	
房启	元和中（约公元813年）	太仆少卿	虔州长史	
李将顺	元和中（约公元813年）	虔州司户	道州司户	
李渤	长庆元年（公元821年）	考功员外郎	虔州刺史	
沈亚之	太和三年（公元829年）	殿中侍御史	南康尉	
杨虞卿	太和九年（公元835年）	京兆尹	虔州司马	后再贬虔州司户

来源：梁瑞.唐代流贬官研究[D].杭州：浙江大学，2011：113-121.

有记录的唐代流贬官，从武德四年（公元621年）开始第一个（王世充）计，到天祐三年（公元906年）最后一个（孙乘从河阳副使贬谪至循州司户），前后时间跨度285年。贬谪至虔州的18名官员，集中在前214年（3/4时间），平均12年一次，后面71年（1/4时间），没有出现至虔州的贬官。说明唐末的最高统治者心目中，流贬虔州已经不是理想的惩罚措施。

其中两位官员的处理，也能说明唐朝中、后期的虔州不再是一个理想的惩罚地：韩泰在永贞元年（公元805年）从虔州"量移漳州"，实际上是觉得贬虔州不足以惩罚，加大了惩处力度；李将顺在元和中（约公元813年），从虔州司户被贬为道州司户，说明湖南道州比江西虔州落后许多——同是邻近广东的岭北城市，湘江流域的道州已经远远比不上赣江流域的虔州。

流放路线的安排，也反映出某些微妙的变化。到达江南后，往岭南的路线主要有两条：一条是从江州往南至鄱阳湖，过湖后至洪州，在洪州溯赣江而上，经吉州至虔州，翻越大庾岭至岭南道韶州，在韶州沿韶水而下至广州。另一路是从岳州经洞庭湖往潭州，再溯湘江而上，经衡州至郴州，过骑田岭往韶州，沿韶水至广州；或经衡州至永州，翻越萌诸岭，过灵渠至桂州。从宋之问与沈佺期的流贬路程来看，流人似乎需走湘江路线，贬官却就近选择路线。

神龙元年（公元705年）二月，宋之问贬官泷州从洛阳出发，经汝申线至蕲州（《途中寒食题黄梅临江驿寄崔融》），过江至江州（《寒食江州满塘驿》），从江州至洪州（《自洪府舟行直书其事》），溯赣江而上至虔州（《题大庾岭北驿》），然后翻越大庾岭（《度大庾岭》）后，沿韶州（《早发始兴江口至虚氏村作》），经广州、端州（《至端州驿见杜五审言沈三佺期阎五朝隐王二无竞题壁慨然成咏》）到达泷州（《入泷州》）。景云元年（公元710年），宋之问在从越州长史任上又被判流岭南钦州。越州离洪州要近，宋之问不走赣江线，却从越州沿江西上至荆州（《在荆州重赴岭南》），再由荆州南下，过洞庭湖（《洞庭湖》），溯湘江（《晚泊湘江》），经衡阳（《自衡阳至韶州谒能禅师》），入韶州（《游韶州广界寺》），至广州（《广州朱长史座观妓》）。宋之问舍近道取远道，若无其他特殊原因的话，则表明，流人往岭南的路线相对比较固定，即只能走湘江线。❶

从上述考察可以看到，唐代之后，湘江路线已经比不上赣江路线优越，从而流官只能走湘江路线，而贬官可以走赣江路线：被允许从赣州方向至岭南，是一种"贬官"相对于"流官"的"优待政策"。

至于宋代，《宋会要辑稿》里官员流贬至虔（赣）州的记录只有6条。贬官少，惩处轻。其中以赵抃为例，因检举揭发而更职，之任虔州是属于政治平衡、下放锻炼，不能简单地理解为被贬；尤其是南宋的贬官，大抵出于政治平衡，之后有复职提拔的：

"至和元年七月二十二日……初通判江宁府，主客员外郎、殿中侍御史里行吴中复通判虔州。"

"（嘉祐）六年四月二十七日……右司谏赵抃知虔州。"

"（元丰五年十一月）十六日，汪辅之罢知虔州，依旧分司。"

"（庆元四年正月）二十七日，新除尚左郎官彭演寝罢，差知赣州。"

"（开禧三年十月）十八日，知常州汤璹降三官，送赣州居住。"

"（绍兴）二十六年正月九日……故责授左朝散郎、秘书少监、分司南京、赣州居住孙近……追复资政殿学士、左通议大夫。"

从这些记录来看，大概在宋代的统治者眼中，流贬至虔州已经称不上什么惩罚措施了。到南宋的时候，还有南宋官员被委任为赣州知州时，被人告状而收回委任的：

"孙逢吉差知赣州新命追寝。"❷

不难理解，南宋江山半壁，赣州的地位已非昔比，被告了御状，就不合适担任这样的"要职"了。《舆地纪胜》记载的诗联，更反映了南宋时对赣州知州地位的认识，绝非流贬官员之地：

"出纶凤阙，剖节虎城。介江倚重于蕃宣，逾岭仰尊于节制（许巽贺赣州高守）。"

"惟南康之巨镇，控江国之上流（许巽贺赣州高守）。"

"涉江而右，一归节制之尊；由岭以南，悉倚蕃宣之重（许巽贺许守）。"

"虎头重镇，统三郡之甲兵；豹尾从臣，宽九重之宵旰（陈说通赣守薛侍郎）。"❸

4. 人口、移民研究总结

上文通过人口的纵向考察、横向对比和流贬官的考察，大体可以观察到唐宋虔州城市发展的状况：

人口的纵向考察，能说明虔州城市的繁荣起于隋，兴于唐，极于宋，并且能和一

---

❶ 梁瑞. 唐代流贬官研究 [D]. 杭州：浙江大学，2011：108-109.

❷ 以上7条记录均出自：徐松. 宋会要辑稿·职官六五至职官七〇 [M]. 北京：中华书局，1957.

❸ 王象之. 舆地纪胜 [M]. 北京：中华书局，1992：1443-1444.

些重要历史节点及城市发展联系印证,说明其驱动力前期主要来自区域经济发展和内在条件成熟,后期有移民暴增的现象。

横向对比进一步说明城市发展与资源和人口饱和度密切相关,唐中后期至宋代时移民的作用开始凸显,南宋时赣州已经没有资源和人口优势。

上述两者和流贬官的数目变化说明唐宋虔州的地位不断上升,南宋赣州已经是个重镇要地。

3.2.2 唐宋虔州的经济产业和商业繁荣

如前所述,经济南移是时代大背景;六朝至唐朝赣江流域的农业、手工业、商业发展为虔州的开发奠定了基础;人口的增长带来充足的劳动力,移民带来科技文化和先进的生产力。虔州的经济勃兴乃是多种因素的复合促成的,在唐宋呈现出欣欣向荣的加速发展局面。

唐代的赣州已经在江西甚至于全国都有一定的地位和影响了。《新唐书》中记载贞观时期"凡州府三百五十八",有学者认为虔州是其中40个经济大州之一,在全国范围内有一定的经济地位❶。事实上虔州的经济地位是在元和时期才被充分认可的,根据《唐会要》的记载,元和六年(公元811年)九月,新升虔州、袁州、抚州、饶州为上州❷。同时升赣江流域的相邻四个州为上州,显然并非偶然,证明这一带存在着积极的经济互动,俨然已经成为一个逐渐兴旺的经济圈❸。

宋代在赣州古城历史上是一个相当辉煌的时期,《宋史·志第三十八·地理一》记载:"崇宁元年……州二百五十四……可谓极盛矣。大抵宋有天下三百余年,繇建隆初讫治平末,一百四年,州郡沿革无大增损。"❹《宋史·志第四十一·地理四》记载:"赣州,上。本虔州,南康郡,昭信军节度。大观元年,升为望郡。"❺

北宋大中祥符九年(公元1016年)二月,宋真宗诏令虔州负责广南纲运继续北上,虔州正式成为商货中转站:

"如闻广南上供纲运,悉令官健护送至阙,颇亦劳止。自今令至虔州代之。"❻

此后,虔州商税更是曾超越洪州,而成为江南西路的首要商品流通中心,经统计证明,熙宁十年(公元1077年)其在城商税全国排名第十八(详后文商税部分)。

商品经济发达的具体表现方面,后世的文献对唐宋虔州商品经济的具体描述很少,

---

❶ 余家栋,张文江,李荣华.江西赣州市古城墙试掘简报[J].南方文物,1995(1):24-27.
❷ 王溥.唐会要·卷七十·州县分望道[M].北京:中华书局,1955.
❸ 韩国磐根据李吉甫《元和国计簿》指出江西八州是元和时期四十州贡赋的重要来源,并且详细考述唐代江西经济人文之盛。后来许多学者说虔州是唐代四十经济大州之一,有一定误读的成分,但唐代赣江流域经济繁荣、元和时期数州并升上州却是事实。详见:韩国磐.唐代江西道的经济和人文活动一瞥[J].江西社会科学,1982(4):78-88.
❹ 脱脱.宋史·志第三十八·地理一[M].北京:中华书局,1977.
❺ 脱脱.宋史·志第四十一·地理四[M].北京:中华书局,1977.
❻ 徐松.宋会要辑稿[M].北京:中华书局,1957:5564.

但仍然可以从某些记载中一窥端倪。

首先是粮食的丰裕和商品化、大范围流通。充裕而低廉的粮食供应是城市人口聚集、发展成商业都会的基础条件。《太平广记》中出现了南康"鸟陂"的记载，这是赣南地区最早的水利设施记录，证明唐代已有农田水利建设❶。虔州产粮在江南西路不算丰富，但至少在南宋中期以前足够供应本地，还有富余可供外销。许怀林在《江西通史·南宋卷》中引用朱熹的报告说明，南宋中期"赣州、吉州两地的粮食经常运销湖北……接济江州以下的受灾缺粮地区"❷。张勇在《宋代江南东、西路物资转输地理格局的演变》❸里也提到赣州是常年供给荆湖大军的各州之一，年额8万石；现属赣州的南安军是供给池州大军的四州之一，这些供给都是常态化的。洪迈当政赣州的时候，以赣州的粮食救济邻州饥荒，也证明了南宋前中期赣州粮食的丰裕❹。

粮食丰裕自然促进农副产业的发展，使有经济潜力的作物商品化。北宋虔州经济作物及农副产品种类繁多，有酿酒、蔗糖、蜜梅、竹梳箱、斑竹、石蜜、荠茶、雪瓜、桃、五色鲤❺。

酿酒即是一例，宋代酿酒本应官营，但《宋会要辑稿》记载"赣州并福建路广南等处，以烟瘴之地，许民间自造服药酒，以御烟瘴，谓之万户酒"，乾隆《赣县志》也说宋代"特许赣民私酿"❻。熙宁十年（公元1077年）虔州和南安军酒税总和接近3.3万贯，实际上是余粮转换副食品，进而商品化的一种现象❼。又以甘蔗制糖为例，南北朝时赣县的土法熬糖已闻名遐迩，宋代赣南所制糖霜更是畅销南方各地❽。像竹梳箱这样的手工艺品能闻名，当然是商品化的结果。

更值得一提的是发达的产茶、制茶业。虔州泥片茶在宋代是贡品，《宋史》列举全国13个重要的片茶产地，将虔州位列第一，显然系因其名气或产量位居前列❾。《太平寰宇记》认为虔州茶"香味第一，最难得"❿。"片茶大片自六十五钱至二百五钱有五十五等"，价格是散茶的数倍之多。苏东坡夸赞赣州茶"同烹贡茗雪，一洗瘴茅秋"，配以赣州七里窑出产的擂钵、茶具，可以煮出"雪雾似的贡水茶"⓫。

茶业发达的虔州，所产茶具也别具一格。除前述七里窑的茶具外，庄绰的《鸡肋编》

---

❶ 李昉. 太平广记 [M]. 北京：中华书局，1961：3849.
❷ 许怀林. 江西通史·南宋卷 [M]. 南昌：江西人民出版社，2008：167.
❸ 张勇. 宋代江南东、西路物资转输地理格局的演变 [J]. 武汉大学学报：人文科学版，2014，67（5）：101-109.
❹ 参见：魏瀛. 赣州府志 [M]. 同治十二年刊本. 台北：成文出版社，1970：786.
❺ 许怀林. 江西通史·北宋卷 [M]. 南昌：江西人民出版社，2008：88.
❻ 徐松. 宋会要辑稿·食货二一 [M]. 北京：中华书局，1957. 另见：沈均安. 赣县志·卷六·食货志 [M]. 台北：成文出版社，1984.
❼ 郑学檬. 中国古代经济重心南移和唐宋江南经济研究 [M]. 长沙：岳麓书社，2003：189.
❽ 张景. 赣州七里镇窑陶瓷艺术研究 [D]. 赣州：赣南师范学院，2011：10-11.
❾ 许嘉璐. 二十四史全译·宋史·第六册 [M]. 上海：汉语大词典出版社，2004：3717-3718.
❿ 许怀林. 江西通史·北宋卷 [M]. 南昌：江西人民出版社，2008：98.
⓫ 李海根. 赣州的历史与文化 [J]. 南方文物，1993（1）：106-110.

还介绍了赣州地区的一种"茶磨",价值竟达五千余(应是指铜钱),并煞有介事地比较优劣。这不仅说明饮茶成为时尚,还可见当时商业经济发达,世风奢靡,饮食起居颇为讲究:

"南安军上犹县北七十里石门保小逻村出坚石,堪作茶磨,其佳者号'掌中金'……其磨茶,四周皆匀如雪片,齿虽久更开断……价直五千足,亦颇艰得。世多称耒阳为上,或谓不若上犹之坚小而快也。"❶

粮食无忧,农户在闲时能从事纺织等副业。虔州的白纻布、葛布是名产,"洁白细薄而长"。《唐六典》中把虔州的纻布列为第七等❷;唐虔州在开元间贡白纻布、丝布、竹练,元和间贡白兰布,长庆间贡丝布❸;宋代年贡二十匹纻布;甚至在宋金边境贸易、求和礼单中也出现了虔布❹❺。

粮食、经济作物商品化,流通领域扩大,促进了加工业和运输业的发展。由于虔州是著名的木料产地,造船业相当发达,显然在全国名列前茅。从《文献通考》和《宋会要辑稿》的记载来看,北宋时政府责令各地11个州军,每年造船2916~3337艘用于巨量的漕运,其中虔州居首,占总数近23%;不仅造船场是官办的,造船也是常态化的:

"诸州岁造运船,至道末三千三百三十七艘,天禧末减四百二十一(虔州六百五,吉州五百二十五,明州一百七十七,婺州一百三,温州一百二十五,台州一百二十六,楚州八十七,潭州二百八十,鼎州二百四十一,凤翔斜谷六百,嘉州四十五)。"❻

"江西则于洪、吉、赣三州官置造船场,每场差监官二员、工役兵卒二百人,立定格例,日成一舟,率以为常。"❼

造船业发达源于林业优势,又刺激了木料采运、加工业的发展,两者相得益彰。就连吉州造船场也主要取料于赣州(包括今属赣州的南安军),"勘会南安军所买枋木","每岁吉州船场造岁额舟船……造船板木,专取之赣、袁州"❽。采买方式是相当市场化的方式,"官出本钱,商贾承揽贩运而至"❾。

赣州四省交衢,城市临河,造船业发达,水运行业也极为发达。《宋会要辑稿·食货四六·水运》中记载:

"又广南金银、香药、犀象、百货陆运至虔州,而水运入京师。天禧末,诸州军水运、陆运上供金帛、缗钱二十三万一千余贯、两,端、疋,珠宝香药三十七万五千余斤。"❿

---

❶ 庄绰. 鸡肋编 [M]. 北京:中华书局,1983:109.
❷ 李林甫. 唐六典 [M]. 陈仲夫点校. 北京:中华书局,1992:541.
❸ 许怀林. 江西史稿 [M]. 南昌:江西高校出版社,1998:141.
❹ 左强. 宋金榷场贸易与走私贸易研究 [D]. 长春:吉林大学,2004:21.
❺ 李心传. 建炎以来系年要录·卷七十二 [M]. 北京:中华书局,1956.
❻ 马端临. 文献通考 [M]. 北京:中华书局,1986:239.
❼ 徐松. 宋会要辑稿 [M]. 北京:中华书局,1957:5586.
❽ 徐松. 宋会要辑稿 [M]. 北京:中华书局,1957:5658,5669.
❾ 许怀林. 江西通史·北宋卷 [M]. 南昌:江西人民出版社,2008:165.
❿ 徐松. 宋会要辑稿·食货四六·水运 [M]. 北京:中华书局,1957:5604.

其中"珠宝香药"这一目类显然主要从广南而来，如此巨大的运量，基本都经过大庾岭路，宋代虔州的富有，盖多由此来，下一节对商税的研究也可印证此事。

水运又刺激了区域资源优势的互补，促进大宗货物的广泛流通，人口的快速增长和聚集也刺激了日用品、手工业商品的产销两旺。其中有代表性的是陶瓷、冶金业。

赣州七里镇与赣城隔贡江相望，富产质地优良的高岭土，连景德镇也来此采购釉土，烧窑燃料来源也颇便利❶。唐宋时期吸引了大量的南来窑工瓷匠汇集于此，形成兴盛一时的七里镇陶瓷业——始烧于晚唐，两宋盛极一时，明代终烧❷。这一带先后发现了16处大型瓷片堆积，其中有两座宋代"龙窑"，制瓷水平与洪州窑、吉州窑等相当，许怀林列其为江西五大名窑之一❸。新编县志甚至认为七里窑瓷器在宋元时期曾远销东南亚、朝鲜、日本、琉球❹，也有学者认为这点有待考证❺。但，至少确定无疑的是：七里窑日用陶瓷商品曾借助于水运畅销湘赣粤闽边区，并颇具影响，否则无以支撑多个窑场续烧500年之久❻。

虔州矿产资源丰富，水运发达之后，就体现出冶金业的优势。唐代时南康产锡，雩都产金，天祐元年（公元904年）设有瑞金监；大庾产铅、锡。安远产铁、锡。❼宋代赣州冶炼业愈加发达，有3个银场、3个锡场，铜、铅、铁场各1个。设有铸钱院，"大观二年（公元1108年）四月始建"，在庆元元年（公元1195年）撤销，延续87年。金属冶炼业促进了金属加工和铸造业，据刘灯明分析，当时虔州私铸铜钱现象突出，能工巧匠多，铸钱院还兼铸铜镜❽；城内寿量寺内原有"五代后梁所铸的观音大士立象一尊，高约六米，全身分三段合范浇注而成"❾，体现出高水平的冶铸工艺。

刘玲清在论文中列举赣南地区缴纳的贡赋（表3-6），以宁都为1/7计算，认为南宋赣州府每年折合纳钱30余万贯，纳米32万石左右❿。

---

❶ 李海根根据同治《赣县志》，考证景德镇曾于赣州采购釉料；张景的论文里也提到七里镇迁往景德镇的后代回乡祭祖的习俗——回七里镇上坊的康王庙内拜祭窑神，然后再到下坊的将军塘里取"釉水"（又称"娘水"）带回景德镇。详见：李海根. 赣州窑的新史料 [J]. 江西文物，1989（2）：77-78.
  张景. 赣州七里镇窑陶瓷艺术研究 [D]. 赣州：赣南师范学院，2011：11.
❷ 张嗣介曾调查当地姓氏源流，考据文献，结合考古证据提出这一观点。详见：
  张嗣介. 南赣明珠——七里镇 [J]. 南方文物，2001（4）：85-87.
  张嗣介. 赣州七里镇窑终烧年代新证 [J]. 南方文物，2004（1）：28-32.
❸ 此说引自：许怀林. 江西通史·北宋卷 [M]. 南昌：江西人民出版社，2008：130.
❹ 赣县志编纂委员会. 赣县志 [M]. 北京：新华出版社，1991：192.
❺ 余家栋，徐菁，余江安. 赣江上游的瓷业明珠——江西赣州七里镇窑 [J]. 南方文物，2007（1）：114-119.
❻ 郑晓君论文中论及厦门、同安出土的瓷器与七里镇瓷器相似，详见：郑晓君. 宋元时期环九龙江口的陶瓷业与早期航运 [D]. 厦门：厦门大学，2007：24-25.
❼ 许怀林. 江西史稿 [M]. 南昌：江西高校出版社，1998：136.
❽ 刘灯明. 试析宋代赣州铸钱题刻与宋代赣州铸钱业 [C]// 中国历史文献研究会. 历史文献研究（总第30辑）. 上海：华东师范大学出版社有限公司，2011：8.
❾ 夏金瑞. 赣南考古工作辑录 [J]. 赣南师范学院学报，1982（4）：52-58.
❿ 刘玲清. 南宋赣南经济文化研究 [D]. 上海：上海师范大学，2014：34-35.

南宋赣南地区部分县岁收贡赋情况　　　　　　　　　　表 3-6

地区	贡赋	资料来源
赣州府	贡泥片茶，白纻布 20 匹，上节钱 1000 贯，上供钱 6933 贯 130 文，额解钱阙；夏税钱、木炭、兑役钱、州役钱、官户役钱、减吏钱、坊场钱并阙，上供米 18350 石，本色料麦 3445 石 6 斗，秋苗米 153692 石 7 斗 5 升，笪米、州苗笪米、县米、折料米、折科米、抛荒椿阁米并阙	黄天锡：嘉靖《赣州府志·卷四·食货·户口》
雩都	贡阙：夏税钞 8134 贯 253 文，本色料麦 539 石 7 斗，秋苗米 13122 石 5 斗 4 升，笪米 217 石 6 升，折料米 195 石 7 斗五升，县米 6897 石 1 斗 7 升，州苗笪米 6029 石 6 斗 1 升	黄天锡：嘉靖《赣州府志·卷四·食货·户口》
信丰	贡上供钱 957 贯 200 文；夏税 13178 贯 251 文，本色料麦 539 石 7 斗，秋苗米 23601 石 3 斗 3 升	黄天锡：嘉靖《赣州府志·卷四·食货·户口》乾隆《信丰县志·卷四·食货》
安远	贡上供钱 225 贯；夏税钞 4195 贯 28 文，免役钱 710 贯 4 文，坊场钱 264 贯 731 文，本色料麦 299 石 4 斗，秋苗米 14105 石 1 斗 1 升，商税 1916 贯 592 文	黄天锡：嘉靖《赣州府志·卷四·食货·户口》同治《安远县志·卷三之二·田赋》
宁都	贡上供钱 1102 贯 500 文，额解钱 25722 贯 812 文；夏税钞 11566 贯 479 文，免役钱 2803 贯 666 文，州役钱 2682 贯 84 文，官户役钱 61 贯 582 文，减吏钱 60 贯，坊场钱 431 贯 964 文，本色料麦 513 石 7 斗，秋苗米 21917 石 2 斗，笪米 509 石 8 斗 1 升，县米 9256 石 9 斗，州苗笪米 11502 石 8 斗 1 升，折料米 567 石 7 斗 7 升，抛荒椿阁米 2096 石 5 斗 4 升	黄天锡：嘉靖《赣州府志·卷四·食货·户口》
南康	税钞 5151 贯 439 文，苗米 19258 石，笪米 583 石 2 斗 3 分	沈恩华：同治《南康县志·卷三·赋役·田赋》

来源：刘玲清.南宋赣南经济文化研究 [D]. 上海：上海师范大学，2014：34.

表 3-6 列举了唐宋虔州的粮、酿、糖、茶、织、林、船、漕、瓷、铸各行业的发展及其盛况，这些行业相互之间有密切关联。由农而蔬，糖且茶，酿又织，木料到造船而航运，进而陶瓷、冶铸、手工坊……可以看出，唐宋虔州的经济产业结构颇为丰富；在发挥资源优势、区域合作互补、深化加工方面均有令人瞩目的成就；产业链向纵深发展。可以确信，唐宋虔州的经济产业与之前发生了很大的变革，商品经济占据了城市经济的重要位置。

唐宋的虔州，城内万家鳞栉，岁无饥乏之忧；市井鬻茶贩瓷，民有铜盐之饶；江上渔舟唱晚，尽显舟船之利，繁华反胜于后世。

后来乾隆二十一年（公元 1756 年）重修的《赣县志·卷六·食货志》序云："唐末常官设瓷窑于七里镇，宋时常设鼓铸官于州，出泥片茶，特许赣民私酿，虔州设税务所六，此皆前事之可考者。则赣自古为熙攘之区，而非僻陋之所。今辑载丁户田赋陂池仓储诸类于官师之后，是盖民生之原，而实治民者之所宜，亟为体恤者也。"❶这大概是考证"前事"之后，颇有"今不如昔"的感受。

3.2.3 北宋商税的考察

上文枚举了大量的事例型的史料，以证明唐宋虔州的商业经济开始走向繁荣，然而这样只能有定性的判断。商业繁荣究竟到何种程度，仍需要作定量的考察❷。

《宋会要辑稿·食货·一五至一七》为后世的研究者留下了珍贵而详尽的熙宁十年（公元1077年）全国各州军的商税数额，甚至详细到各税收场务的数额，共计40800字，2000多个数字❸。学者们对这些数据进行了细致的整理、统计工作：日本的加藤繁在20世纪30年代曾做过一次非全面统计；程民生在1988年做了一次全面统计和初步分析，并纠正了加藤繁的一些错误❹；马燕峰在2010年从城镇地理的角度进行了地区分类和分析❺；刘玲清则详细地研究了赣南的部分❻。以下的许多数据整理自他们的研究，部分更详细的对比数据则是直接整理自《宋会要辑稿》。

固然，限于史料，只能对比北宋中期30余年间的商税增减❼，而且单个城市商税记录的真实、准确性是个问题。但是，多个城市反映的增减趋势却是可信的，同时也至少为城市发展历史的研究提供了一个相对可信的"原点"。

1. 虔州在全国、东南区域及流域各州军的商税排行和地位

通过商税的对比，可以大致反映北宋虔州城市发展的多方面要点：

（1）北宋虔州在全国和区域（流域）城市体系中的作用、地位和发展趋势；

（2）北宋虔州与区域城市的经济联系；

（3）城市的经济产业格局；

（4）城市的发展格局；

（5）虔州地区的城市体系、城乡关系。

通过商税列表可以发现，熙宁十年（公元1077年）虔州的在城商税比洪州的高出38%，洪州商税甚至不到第二等级（3万～5万贯），这多少会改变某些学者主观判断或根据印象认为洪州必然是赣江流域经济中心的刻板观念。把各个州府在北宋熙宁前后的商税对比，则更能够说明当时的虔州城在全国和赣江流域城市体系中的经济地位

---

❶ 转引自：李海根. 赣州窑的新史料[J]. 江西文物，1989（2）：77-78.
❷ 北宋淳化元年（公元1990年），南安军从虔州析出，其商税总额从旧额的5108升至熙宁十年（公元1077年）的15121贯，增为3倍，更远胜于虔州增幅。虽然其在今赣州市范围内，考虑到研究对象以赣城为主，不将其计入。
❸ 程民生. 北宋商税统计及简析[J]. 河北大学学报：哲学社会科学版，1988（3）：14-26.
❹ 程民生. 北宋商税统计及简析[J]. 河北大学学报：哲学社会科学版，1988（3）：14-26.
❺ 马峰燕. 北宋中期东南地区城镇的数量、商税与空间分布研究[D]. 上海：复旦大学，2010.
❻ 刘玲清. 南宋赣南经济文化研究[D]. 上海：上海师范大学，2014.
❼ 李景寿认为，"旧额"的时间为公元1040—1042年之间。参见：李景寿 北宋商税"旧额"时间再考[J]. 中国史研究，2003（1）：103-113.

及其发展趋势。

虔州的商税旧额为 25382 贯,而到了宋神宗熙宁十年(公元 1077 年)赣州的商税额发生了很大的变化,达到了 51229 贯。按李景寿的考证,则虔州的商税在 30 余年之间增加一倍有余❶。

表 3-7 是北宋熙宁十年(公元 1077 年)全国各路的州级城市的在城商税等级,从中可以知道当时虔州城商税在全国城市体系中的大致等级。

北宋熙宁十年(公元 1077 年)全国 285 个州军级城市在城商税等级统计表　　表 3-7

商税等级 路	一等 (5 万~10 万贯)	二等 (3 万~5 万贯)	三等 (1 万~3 万贯)	四等 (5000~1 万贯)	五等 (5000 贯以下)
成都府路	2	6	3		1
两浙路	2	2	8	2	
淮南东路	2	1	5	1	1
梓州路	1	3	8	2	
利州路	1	2	5	2	1
淮南西路		1	5	1	2
京西南路	1		2	4	1
秦凤路	1	1	3		1
大名府路		2	3	2	1
永兴军路		2	2	4	1
河东路		2	1	4	12
江南东路		1	7		2
京东东路		1	5	3	
江南西路		1(虔州)	4 (洪州、抚州,南安军、建昌军)	5 (吉州、袁州、筠州、兴国军、临江军)	
广南东路		1	4	3	6
京东西路		1	3	4	
福建路		1	3	3	1
真定府路		1	3	2	
荆湖南路		1	2	3	2
京西北路		1	2	2	3
菱州路			9	2	2
高阳关路			5	2	4
广南西路			4	3	21

❶ 李景寿. 北宋商税"旧额"时间再考 [J]. 中国史研究,2003(1):103-113.

续表

路 \ 商税等级	一等 （5万~10万贯）	二等 （3万~5万贯）	三等 （1万~3万贯）	四等 （5000~1万贯）	五等 （5000贯以下）
定州路			3	2	
荆湖北路			2	6	2
鄜延路			1		4
环庆路				3	1
泾原路				2	3
熙河路					3
总数	11	30	102	67	75

数据来源：马峰燕. 北宋中期东南地区城镇的数量、商税与空间分布研究 [D]. 上海：复旦大学，2010.

表 3-7 中总共有 285 个州军级别的城市，其中商税等级为一等（5万~10万贯）的城市总共有 11 个，二等（3万~5万贯）的有 30 个。其中江南西路只有虔州是二等（39888贯），其商税远多于洪州（28905贯），全国排名 18（详见下文）。这大概是学者们认为赣州在宋代是全国经济三十大州之一的由来❶。

再列举在城商税二等城市的排名（表 3-8），可以看到虔州在二等（3万~5万贯）城市里排第 7，次于扬州，甚至多于广州。加上在城商税一等的城市，虔州全国排名是第 18 名。

北宋熙宁十年（公元 1077 年）全国在城商税 3 万~5 万贯的城市排名　　表 3-8

排名	州府	商税（在城）（贯）
1	遂州	48438
2	汉州	48399
3	江宁府	45059
4	利州	43051
5	瓜州	41849
6	扬州	41849
7	虔州	39888
8	真定府	39590
9	衢州	39383
10	湖州	39312
11	京兆府	38445
12	眉州	38422
13	福州	38400

❶ 李海根. 赣州的历史与文化 [J]. 南方文物，1993（1）：106-110.

续表

排名	州府	商税（在城）（贯）
14	合州	37597
15	邛州	37459
16	广州	37308
17	密州	36727
18	潭州	33939
19	晋州	33136
20	兴州	33115
21	嘉州	32923
22	果州	32478
23	郓州	32444
24	渝州	31615
25	并州	30724
26	陕州	30635
27	凤翔府	30462
28	德州	30429
29	彭州	30196
30	简州	30128

数据来源：徐松.宋会要辑稿·食货·一五至一七[M].北京：中华书局，1957.

再细究一层，虔州在北宋东南城市体系（淮南—广东沿海地区）中的商税排名，可以在某种程度上反映当时它在广州—大庾岭—扬州—洛阳（长安）这条南北大动脉上的商业地位（表3-9）。

熙宁十年（公元1077年）东南各路城市在城商税对比表　　　　表3-9

	一等 （5万~10万贯）	二等 （3万~5万贯）	三等 （1万~3万贯）	四等 （5000~1万贯）	五等 （5000贯以下）
淮南东路	楚州城 真州城	扬州城	（略）	（略）	（略）
淮南西路	泸州城	（无）	（略）	（略）	（略）
两浙路	杭州城 苏州城	湖州城 衡州城	（略）	（略）	（无）
江南东路	—	江宁府城	宜州城 歙州城 江州城 饶州城 信州城 南康军城 广德军城	—	池州城 太平州城

续表

	一等 （5万~10万贯）	二等 （3万~5万贯）	三等 （1万~3万贯）	四等 （5000~1万贯）	五等 （5000贯以下）
江南西路	—	虔州城	洪州城 抚州城 南安军城 建昌军城	吉州城 袁州城 筠州城 兴国军城 临江军城	—
福建路	—	福州城	（略）	（略）	（略）
广南东路	—	广州城	（略）	（略）	（略）

数据来源：马峰燕.北宋中期东南地区城镇的数量、商税与空间分布研究[D].上海：复旦大学，2010.

表3-9中特意将江南东、西两路的城市列举，因为某些赣江流域的城市在当时是划分为江南东路的（江州、饶州、信州、南康军）。结合表3-7可以发现，由于在东南的商税二等城市里，只有江宁、扬州在城商税高于虔州，虔州在整个东南地区城市体系里排名第7。

扬州、广州是后世鼎鼎有名的商业都会，而北宋熙宁十年（公元1077年）的商税记录中，扬州仅仅多虔州2000贯（不到5%），广州还比虔州少1000余贯，令人惊讶。

重要的原因，应是宋廷集中军、政、财大权，"冗兵、冗禄、冗费"下，虽然商业繁兴，国用反而短缺❶。因此对珍稀海货实行"禁榷"的官市垄断，造成广南海货大规模纲运京城。香料珠宝除"诸州度支经费外,凡金帛以助军实,悉送都下,无得占留"❷。广州市舶司的巨额所得，大都上交中央，而虔州在广南纲运中获益极多，尤其是宋真宗诏令其为转运站后。因此，北宋中期的情况可能确实就应该这样理解：

（1）虔州的商业繁荣程度曾经在北宋中期跻身全国城市第18；
（2）虔州在淮南—广东的整个东南城市体系中，商税排名第7；
（3）虔州商税远胜洪州，是赣江流域第一大商业中心；
（4）宋虔州令人惊讶的商贸繁荣，其间接原因是北宋集权制度下的海货"纲运"，直接原因可能是宋真宗的诏令确立了其广南货物转运站的城市职能。

2. 虔州各场、务商税数据的对比分析

若以洪州作为下游城市代表，吉州作为中游城市代表，将所有各场、务商税数据与虔州进行具体比较，还可以得到一些新的认知。表3-10是虔州、洪州、吉州的新旧商税额，包括各场务的商税额。

---

❶ 田银生.走向开放的城市——宋代东京街市研究[M].上海：上海三联书店，2011：21-42.
❷ 黄启臣.广东海上丝绸之路史[M].广州：广东经济出版社，2003：225-231.

虔、洪、吉州熙宁十年（公元 1077 年）前后商税增长对比表　　　表 3-10

州军	旧岁额（贯）		熙宁十年（公元 1077 年）数额（贯）			
虔州	在城	六务合计：25382	在城	39888（总额 77.8%）	六务合计：47731（总额 93%，增长 88%）	十三务合计：51236（增长 101%）
	兴国		兴国	670		
	雩都		雩都	675		
	东江		东江	1643		
	西江		西江	1967（是东江务的 1.2 倍）		
	瓷窑		瓷窑	2888		
			新增七务：虔化 1015，会昌 330，信丰 619，石城 72，龙南 714，瑞金 344，安远 411		七务合计：3505	
洪州	在城	十务合计：39092	在城	28905（总额 61.4）	八务合计：44894（增长 14%）	十务合计：47069（增长 20%）
	丰城		丰城	4749		
	进贤		进贤	1584		
	武宁		武宁	3278		
	南昌		（无）			
	奉新		奉新	1645		
	分宁		分宁	1887		
	靖安		靖安	441		
	新建		（无）			
	土坊		土坊	2405		
			查田	718	二务合计：2175	
			樵舍	1457		
吉州	在城	六务合计：32945	在城	9554（总额 19.1%）	四务合计：20939（减少 36%）	十二务合计：50012（增长 52%）
	安福		安福	5901		
	庐陵					
	永和镇		永和镇	1712		
	新市					
	柴竹		柴竹	3772		
			吉水 5281，永舆 5468，永丰 3132，万安 3096，龙泉 3840，永和 4725，沙市 1303，粟传 2228		八务合计：29073	

数据来源：徐松.宋会要辑稿·食货·一六 [M].北京：中华书局，1957.

将虔州商税与洪州、吉州对比，发现无论在城还是总计，虔州当时的商税都是江南西路第一。在城商税远高于吉州（高 318%），甚至高于洪州很多（高 38%），俨然已成为江西最大的物流集散地。但这些增加主要是在城商税带来的：虔州在旧税额年度至熙宁十年（公元 1077 年）30 年间新增了 7 个税务，但这 7 个税务带来的收入不足 10%；另外，虔州的在城商税比重是三个城市里最高的，也说明它对交通倚仗之重。

另一个值得关注的情况是，三个城市中，虔州的商税增长最快，近乎翻倍，吉州次之，而洪州最慢。虽然虔州比其他两城旧税额基数小，起点低，但是最终商税反超两城，就不是基数小能解释的了，令人不得不想到大庾岭奇道带来的整个城市体系格局的转变。

在所有13个税务中，东江务和西江务的税额比其他县务的商税都要高，这是章水、贡水两条航道繁忙而带动对岸发展的结果。其他9个县务的税额，除虔化县超过1000贯外，其他都在几百贯乃至几十贯，远小于洪州、吉州下辖各商税场务。这再度说明赣州的商税增长是建立在赣城的交通优势之上的，而下辖地区在北宋时总体的经济发展水平仍偏低。

关于虔州在宋代江南西路（赣江流域）城市体系的地位，一直以来的说法都是洪州为中心一级城市，而虔州、吉州、抚州为二级城市。但是这个结论太过根据表面印象，大致是因为洪州是宋代江南西路治所，而且毗邻鄱阳湖这样农业条件极好的位置。事实可能并非如人们想象那般，如果研究对比《宋会要辑稿》中记载的江南西路各州级城市商税，会得出大不相同的结论。

按照宋朝的征税制度，分为"住税（3%）"和"过税（2%）"，只要进入征收点，就会征收"过税"。洪州城有在赣江开设"章江"门，可以想象其必然在"章江"门征收过税；吉州东门临江（参见万历《吉安府志》卷一第七页郡治图），同理应征税。那么一个推论就是：如果经过虔州的商品都需要在洪州转运，则洪州的商税不应该比虔州低，论洪州的区域位置和便利交通，其征收的"过税"完全应该比虔州高。所以，虔州商税总额高于洪州，其原因只能是大量商品的转运交易是在虔州发生，不必在洪州交易，客商也不在洪州歇脚，亦即虔州才是赣江流域的商品转运中心。

按照以上推论，则在北宋的时候，虔州是江南西路的商品交易中心，而非洪州；当时的江南西路有两个中心，军事政治中心在洪州，而商品转运、交易中心在虔州。当然，如果论及农业经济的发达，鉴于鄱阳湖的天然农业优势，情况则可能完全相反，而虔州的商品经济发达于洪州，很可能正是因为虔州的两个特殊条件：

（1）虔州山多地少，农业人口容易饱和；

（2）虔州有大量新移民，这些"流民"没有耕地，更倾向于经商谋生。

再仔细观察虔州本地各个场务的商税构成，可以发现以下几个特点：

（1）在城部分商税占了虔州总商税额大部分（13个场务总额的77.8%），这说明虔州城内的货物转运是主流，足以证明虔州城的商业片区十分发达；

（2）在城部分占总额77.8%，城周六务占总额93%，反映了虔州城与当时其余辖县的城乡关系，其一城独大，首位度非常高，这也反映了赣州作为一个交通商贸型城市的性质、职能，经济依靠水运条件；

（3）东江、西江务税收远多于其余辖县，说明赣江货运繁荣带动了对岸发展，因此在北宋即形成了两江对岸的城厢，北宋修建浮桥与此可互相印证；

（4）西江务商税多于东江务（多20%），说明广东与岭北的商品交流多于福建，但并非十分突出，所以西江浮桥早于东江浮桥，西岸的城厢大概早于东岸成熟；

（5）瓷窑务的商税高于两江，是两江总和的80%，更高于其余辖县，说明七里镇陶瓷业非常发达，在城外七里镇形成了商业副中心。

考虑到虔州地区私贩盐、铜现象的突出，也不能认为商税数字能完全反映实情。民间小额商贸可能不经两江，也不通过官路，而是经私路进入草市，这样避税的同时也带来乡间草市的繁荣❶。换言之，周边辖县低商税背后，也许隐藏着未统计的民间草市交易，官方数据或许在某种程度上比实际总额偏小，且夸大了城乡差距。

3.2.4 唐宋虔州的区域定位和角色转变

上文就虔州本地的税务构成进行了分析，得到了一些关于虔州城市经济、产业格局、发展布局的理解；更重要的是，通过城市商税对比的考察，对虔州在全国、东南和赣江流域的城市体系中的地位、作用及其变化趋势进行了某种程度上定量的分析。

进一步进行流域城市人口的对比可以发现，这样的变化其实是分为两个阶段的。

1. 唐虔州新升"上州"背后的流域繁荣

唐代中国的经济重心南移，岭南、长江中游经济重心东移，海上丝绸之路兴起，虔州社会、经济随之崛起，逐渐走进中原王朝的视野。从公元716年至公元811年近100年间，虔州先后发生了三件大事——张九龄开岭；路应凿滩；继此之后，虔州又升为"上州"：

"新升上州：虔州、袁州、抚州、饶州，并元和六年九月升。池州，会昌四年五月升。信州，同上年月升。"❷

将陈霸先筑城之后，直至唐末的赣州大事列表（表3-11）如下，可以一窥赣州在这一时期的发展轨迹。

南朝梁至唐末虔州大事表   表3-11

年代	主事官员	事件、原因、备注
梁承圣元年（公元552年）	（疑为）陈霸先	迁回章贡二水之间（《太平寰宇记·卷一〇八》）
隋大业十二年（公元616年）	林士弘	据虔，修"皇城"（无可靠史料）
唐开元四年（公元716年）	张九龄	奉诏开凿大庾岭新路
唐贞元四年（公元788年）	路应	凿滩石以通舟，陶甓以缮城（《同治赣州府志·名宦》）
元和六年（公元811年）	—	新升上州（《唐会要·卷七十·州县分望道·江南道》）
光启元年（公元885年）	卢光稠	起事占据虔州，随后又得韶州
唐末，唐天复二年（公元902年）（民国赣县新志稿）	卢光稠	斥广其东西南三隅，凿址为隍，三面阻水（《同治赣州府志·舆地志·城池》）

---

❶ 按曹家齐的研究，私路与官路最主要的差别就是没有商税。详见：曹家齐. 官路、私路与驿路、县路——宋代州（府）县城周围道路格局新探[J]. 学术研究，2012（7）：105-114.

❷ 王溥. 唐会要·卷七十·州县分望道[M]. 北京：中华书局，1955.

按《唐会要》，上、中、下州主要是依靠户、口来划定的，特殊情况下考虑政治因素："武德令。三万户已上为上州……至开元十八年三月十七日敕：太平时久，户口日殷，宜以四万户已上为上州；二万五千户为中州；不满二万户为下州。其六雄十望州三辅等，及别敕同上州都督，及畿内州并同上州。缘边州三万户已上为上州……其亲王任中州下州刺史者，亦为上州……"❶

按此规定，虔州在元和六年（公元811年）的总户数应有4万户，几乎是隋朝时期的4倍之多［按表3-13，元和期间江南西道新升上州的各州只有饶州达到4万户，这也许是在安史之乱之后，鉴于江南西道赋税的重要性而采取了权宜之策❷；但更有可能是大水灾的影响：观察虔州前后户数，它应该曾达到4万户，并且在新升上州中排列第一，反映了它最有资格升上州；元和七年（公元812年）户数远低于4万，应该是大水灾的缘故。详见本书5.1节分析］。

若是光看虔州的情况，其经济、社会发展自然可称欣欣向荣；但是与江南道其余州府一比，虔州又绝非一枝独秀了——同时新升上州的还有袁州、抚州、饶州，之后还有池州、信州；然而这些城市再与《唐会要》记录的全国十道新升级别的州府一比较，则又有进一步认识（表3-12）。

《唐会要》全国十道新升州府统计表 表3-12

道	都督府	雄州	望州	紧州	上州	中州
关内道	1	2	2	0	3	0
河南道	1	2	1	3	7	0
河东道	0	0	0	0	0	0
河北道	0	0	1	0	3	0
山南道	2	1	3	0	5	1
陇右道	1	0	0	0	0	1
淮南道	0	0	0	1	6	0
江南道	1	1	4	1	6（赣江流域5个）	1
剑南道	2	0	0	1	0	0
岭南道	2	0	0	0	2	0
总计	10	6	11	6	32	4

数据来源：王溥.唐会要·卷七十·州县分望道[M].北京：中华书局，1955.

表中全国十道城市，新升都督府、雄州、望州、紧州主要代表政治地位提高，共33个城市，其中江南道7个城市，占1/5强；新升上州代表经济地位提高，在新升32

---

❶ 王溥.唐会要·卷七十·州县分望道[M].北京：中华书局，1955.
❷ 李吉甫曾在《元和国计簿》论及元和时江南赋税各州，许怀林据此认为其中江西赋税占20%。详见：许怀林.江西史稿[M].南昌：江西高校出版社，1998：127.

上州中，江南道有6个，占总数近1/5；其中5个是赣江流域的城市，占总数近1/6。

可见，中唐整个江南区域经济地位提升，其中又以赣江流域的提升最为突出，以新升地望的占比来说，几乎可算是一枝独秀。这得益于它在北方安史之乱（公元755—763年）期间的安定繁荣局面。许怀林在《江西史稿》中对此论述说：

"（唐初）全国各州都在兴旺发达之中，江西基本上与其他地方同步发展，没有太突出冒尖。到元和年间，情况就很不同了。虽然从天宝至元和年间洪饶等8州户数只增4.5万余，但是在全国总户数中的比重却激增约4倍。很明显，这是由于'安史之乱'造成中原残破，藩镇割据厉害，全国户口总数锐减。在江西，洪州'既完且富，行者如归'。所以朝反向发展，总数持续增多，比重则直线上升。"❶

因此，中唐虔州的城市经济地位提升，是赣江流域的普遍现象，从中也可以看出这个时期区域经济交往对城市发展的驱动作用。

若将《元和郡县图志》中赣江流域的州府列表（表3-13），则情况更加清楚。

《元和郡县图志》中赣江流域的州府地位、户数　　　　表3-13

州名	州等级地位	县	治所及其等级	开元		元和	
				乡	户	乡	户
洪州	中都督府（江南西道观察使理所）	7	南昌，望	94	55405	110	91129
饶州	上	4	鄱阳，上	20	14062	69	46116
虔州	上	7	赣，上	57	32837	57	26260
吉州	上	5	庐陵，上	74	34481	69	41025
江州	上	3	浔阳，紧	41	21865	49	17945
袁州	上	3	宜春，上	41	22335	42	17226
信州	中	5	上饶，上	—	—	64	28711
抚州	上	4	临川，上	48	24988	51	24767

数据来源：李吉甫. 元和郡县图志·卷二十八·江南道四[M]. 北京：中华书局，1983：669-681.

从以上论述可以看出，赣州城市地位的上升在唐代还不突出，因为赣江中下游尚未完全开发；上游十八滩仍然险峻，大庾岭路连通海上丝绸之路的效应未显；赣江洪水威胁城市发展。直至宋代，赣州在赣江流域的地位才凸显，区域经济的影响才显现出来。可以认为，唐代是赣江中下游开发而奠定虔州发展基础的时期。

2. 宋代虔州在赣江流域中的崛起

《宋史》中赣江流域的州府地位，户数见表3-14。分析表3-13和表3-14，洪州以其战略重要性保持了政治地位；江州以相似原因而升为望郡；赣（虔）州和江州都在宋徽宗大观元年（公元1107年），即北宋后期升为望郡，但赣州的户数、口数和县数均

---

❶ 许怀林. 江西史稿[M]. 南昌：江西高校出版社，1998：122.

跃居全流域第一，其商税第一也不难理解了。至少可以肯定，赣州在北宋时期已经成为赣江流域的商贸转运中心，并以其经济重要性而崛起为赣江流域的第二中心城市。

《宋史》中赣江流域的州府地位、户数 表 3-14

州名	州等级地位	县	治所及其等级	崇宁户数	崇宁口数
洪州	隆兴都督府（孝宗潜藩升府）	8	南昌，望	261105	532446
饶州	上	6	鄱阳，望	181300	336845
赣（虔）州	大观元年由"上"升"望"	10	赣，望	372432	702127
南安军	同下州	3	南康，望	37721	55582
吉州	上	8	庐陵，望	335710	957256
江州	大观元年由"上"升"望"	5	德化（浔阳），望	84569	138590
南康军	同下州	3	建昌，望	70615	112343
袁州	上	4	宜春，望	132299	324353
信州	上	6	上饶，望	154364	334097
抚州	上	5	临川，望	161480	373652
瑞（筠）州	上	3	高安，望	111421	204564
临江军	同下州	3	清江，望	91699	202656

注：表中南安军析置自虔州，南康军析置自江州，临江军析置自筠州，因此相近排列。
来源：脱脱.宋史·志第四十一·地理四[M].北京：中华书局，1977.

导致这样变化的重要原因大致有三个：

（1）唐宋江西人口渐多，赣江中下游资源/人口趋向饱和，赣州"于江南地最旷，大山长谷"，土地最为广阔，能吸纳更多人口❶。

（2）宋太宗命供奉官刘蒙正前往岭南，规划运输香药入汴京，之后接受建议，充分利用大庾岭路运送广南货物❷；其后宋真宗更诏令以虔州为中转站，这大概是虔州在北宋之后能跃居赣江流域商税第一城的最重要原因：

"如闻广南上供纲运，悉令官健护送至阙，颇亦劳止。自今令至虔州代之。"❸

（3）虔州城位于章、贡二水之间，饱受洪涝之苦，制约了城市发展。唐末卢光稠扩城之后，滨江地带受到保护，得以发展起来（详第四章）。

上文关于虔州在唐宋时期的人口、经济、商税和区域定位的讨论，可以得出一个对唐宋虔州经济社会的宏观认识。基于这样的认识——唐宋虔州在强大的经济驱动力之下，出现了空前的发展和繁荣的局面，自然也不难理解，它在这段时期将发生从规模、性质、职能到空间格局的城市变革。

---

❶ 王安石.虔州学记[M]//王安石全集·卷八二.上海：上海古籍出版社，1999.
❷ 许怀林.江西史稿[M].南昌：江西高校出版社，1998：242-244.
❸ 徐松.宋会要辑稿[M].北京：中华书局，1957：5564.

本章小结

本章论述唐宋时期的南方区域经济、交通变迁，阐明商业经济、国家力量推动是唐宋虔州城市变革的双重推动力；进一步分析虔州的经济状况，说明城市将发生从规模、性质、职能到空间格局的变革。

3.1 节讨论唐宋虔州城市变革的历史地理背景，即南北经济、交通变局和国家政策的推动：

唐宋时期，海上贸易兴起，岭南经济重心东移，过岭路线随之东移；岭北因孙吴、东晋开发，赣江流域取代荆湘流域成为长江中游的经济重心。南方经济崭露头角，恰逢北方动荡，经济凋敝。唐宋政府顺应时势，屡次诏封南海神，并凿滩开岭打通天险，推动经济东南移。这说明唐宋虔州的繁荣，背后有经济力量、国家政策两方面的推动。

3.2 节分析虔州的经济繁荣程度，通过人口、产业、商税、城市定位说明唐宋虔州发生了从规模、性质、职能到空间格局的城市变革。

人口数据对应城市规模，经济产业对应城市性质，北宋商税对应城市职能及其商业地位，地望的变化说明其城市在流域城市体系中的定位。其中：

（1）人口的纵向、横向量化对比说明：①虔州的繁荣起于隋，兴于唐，极于宋；②虔城的发展驱动力前期主要来自区域经济发展和内在条件成熟，后期才移民暴增；③城市发展和"资源/人口"饱和度密切相关，唐中后期至宋代时移民的作用才开始凸显；④南宋时赣州已经没有"资源/人口"优势，移民停止涌入，到达农业社会的繁荣极限。

（2）经济产业的史料说明城市性质转变，工商业崛起，产业链丰富。

（3）对北宋商税的考察说明，北宋熙宁十年（公元 1077 年）虔州在全国和流域的商业地位颇高——商税排名全国第 18，东南第 7，流域第 1；当时虔州是江西的商贸物流中心；商税构成分析证明唐宋虔城是个交通商贸型城市，城乡差异大，首位度高。

（4）流域城市的地望变化、人口对比证明虔州在宋代才成为流域的商贸物流中心。

3.2 节力求清晰、准确地反映城市的定位，注重数据、量化的对比分析。

其中人口的分期变化和商税构成的分析，为下一章明确虔州城各个分区发展的时序提供了依据。

第4章 从"山城"到"江城"的演变——唐宋虔州的城市变革

前文详细论述了唐宋虔州商业繁荣的程度,似乎它已是一个"张袂成阴,挥汗成雨"的繁华都会了。但是事实上仅仅在唐初之前的150年,南康(虔州)七县总户数才不过4493,人口不过3.5万❶;又在之前不到200年,它还是一个总户数仅有1400户,县均280户的郡——这时的赣县与其说是郡治,不如说是军镇。

在陈霸先再度建城之前,南康的城市形态和城市格局受其城市性质和规模所限,也只能是个"山城";陈霸先对南康的贡献在于把它从"山城"的角色解放出来,但是毕竟人口有限,商贸不兴,陈霸先也不可能有滨江扩城之举;直到唐末,人口和城市性质发生了巨大的变化,卢光稠扩城,虔州才彻底摆脱"山城"的影子,有了商业繁盛的"江城"格局。

唐宋前后的虔州城市变革,就是在这样一步步的演变中发生的。

4.1 滨江扩城——城市规模和城市格局的演变

在唐宋时期虔州发生的城市变革中,最突出的表现莫过于城市规模和城市格局的改变。这里说的城市规模,不仅仅指人口,而且指城市的面积、容量,集中表现在城垣的扩张,但是人口的聚集,却是其中最根本的原因。

由于城市人口的大量增长,原来的城市已无法容纳更多的活动,大量的居住和生产、消费活动在城外展开。对于统治阶层来说,这势必造成征纳税赋和管理社会的困难,才有扩城之举。这是一个从下至上的推动过程,在这个过程中,人口、经济是积极的驱动力,是主导因素,统治力量是被动适应的。

而这一切发生之前,军事政治力量会考虑在有利的选址设立一个据点。从人口规模和经济活动来说,这样的据点显然是不经济的选择,而是出于军政的考虑。虔州的初始形态——东晋赣县无疑具有这样的军镇特征。

---

❶ 《宋书》记载,"南康公相……领县七,户四千四百九十三,口三万四千六百八十四"。详见:沈约.宋书·志第二十六·州郡二[M].北京:中华书局,1974.

4.1.1 遗失的"山城"——军镇特征的东晋高琰土城轮廓初探

南朝梁承圣元年（公元552年），赣州城址再次迁回到章、贡二水之间，固定了下来。今人的资料往往描述唐城土城的面积"仅有"1km² 左右，似乎唐城已经是赣城的初始形态，而且已经足够卑陋狭小。

事实上，在唐城之前，尚有一个东晋高琰土城。而高琰所筑的土城，按其人口和性质，绝不可能有1km² 这么大。有趣的是，这个卑陋的高琰土城已经被湮没在后世"江城"虔州控扼江山的高楼雄城里，几乎被彻底遗忘了。

为了厘清这一历史事实，需要把高琰土城和唐城之间的历史关系再度梳理一下。

1. 唐城是陈霸先土城

后人的资料记载中，往往只强调高琰"始建土城于章、贡二水之间"❶，从而给人一个印象：后世曾存在的土城就是高琰所筑，而忽略了陈霸先重筑土城这一史实。原因大概有两方面：一方面是因为高琰土城是第一次在章、贡二水之间建城；另一方面是陈霸先土城的建设在史料上叙述更简略，《太平寰宇记》上，仅有10字，"梁承圣元年复于章、贡间"❷，连主持修城者都没有记载，《元和郡县图志》甚至没有记载这次复迁。

通过资料的梳理可以发现，高琰土城修筑于永和五年（公元349年），之后被毁于东晋义熙七年（公元411年）的卢循、徐道覆起义。卢、徐二人的起义战事对赣县的破坏非常大，顾祖禹在《读史方舆纪要》中的说法是"庐陵、豫章以至寻阳，（城）无完堵焉"❸。此后赣县被迁移至贡水之东的七里镇。此后，陈霸先北伐，取得赣县。南朝梁承圣元年（公元552年）所筑的土城，正是陈霸先北伐之前所筑。表4-1列出赣州早期城市迁移和新筑的时间节点，以明确这一史实。

按表4-1，今人所述的1km² 的土城，是陈霸先所筑。卢光稠扩城的基础是陈霸先土城，也就是通常所称的赣州唐城，而唐城之前应该还有个高琰土城。

赣州城池迁移（新筑）表　　　　　　　　　　表4-1

年代	主事官员	原因、备注
汉高祖六年（公元前201年）	灌婴	以防赵佗，在今蟠龙镇一带，"今州西南益浆溪故城是也"（《太平寰宇记·卷一〇八》）
晋太康末年（公元289年）	—	迁虎岗一带（葛姥城）（《太平寰宇记·卷一〇八》）
永和五年（公元349年）	高琰	首次在章贡二水间筑城，并作为南康郡治（《太平寰宇记·卷一〇八》）
东晋义熙七年（公元411年）	—	迁至水东七里镇（卢循、徐道覆起义，郡城毁坏）（《读史方舆纪要·卷八十八》）
梁承圣元年（公元552年）	（疑为）陈霸先	迁回章贡二水之间（《太平寰宇记·卷一〇八》）

---

❶ 魏瀛. 赣州府志·舆地志·城池[M]. 同治十二年刊本. 台北：成文出版社，1970.
❷ 乐史. 太平寰宇记·卷一百八[M]. 北京：中华书局，2000.
❸ 顾祖禹. 读史方舆纪要·卷八十八[M]. 北京：中华书局，2005.

2. 高琰土城初探

首先，从城市规模来说，高琰土城绝不可能有 1km² 大，应是远远小于此数。晋太康中（约公元 285 年），南康五县才 1400 户，县均 250 户。高琰筑城只不过是在 60 年后，赣县充其量不超过 1000 户，若高琰土城有 1km²，则属于"城大人少"的"不守"之城❶，不符合军事常识。其次，陈霸先所筑的土城，既然作为北伐根据地，提供人力物力，就不可能是在高琰土城的规模基础上重建的。

这两点，是我们推测高琰土城和陈霸先土城的位置、规模的基础认识。

关于高琰土城最早的建城记载，见于宋乐史的《太平寰宇记》，只有"东晋永和五年太守高珪置郡城于章、贡二水间，即今城是也"一句话。乐史的记载是谬误的，他忽略了陈霸先复迁，又忽略了卢光稠扩建（想必是出于对"乱臣"卢光稠的歧视）。后世其他文献的相关建城记载，也都是引用这段谬误的记载。

关于高琰土城遗迹更详细的记载，很可能只有这一段《永乐大典》中残留的南宋志书《章贡志》的一段。因其珍贵，将全文抄录如下：

"章贡州府城，里城始筑无所考，周三里百有十步，崇丈有八尺三分，其崇去一以为广。西北距罗城，如偃月状云。城门十三通衢，自淳熙丙午，郡守周必正翻砌，距今四十二年，损缺殊甚。宝庆丁亥，聂子述重覆之，由谯楼南竟镇南，西竟西津，东竟建春、静江，行者便焉。巽川门，旧名百胜，淳熙庚子，郡守留正改今名。安教门，俗呼寺步门。永通门，俗呼唐步门。建春门，俗呼斜步门。出东浮桥，贡川门，俗呼李步门。永平门，俗呼天王门。仁丰门，俗呼石床门。静江门，俗呼县步门。西津门，旧名通津，俗呼西门，宝庆戊子，郡守聂子述改今名。镇南门，旧名来越，俗呼大南门，宝庆戊子，郡守聂子述改今名。兴贤门，旧名化远，俗呼小南门，郡守高夔改名进贤，宝庆戊子，聂子述改今名。后津门，朝天门，旧名朝京，郡守留元刚改今名。"❷

根据文中的"距今四十二年"，本段记载撰写于南宋绍定元年（公元 1228 年）。根据这段记载，赣州在南宋时期是有"里城"的。对当时里域城墙的走向围合，这段文献也没有对它准确记载。只能通过这段文献知道南宋赣州"里城"的大体位置在"西北距罗城"；其形状呈"偃月状"，即弯月状；周长"三里百有十步"，即约为 1.5km。

按金其鑫对古代尺度的研究，计算如下：

1 里 = 1800 尺 = 180 丈。

每步为 6 尺时，1 里 = 300 步；每步为 5 尺时，1 里 = 360 步。

假如每步为 5 尺，则：110 步 = 550 尺，3 里 = 3 × 1800 尺 = 5400 尺，里城周长 = 5400 + 550 = 5950 尺。

假如每步 = 6 尺，则：110 步 = 660 尺，里城周长 = 5400 + 660 = 6060 尺。

---

❶ 《墨子·杂守篇》列举了五种城"不守"的情况，其中第一种就是"城大人少"。详见：贺业钜. 中国古代城市规划史 [M]. 北京：中国建筑工业出版社，1996：248.

❷ 马蓉，陈杭，钟文，等点校. 永乐大典方志辑佚 [M]. 北京：中华书局，2004：2035-2036.

以每（南方）官尺为 0.25m 计，可知里城周长为 1486～1515m 之间[1]。

又按陈梦家、邱光明、梁方仲等的研究，估算约为 1.6km：

1 里 = 1800 尺，3 里 = 5400 尺。

每步为 5 尺，则：110 步 = 550 尺，里城周长 = 5400+550 = 5950 尺。

以存世的南宋（南方）尺为 0.27～0.28m 计，可知里城周长为 1606～1666m[2]。

通过对赣州地形的分析，赣州城北部恰好有一带地势高阜的台地，包含了"三山五岭"中的"田螺岭"和"百家岭"。这一带高地与周边地块恰好有较大的高差，达到 3～5m，沿高差勾勒的形状，又恰为弯月形。

根据李海根等人在赣州市政协文史资料委员会编的内部资料的描述，认为此处是唐宋虔州的子城所在：

"田螺岭和百家岭原来地势高阜。《嘉靖赣州府志》载，明洪武间田螺岭建岭北道署，后又改建都察院，好事者削而平之。今田螺岭仍海拔 133m，比赣州一般地面高十余米。子城区经八九百年的变迁，今射箭坪东北、东溪寺仍保存东、西宽 40.30m，南、北最长 100m，北倚城墙呈三角形，总面积 2000 余平方米的台地。这块台地和八境路的高程相差 12m。射箭坪一带被挖作操场的部分有许多板瓦、筒瓦、瓦当、青瓷片、褐瓷片等遗物。已于 1988 年 12 月 7 日公布为'赣五中唐宋遗址'市级文物保护单位。"[3]

李海根还在《赣州古城调查简报》中再次重申了这一观点[4]。肖红颜在其论文中也认为这一个台地范围内是赣州的子城[5]。

如是，则南宋赣州"里城"的范围和轮廓大体如图 4-1 所示，是一个在高地上的不规则偃月形。这片范围的周长约 1.5km。

再深究可以发现，按史料记载，从地形、人口、洪水、军事防卫等多方面论证，有理由相信，这个在赣州的传说中为隋末林士弘据虔时所筑的皇城，是基于高坎土城修筑的。理由如下：

（1）历史文献里的证据

南宋《章贡志》里提到"里城始筑无所考"，则子城绝无可能是宋代始筑。唐朝、五代始筑的可能性也甚小，因为北宋初年的《太平寰宇记》曾引《虔州图经》的文字，《舆地纪胜》里引用"郡志赵抃传"的记载，说明南宋赣州有郡志[6]，而赣州在北宋之前尚有其他志书，不至于对前朝之事无所稽考[7]。因此，此子城始筑的时间应至少推至隋代

---

[1] 金其鑫．中国古代建筑尺寸设计研究——论《周易》著尺制度 [M]．合肥：安徽科学技术出版社，1991：107．
[2] 陈梦家．亩制与里制 [J]．考古，1966（1）：36-45．另见：邱光明．中国历代度量衡考 [M]．北京：科学出版社，1992：98-99．梁方仲．中国历代户口、田地、田赋统计 [M]．上海：上海人民出版社，1980：542，544，546．
[3] 赣州市政协文史资料委员会．国家历史文化名城赣州 [Z]．1994：2．
[4] 李海根，刘芳义．赣州古城调查简报 [J]．南方文物，1993（3）：45-56．
[5] 肖红颜．赣州城市史及其保护问题（续）[J]．华中建筑，2000（4）：99-102．
[6] 王象之．舆地纪胜 [M]．北京：中华书局，1992：1417．
[7] 杨恒平．历代《赣州府志》纂修述略 [J]．中国地方志，2013（9）：53-58．

甚至以前。

根据嘉靖《赣州府志》,明代人对这块南宋《章贡志》认为"始筑无所考"的台地,有更加清晰的认识——始筑于晋代:

"城北隅。世传郭璞卜筑地。周四百十有五丈。广九十丈,袤逾广四十丈。国朝洪武丙午知府陈璧奉诏,即晋、唐、宋、元故址拓建。"❶

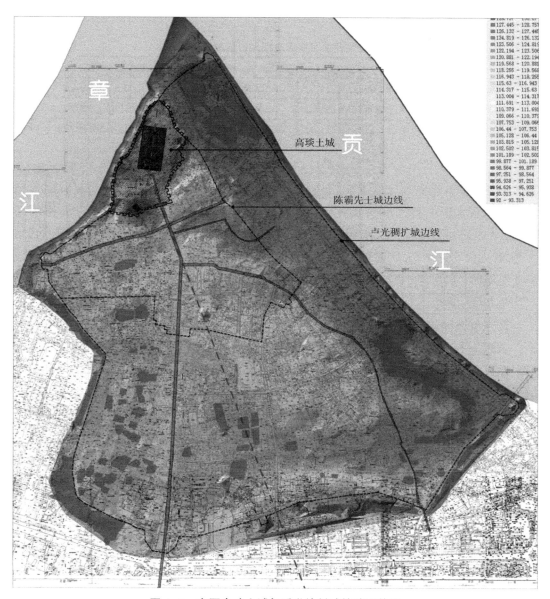

图 4-1 东晋高琰土城与后世赣州城的地形关系
来源:根据赣州旧地图自绘

---

❶ 董天锡.赣州府志·卷六·公署·府署[M].国家图书馆藏本.

（2）人口和城市规模的推算

嘉靖《赣州府志》毕竟没有明确这块台地就是高琰土城故址，下面从人口和城市规模的角度来说明此台地上的子城应为高琰土城故址。

高琰筑城的时间在东晋永和五年（公元349年），此时赣县的人口是极少的。虽然史料中没有高琰筑城时期的人口记载，但从此前和此后的赣州地区人口总数可以推知赣县当时的人口情况。

晋太康至南朝宋时期南康郡人口情况表　　　　　　　　　　　　　　表4-2

年代	户	口
晋太康中（晋志，约公元285年）	1400（5县）	缺
南朝宋大明中（宋书，约公元469年）	4493（7县）	34684（户均7.7人）

数据来源：董天锡.赣州府志·卷四·户口[M].宁波天一阁藏明嘉靖刻本.上海：上海古籍出版社，1962：82-83.

表4-2是晋至南朝宋时期赣州地区有史可查的人口数量。由表4-2可见，高琰筑城时，距晋太康中不过60年时间。晋太康中时南康地区5县总户数1400户，平均每县280户；之后的184年，南康7县总户数才增长至4493户，平均每县642户，4955人❶。若人口均速增长，则高琰治下平均每县不到450户。按赣县人口为平均的2倍推算，高琰筑城时，赣县总户数应当不超过900~1000户，总人口不超过6000~8000人（按户均7.7人计算）。

首先考虑到赣县城市人口比例不可能达到20%❷；其次考虑到以赣县当时的农业水平，余粮率有限，供养能力有限；再者考虑到当地应该多为农户或是军垦的军户，地形限制只能在南面开垦耕地，按其耕作范围和可耕作面积，只能有10%~20%的人口居住在城中，则城内充其量只能有600~1600人（按下文城内的官署占地之大，城内人口甚至可能应该取下限）；按人均城市用地为100m²估算，则合适的城市面积大致为6万~16万m²。地图上可以测得，子城范围的高台地块，面积约11万~12万m²，其中可用的约7万m²。可见，"南宋里城"范围即为高琰土城范围的推测是合理的。

（3）利于防御洪灾

从历代的洪水记载来看，总体而论，赣州的水灾是极其严重的，关于赣州水灾的记录，吴庆洲在《中国古城防洪研究》里做了详细的统计，其洪灾记录之多竟然达到长江流域排名第一的程度❸。

---

❶ 据《宋书》，"领县七，户四千四百九十三，口三万四千六百八十四"。此数据为七县总和。详见：沈约.宋书·志第二十六·州郡二[M].北京：中华书局，1974.
❷ 按赵冈研究，战国时城市人口占总人口数约15.9%，唐代城市人口约占20.8%。详见：赵冈.中国城市发展史论集[M].北京：新星出版社，2006：58-84.
❸ 吴庆洲.中国古城防洪研究[M].北京：中国建筑工业出版社，2009：244-251.

仅以《唐会要》《宋史》记载为例，其中赣州大水灾有7次，每一次都相当严重，按时间顺序摘录如下：

"（元和七年）五月，饶抚虔吉信五州山水暴涨，没毁庐舍。虔州尤甚，深处四丈余。"❶

"（至道元年）五月，虔州江水涨二丈九尺，坏城，流入深八尺，毁城门。"❷

"（景祐三年）六月壬申，虔、吉州水溢，坏城郭、庐舍，赐被溺家钱有差。"❸

"（与上条同次，景祐）三年六月，虔、吉诸州久雨，江溢，坏城庐，人多溺死。"❹

"（熙宁八年）秋七月甲子，虔州江水溢。"❺

"（乾道）八年五月，赣州、南安军山水暴出，及隆兴府、吉、筠州、临江军皆大雨水，漂民庐，坏城郭，溃田害稼。"❻

"（绍熙）二年二月，赣州霖雨，连春夏不止，坏城四百九十丈，圮城楼、敌楼凡十五所。"❼

"（绍熙三年）六月丙申，兴国军水，池口镇及大冶县漂民庐，有溺死者。戊戌，靖安县水，漂三百二十余家。是夏，江、赣州、江陵府亦水。"❽

东晋时代，高琰所筑的土城不可能不考虑这一点，在人口数目没有压力的情况下，高琰只会选择在最高的台地筑城，而不会把城修筑在洪水威胁严重的台地之下。

（4）地形利于军事防御

从地形状况分析，章、贡二水之间三角地带，地形西北高，东南低。这片偃月形的台地恰是地形高阜，从此地形往四周，普遍的高差达到3~7m，而且囊括了整个两水之间的制高点——田螺岭，其中田螺岭与四周高差达到20m。选择这样的地形筑城，十分合理，也十分有利于防御，符合东晋赣县作为一个军事城镇的性质。

（5）林士弘旧址重修的可能性

林士弘据虔称帝的时间不长，从太平元年（公元616年）十二月称帝到太平七年（公元622年）兵败，其兴也勃焉，其亡也忽焉。林士弘军事集团的总体军事、经济实力并不强，在这样的情况下，利用前朝的基础修筑"皇城"，是十分合理的选择。

另外还有一个值得关注的问题就是子城消失的年代。

赣州子城的存在，至少延续到明代。《永乐大典》收录的明代《赣州府图经志》里有关于子城和府城的简略描述：

---

❶ 此次水灾导致虔州户、口大降，从后果看，"深处四丈余"并非虚夸。详见：王溥. 唐会要·卷四十四·水灾·下[M]. 北京：中华书局，1955.

❷ 脱脱. 宋史·志第十四·五行一上·水上[M]. 北京：中华书局，1977.

❸ 脱脱. 宋史·卷十·本纪第十·仁宗二[M]. 北京：中华书局，1977.

❹ 脱脱. 宋史·志第十四·五行一上·水上[M]. 北京：中华书局，1977.

❺ 脱脱. 宋史·卷十五·本纪第十五·神宗二[M]. 北京：中华书局，1977.

❻ 脱脱. 宋史·志第十四·五行一上·水上[M]. 北京：中华书局，1977.

❼ 脱脱. 宋史·志第十八·五行三·木[M]. 北京：中华书局，1977.

❽ 脱脱. 宋史·志第十四·五行一上·水上[M]. 北京：中华书局，1977.

"内子城周围三里一百一十步,高一丈八尺,厚一丈一尺。城东西北阻二水,南有濠为吊桥,楼橹一百二十间。"❶

自清代起,此后的赣州地方志再无子城的相关记载,由此推测,子城可能消失于明末清初的鼎革之战,清代再未重建:

"督学考院,在城北隅,旧呼为王城,以卢光稠使宅名也。节使撤而州治莅焉。宋太守赵抃、曾慥相继葺理。至明万历中间遭毁者三,太守徐应奎重建,尚书曾同亨有记……国初仅存府署,而东西官廨及宣明楼俱无存者。"❷

综上所述,可以认为:

（1）东晋高琰土城、隋末林士弘的皇城以及南宋里城,都是后来学者们普遍认为的赣州子城所在,它们的范围是基本一致的;

（2）唐城是陈霸先土城,并非高琰所建;

（3）高琰土城的范围是图4-1所示的台地范围;

（4）赣州子城屡毁屡建,始终作为赣州的府衙所在,一直到明末,消失于明末清初改朝换代的战争。

3. 高琰土城的具体范围和形态

高琰土城的位置和大致范围至此已经比较确定,其具体范围和形态便可结合地形和今天的街巷、地块形态分析出来。大致如图4-2所示。

（1）城墙范围

按地形推断,高琰土城北面边界为高台边界是合理的;南面必然包括田螺岭,否则非但没有利用好地形,反受其害。按南宋《章贡志》的记载,子城周长"三里百有十步",合约1.5km,则以宋代子城遗迹"军门楼"为城墙南门,图4-2所示城墙包含田螺岭正好是1.5km左右。还有一个证据,在同治《赣州府志》中,提到郁孤台在旧府治"丽谯坤维百步",即郁孤台是作为旧府治（子城）的城楼的。❸

或许有个问题,就是为什么"高琰土城"不包含图中的高地——白家岭?

首先,如果包含白家岭,就不符合《章贡志》记载的偃月形;其次,包含白家岭,城墙长度将超过记载的"三里百有十步";再次,如前所述,高琰治下财赋有限,不能供养太多士兵——赣南唐代尚使用秦时中原的农具"锸",而且铁农具还作为表示富裕程度的陪葬品,可见生产力低下;此外,高琰土城东面城墙消失后,为后世留下了一条路"东溪寺",还有两口池塘,提供了一定的线索——这里应是天然的护城河❹。

至于白家岭高地,节约兵力的解决办法是在那里设一个小据点——后来这里是宋朝县衙所在（图4-2中虚线框所示位置）,也许是当时留下的地块印迹。

---

❶ 马蓉,陈杭,钟文等点校. 永乐大典方志辑佚[M]. 北京:中华书局,2004:2044.
❷ 魏瀛. 赣州府志·卷之八·舆地志·官廨[M]. 同治十二年刊本. 台北:成文出版社,1970.
❸ 魏瀛. 赣州府志·卷十七·舆地志·名迹[M]. 同治十二年刊本. 台北:成文出版社,1970.
❹ 薛翘,刘劲峰. 从赣南出土的古代农具看汉、唐时期江西南部的开发[J]. 农业考古,1988(1):174-177.

第4章 从"山城"到"江城"的演变——唐宋虔州的城市变革

图 4-2 东晋高琰土城的范围和形态
来源：根据赣州旧地图自绘

（2）官衙和宅园

土城内的官衙在唐、宋、元、明都是赣州治所，清代被用作州考场，中华人民共和国成立后被用作市公安局，由于建筑、地块被反复利用为公共建筑，为后世留下了可靠的肌理痕迹。官衙的具体范围和大小或许会有出入，但是总体来说，这里直到现代仍残留着相当整齐的平面肌理和地块边界。从地图上可以看出，这里显示出原完整地块、大型建筑组合的特征（图4-3）。

官衙西南有一块洼地"花园塘"，为蒋经国先生赣南故居所在（图4-2、图4-3）。同治《赣州府志》记载：

"（郁孤台）台西为花园塘，因宋时有洞天飞桥花苑得名。"❶

可见这里是官衙附属的花园所在。

---

❶ 魏瀛. 赣州府志·卷之三·舆地志·城池[M]. 同治十二年刊本. 台北：成文出版社，1970.

图 4-3　高琰土城官衙地块遗留下整齐的平面肌理特征
来源：根据赣州旧地图自绘

（3）轴线、防御和安全感

之所以把轴线和防御放在一起，是因为可以发现两者在此处息息相关。

官衙正对着田螺岭和郁孤台（当时未必叫郁孤台，下文只称高台），这样的安排并不仅仅是风水或美观，虽然不排除这种考虑。但是更重要的是，田螺岭作为制高点，其上设高台瞭望观敌是可以想象的，从官衙里随时可以观察到高台上的信号和情况，是最安全的。这样就自然形成了正对郁孤台的一条轴线。

田螺岭和白家岭之间形成了第二条轴线——此处两旁高阜，夹出了一条容易被两旁城上士兵攻击的通道，设置军门楼管理出入，易于防御。军门楼与官署前形成一条东南轴线，这条轴线前的街道自然形成了后世的州前街。

第三条轴线，应该是白家岭和景凤山两高地之间，与州前街形成十字交叉的横街，直通章、贡两江。如果在两高地都设置哨所，是利于防御的，宋代的县衙或许是白家岭的卫戍处遗迹；清代景凤山旁有一个莫名其妙的云峰拱秀阁，也许是景凤山哨所遗留的历史记忆。

后世的人们往往把轴线阐释为展示威严或者美观的工具，又或是风水的象征。这三条隐含在地形起伏之间的轴线，似乎在向我们展示轴线最原始而朴实的作用——当人们站在最有利的位置，一眼就能看清楚所需要获悉的安全信息，了解自己的定位和状况时，安全感油然而生，于是一切都变得美好起来。

（4）水源

水源对于古代城市无疑是生命线。即便是看似水资源丰富的城市，如历史上的广州、杭州也都曾面临饮水资源紧张❶。如果高埠土城内居住着近千人，饮水资源是个问题。嘉靖《赣州府志》记载：

狮子（井）：府前通衢，左右二井，即狮子两泉。郡守柴中行浚，郡人董越记。右井复废。正德丁丑郡守邢珣重浚❷。

金沙（井）：府东北，泉极清冽❸。

狮子井和金沙井无疑都是为了解决饮水问题。奇怪的是狮子井并不挖在城内，而是置于城门之外，似乎取水不够安全；另外，似乎其他的城门也有类似的设置——陈霸先的唐城外面也有一口"东门井"（详后文）。究其原因，可能恰恰出于安全考虑：一方面，周围军民会来取水，设置在城门外，免得奸细趁打水来探察城内情形，也免去了许多盘问的麻烦；另一方面，也许有风水的考虑，门外有水，不仅便利于军民，还被认为是吉祥的象征。

（5）溪流、居民区、城外商市和码头

城内近千人的饮水靠这三口井恐怕不够，城外还有大量居民需要用水。就近的大量水源，大概是来自均井巷。地势在这里急速地低洼下去，很可能在晋代是一条汇入贡江的小溪，在此处打井取水事半功倍，后世形成的巷道，其名称——"均井巷"也许遗留了取水活动的记忆，沿巷掘地均可为井。民国时就在赣州工作的当地文化名人谢宗瑶写道：

"均井巷……巷之东端，当为卢光稠扩城之前的边界地带，所以，巷道明显地势低洼，所以，在巷道的中、东段，任意掘地一两尺，即可成井，以致巷内竟有大小七口水井……"❹

现存的均井巷福寿沟也辅证了这种可能性，有足够多的迹象表明，福寿沟利用了原有的溪流河塘等水体。均井巷的福寿沟，是早期的"寿沟"遗存，现场考察也证明此处的福寿沟在遗留者中最为古老（详见本书5.3节）。

所以城外最老的居民区可能就在均井巷两旁高起的坡地上。这里水资源丰富，靠近河边有冲积平原（最肥沃的农田），并且还有一个便利——沿溪流可以很方便到河边

---

❶ 苏轼在杭州的政绩之一就是修浚了6口取水井，事见《东坡全集》卷三十五《钱塘六井记》，台北世界书局，1988年版。广州古城选址曾受限于白云山溪水，据苏东坡与王敏仲书称："罗浮山道士邓安为言，广州一城人好饮咸苦水，春夏疾疫时，所损多矣。"

❷ 董天锡. 赣州府志 [M]. 国家图书馆藏本: 42.

❸ 董天锡. 赣州府志 [M]. 国家图书馆藏本: 42.

❹ 谢宗瑶. 赣州城厢古街道 [Z]. 2009.

码头。小船甚至可能会直接划到均井巷,形成最古老的小商业区,即市场所在。

这样也许解释了一点——为什么横街对应的贡江边不是后世最繁华的商业带。后世最繁华的商业带和码头,大致就集中在均井巷之东南。

（6）五条道路

高琰土城内外街道无疑是整个赣州城最为简洁而严整的,四条主要的街道:横街和州前街十字街形成了整个形态中心,强调权力中心、威严和安全;一条斜街从州前街向东岔开,沿高地之脊向外围的农田伸展,远处沿河谷地带可通往雩都县盆地;另一条直奔南方,向南康盆地进发。

横街西低东高,其西端通往章江码头,东端很可能只到白家岭和景凤山之间（图4-4）。这里是横街最高点,俗称"县岗坡"。虽然不能肯定它在东晋时完全没有延伸至河边,但是至少那不是正式的道路——后世延伸的道路在这个小关口发生了一个小转折,这个转折看来完全没有必要,并且破坏了十字街的严谨性,这显示出两段道路形成的年代不同。这样的安排可能还是出于安全考虑,通往江边码头的道路已经有均井巷,从横街通往贡江边就显得过分便捷而多余,为防守带来了额外压力。后世的福寿沟也多少印证了这点:白家岭以西的横街下有很大的沟,以东这一段的福寿沟小得可怜,似乎完全不是一个排水系统的。

因此,均井巷完全可能是东晋高琰时代的第五条主要道路:有溪流供水,两岸民居密布,存在一定的市场交易,负责通往江边渚涘和码头。

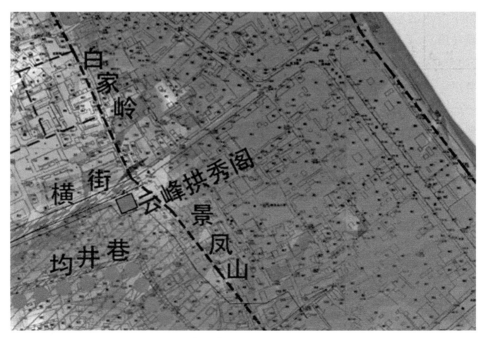

图 4-4 东晋高琰土城横街端头的转折
来源:根据赣州旧地图自绘

（7）地形的利用或改造

上述地形似乎和军事防卫配合得恰到好处，令人不得不赞叹古人对地形的观察和利用，另一方面也不得不令人怀疑古人是否改造过地形。东溪寺原先未必有这么大的高差，军门楼所在也未必恰好有一个狭窄的高地夹口，古人可能在改造地形方面确实是不遗余力。

4. 高琰土城的军镇特征

上文详细分析了高琰土城的规模、范围、布局和形态，由此可以总结出它的几个特征：

（1）城镇规模小，官署占地大

按前文分析，其城内人口在 600 ~ 1600 人；若考虑官署占地，可能应该选下限。狭小的城内，官署占据了大部分可用用地，更说明城内主要驻扎官兵。

（2）倚高、据险、封闭，利于防御

东晋赣县所处的地形，具有"山城"的特征：首先是"高"，占据了制高点及最高的台地；其次是"险"，控扼两江交汇的天险；最后是封闭，全城仅一个出入口，整体形态非常利于防御。

（3）不经济

土城内是不考虑经济活动的：城内狭小，人口少到很难有足够的经济活力，不足以进行经济建设；大面积的官署更制约了经济活动的空间；临江面高差甚大，也不利于发展水上交通，促进经济交往；为少量人口在高台筑城，本身也不符合经济规律。这种形态特征，对赣县城市经济的制约又是显而易见的，可见东晋高琰治下的赣县仍然是一个军事性质的城镇，不改"山城"本色。

（4）有发展空间

可是如果说高琰土城完全不考虑经济，则又不符合事实。以这么少的人口在高地立城，周边有许多其他用地选择。立城此处，除了控扼江险，还可以控制南面大面积肥沃的冲积平原和沼泽渚涘，毕竟优于虎岗的选址。假以时日，人口渐多，赣城就会突破军镇的局限，脱离"山城"的影子。

4.1.2 "江城"的雏形——南朝陈霸先土城

东晋高琰土城在建造 62 年之后，东晋义熙七年（公元 411 年）毁于卢循、徐道覆起义，迁址七里镇。又 140 年后，梁承圣元年（公元 552 年），南朝陈开国皇帝陈霸先又在北伐之前将其复址章、贡二水之间，是为陈霸先土城，又被后来的学者称为唐城。

1. 陈霸先土城的具体范围

张嗣介先生曾经初步论述陈霸先土城的范围[1]；李海根、胡业雄也曾初步推测唐虞

---

[1] 张嗣介. 五代卢光稠虔州扩城理念风水探析 [M]// 巫晓恒. 风水文化论丛. 北京：大众文艺出版社，2008：278-281.

州范围❶；吴庆洲先生曾图示唐城的范围❷，为本书打下了坚实的基础。现将张嗣介关于土城范围的观点列举如下（其文中将陈霸先土城称为东晋土城，现按其原意修正为"原土城"）：

（1）同治《赣州府志》有记录："旧城在秋华坊，今古城巷尚有城基"❸，即今古城巷、小古城巷附近为城墙边。

（2）府志又载："卢光稠时，始扩其城于东南，则瀕江渚涘皆为光稠蕃牧地"❹。即原土城墙与贡江之间有一段不小的空地，为卢光稠的种植放牧之地。

（3）府志还载："光稠捐东宅花园建寺"，即今"寿量寺"，原是卢光稠的东宅花园。"东宅"是卢光稠正宅东向的另宅，"花园"多是设于城市的边缘地带，应在原土城外。

（4）清水塘应是原土城内污水排泄于城外的汇集地遗址，有可能当时还是原土城的护城河段。可以推测，这里是唐末土城南城墙的位置。

（5）小古城巷附近地下曾挖出大片河砂层，显示这里古代曾是河床。

（6）大公路与健康路相交处南侧发现了南朝墓，说明南朝时期这一带曾是墓葬区。因此，这一带应是原土城的南郊。

（7）寿沟系统是原土城的地下水道网，从福、寿沟分界可以界定原土城范围。

（8）原土城应该考虑防洪，占据地势较高之处。

张嗣介最终得出结论：西北城墙依现有城墙，东面沿高处至白家岭—景凤山—曾家巷—解放路上段—章贡区总工会、小古城巷—大公路东段—南京路部分—新赣南路—马扎巷、盐官巷间区—西门炮城的走向围合。

张嗣介先生的推断非常合理（胡业雄的观点与张嗣介大多相近，不同之处，主要在于认为南墙更远至厚德路一线，笔者认为这点比较不合理），现将张嗣介的结论以图4-5表达，并且略作修正：

（1）原东晋高琰土城之东地势迅速低陷，故陈霸先土城北部应该是利用了原高琰土城的旧址，其城墙是重合的。

（2）南面应以宋代阴街（即清代的道署前街，今南京路）为界，而并不以今大公路为界；东南以古城巷为界，因为按同治《赣州府志》记载，"旧城在秋华坊，今古城巷尚有城基"❺。按斜街走向，古城巷附近应为东门。考古挖掘也提供了一些证据，李海根谈到"古城巷在今卫府东，……1991年6月，这里发现一批唐代器皿，其中大部分是赣州七里窑瓷器，是当时唐城外的灰坑……行祠庙是古代刑场，地理位置在唐城

---

❶ 李海根.赣州古城 [Z]// 江西省赣州市政协文史资料委员会.国家历史文化名城赣州.1994：1-28.
❷ 吴庆洲，李海根.中国城市建设史的活教材——历史文化名城赣州 [J].古建园林技术，1995（2）：53-60.
❸ 魏瀛.赣州府志 [M].同治十二年刊本.台北：成文出版社，1970：60.
❹ 魏瀛.赣州府志 [M].同治十二年刊本.台北：成文出版社，1970：62.
❺ 同❸.

的边缘是合理的……"❶。

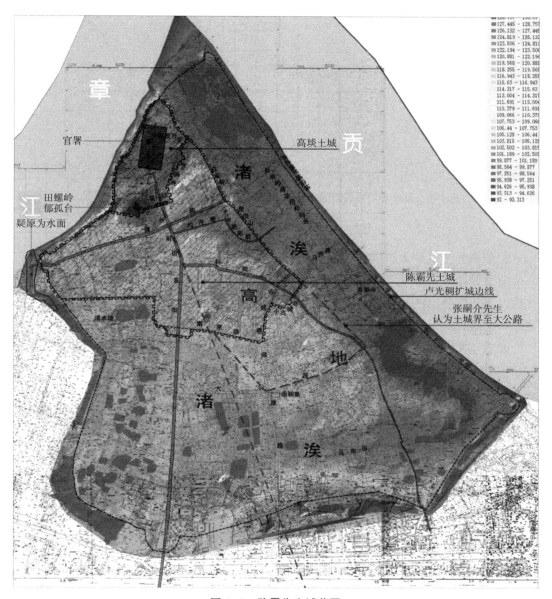

图 4-5　陈霸先土城范围
来源：根据赣州旧地图自绘

（3）另外还有两处细节——清水塘附近有一处平面形态特异的"九曲巷"；无独有偶，小古城巷和古城巷之间也有曲折的肌理。这两处皆在主干道旁，最可能开城门的地方，可能暗示了城门和附近的瓮城或角楼的遗迹（图 4-6）。

---

❶ 李海根. 赣州古城 [Z]// 赣州市政协文史资料委员会. 国家历史文化名城赣州. 1994：1-28.

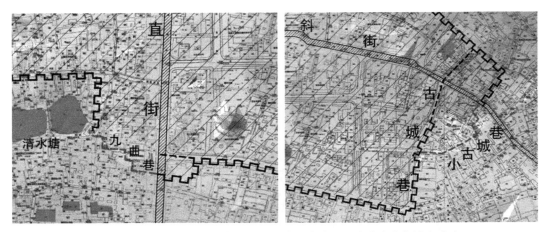

图 4-6　九曲巷和古城巷的特殊肌理暗示的城门和瓮城（或角楼）遗迹
来源：根据赣州旧地图自绘

2. 陈霸先土城的人口规模和面积

前文曾论述陈霸先以赣城作为北伐基地，赣城已经有了一定经济物资供应能力；此后，赣州作为地区的军事、政治、经济中心，再未迁徙。因此，陈霸先治下的赣城，又是一个颇具历史意义的转折点，其城市人口、规模具有一定的探讨价值。

如表 4-3 所示，陈霸先建城时的人口可以按前后数据推算，由于唐武德中每户口数产生突变，其中每户的口数按 7.5 人推算才合理。

南朝宋至唐初虔州地区户、口情况表　　　　　　　　　　　　　　表 4-3

年代	户	口
南朝宋大明中（约公元 469 年，《府志》按见宋志）	4493（7 县）	34684（户均 7.7 口）
梁承圣元年（公元 552 年，陈霸先建城）	按前后数据推算	（按 7.5 人推算）
隋开皇中（约公元 593 年，《府志》按见隋志）	11168（4 县）	缺
唐武德中（约公元 622 年，《府志》按见旧志）	8994	39900（户均 4.4 口）
唐延和中（约公元 711 年，《府志》按见唐书）	37647	275410（户均 7.3 口）

又，《隋书·志第二十六·地理下》中记载，虔州地区政区发生了变化："开皇九年置虔州。统县四，户一万一千一百六十八。"❶

因此隋开皇九年（公元 589 年）县均 2792 户，此前南朝宋大明中的县均 642 户。仍按人口匀速增殖，赣县户数为县均户数的 2 倍推算，则陈霸先建城时赣县约有 4165 户，3.12 万人。

此时赣县的城市人口比例仍然不可能达到唐时的平均水平，当时城市化的进程

---

❶ 魏征. 隋书·志第二十六·地理下 [M]. 北京：中华书局，1973.

是缓慢的。同样,根据上一节提到的赵冈的研究,取 10%~20% 可能仍是其合适上下限(这是指城市人口比例,不能简单地理解为城市化程度),则城内人口大致是 3200~6400 人。

按图 4-5 的范围测量,陈霸先土城大致为 69 万 m^2,人均城市用地在 108~216m^2 范围,已经相当宽裕。

据此,可以认为图中的土城范围比较合适。宽余的面积一方面说明城内还应该有些农牧林渔用地(事实上直到民国,赣州城内西南部都还有很多未建设地,参见图 4-11),另一方面说明陈霸先有预留城市发展的空间,还有一方面的原因是赣州防御条件较好,同样多人口可以守住更大的城市面积。

3. 陈霸先土城的"江城"雏形

陈霸先土城与高琰土城最重要的不同,是城市性质已经发生了变化。

按上文引述的张嗣介先生的论据之一,古时候,小古城巷所在曾是河床,则古代的章、贡两江的水位和范围与今日大不相同,今天所见的赣州城地势低洼之处,在古代几乎都是丰水季节的水面,枯水季节的水田或渚溆。

小古城巷所在,今天的标高是 106~108m,古代尚曾为河床;而图 4-5 中所示的城墙外普遍标高为 102~104m,则这一带在古代更可能是水面。至少,在唐末卢光稠扩城时,这里尚是如府志所记载的"瀼江渚溆"。

还有一个古地名提示的地理证据。小古城巷附近的斜街,古代分作两截,分别叫作"上龙船庙"和"下龙船庙":

"世臣坊……坊之东为东门井,西为上下龙船庙。下庙左巷达铁炉巷,对巷井为龙船庙井。上庙左为古城巷……"❶

如图 4-7 所示,与一般的上北、下南概念不同,"上龙船庙"在南,而"下龙船庙"在北,反映了古代这里是个上下码头的地方——往东南去码头"上龙船",而往西北去则是离开码头"下龙船"。这段记载说明,这里古代是城门,附近为码头。

同样,图中城西门口的蓝线范围内,今天的标高在 102~104m,按其低洼的形态,这里在古代也极可能是护城河水道,船只和货物可以直接运载至门口。

因此在陈霸先的年代,这个城池周围可能大部分是水面、渚溆或水田——在合适的季节,这些渚溆应该可以作为水田。在城门及交通、取水便利之处,就成为码头和居民聚集的地区。

考虑到前文推算的陈霸先土城人口为 3200~6400 人,即便是在今天,也足以成为一个小市镇。因此,图 4-7 所示的范围,理应在陈霸先的年代已经有比较多的居民和一定的商业交换,而陈霸先土城的修筑范围,是考虑了将图 4-7 所示的居民商市区纳入保护范围——当然,也是守城的兵源和税赋劳役的来源范围。

---

❶ 魏瀛. 赣州府志 [M]. 同治十二年刊本. 台北:成文出版社,1970:66.

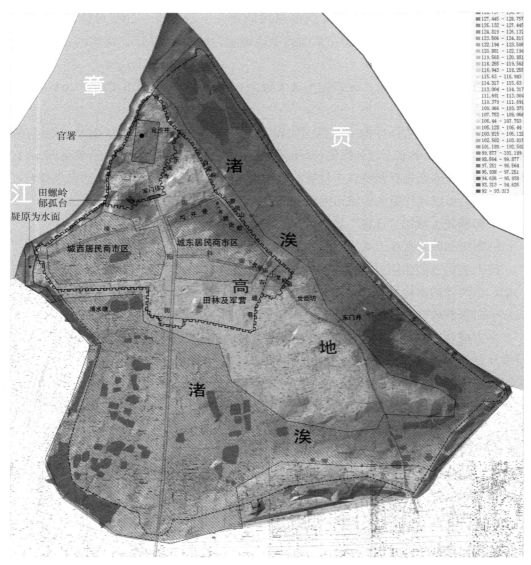

图 4-7　陈霸先土城功能分区示意图
来源：根据赣州旧地图自绘

笔者认为均井巷为代表的城东发展在前，而城西发展在后。一方面是因为均井巷地势更低；另一方面，经过东吴、东晋和南朝的统治，汉人已在赣南立稳政权，从而加强了它与广东的经济、政治联系。高琰的时代，郡治方从雩都迁此，雩都（贡江）具有非常的重要性；而陈霸先时代则大为不同，不但广东的经济得到发展，而且广东与赣南的经济、政治、军事往来都得到强化，章江航道的重要性得到提升。以卢循、徐道覆和陈霸先为例，他们都是发兵于广东巧取赣南。前者以广州为大后方，后者"奋自始兴"，都证明了广东和赣南之间的军政、经济、交通联系紧密，章江航道的重要性提升。

102

之后，在北宋时期，城西确实成了赣城商业最为繁华的地区，从中也可以看到区域经济联系对城市片区发展的影响。

这样，陈霸先土城划分为三大块——北部行政区、城东居民商市区和城西居民商市区。还有一小块分区——城南地块，这里并无经济地利，应为田林或军营所在。这块区域的北界，初步估计对应于明代"分巡岭北兵备道署"的北界。

可以清晰地看到，高琰土城和陈霸先土城，前者的"市"在城外，后者的"市"在城内；前者缩踞于高地，后者至少濒临江渚；前者几乎全为军政用地，后者以居民商市区为主。

由此可见，赣城的性质已经发生了变化。高琰土城不脱"山城"本色，陈霸先土城已经具有"江城"的雏形。对于陈霸先，他的使命是北伐为梁武帝复仇，因此选择了赣城作为北伐的基地；对于赣城，陈霸先也完成了他的使命——让它从此摆脱了"山城"的影子。

4.1.3 "江城"——宋代虔城鼎盛格局的形成

在虔州具备了一定的经济能力之后，陈霸先给隋唐虔州开拓了发展空间。隋唐三百年间，虔州城市迅速发展，经济、政治地位不断提升。元和六年（公元811年），继张九龄开岭、路应凿滩之后，虔州升格为"上州"❶。及至唐末豪帅卢光稠占据虔州的时候，赣城已非陈霸先时可比❷。卢光稠"斥广其东、西、南三隅，凿址为隍，三面阻水"，把赣城扩修至水边，使之成为一个真正的"江城"❸。

然而，历来被研究者忽略的一点，是卢光稠扩城的原因并不像是主要出于经济发展的考虑；观其扩城前后军政格局变化，更像是在做备战工作。退一步说，至少在其扩城之后，赣城的战备能力（包括攻、防能力）大增。

1. 区域军政角度解析的扩城备战

卢光稠扩城的动机和时机，很难从赣城本身获得完全的解答，反倒是虔州周边的军政格局提供了许多线索，主要在以下两方面：

（1）卢光稠扩城的历史背景，是唐末藩镇割据，军阀林立，相互攻杀。卢光稠仅有虔南一州，强敌环伺：北拒杨吴，南抵刘汉，西抗马楚，东防钱越、王闽❹。虔南表面上易守难攻，实则不但腹地狭小，且系四战之地。

（2）再看扩城的时机和前后的政局变化：公元885年卢光稠赶走王潮取得赣州，此后平静地存在了17年，公元902年才扩城❺；此时北方强大的杨吴正逐步解决内部

---

❶ 王溥.唐会要·卷七十·州县分望道·江南道[M].北京：中华书局，1955.
❷ 胡耀飞分析卢光稠和谭全播的关系，认为卢氏家族颇有势力。详见：胡耀飞.唐末五代虔州军政史——割据政权边州研究的个案考察[J].唐史论丛，2015（1）：274-295.
❸ 魏瀛.赣州府志[M].同治十二年刊本.台北：成文出版社，1970：60.
❹ 当时杨吴尚未拿下洪、饶二州，不与虔州接壤，但其势已成。详见：江玮平.唐末五代初长江流域下游的在地政治——淮、浙、江西区域的比较研究[D].台北：台湾大学，2007：149-152.
❺ 扩城时间据：张恺，陈建中.赣县新志稿[M].民国三十五年刻本.1946：22-24.

纷争，统一了淮南，随时将吞并饶、抚二州，迫近虔州❶；岭南局势不稳，广州、韶州、端州相互攻讦，王潮似乎趁乱拿下韶州❷；西方马殷已经控制了湖南的南部诸州，于公元900年尽取广西诸州，也正在对广东虎视眈眈❸。

公元901年静海节度使徐彦若去世，刘隐代理静海❹。第二年（公元902年），卢光稠扩城，当年即攻取王潮控制的韶州，再进潮州，与南汉政权发生军事冲突❺。

从以上史料可以清晰地看到，卢光稠不可能向北发展，以避免与杨吴集团接壤，倒是对岭南一直觊觎，在寻找时机。大约在公元900年的时候，北方杨吴政权已经迫近江西洪、饶，而南方广东正遭到湖南马楚的军事压力，卢光稠要向南发展，正是时机❻。于是，修城、出兵南下同时并举：修城是为了布好后防，出兵是为了扩大地盘。

另外，卢光稠扩城的时机选择固然是很清晰的，但是不能认为他扩城仅仅是为了备战——应该还有防护城外居民免遭洪灾的考虑，详后文分析。

2. 扩城临江的攻防考虑

卢光稠所担心的攻击方向主要来自北方杨吴和西南的王闽，这两者来的方向主要是赣江下游和贡江上游，那么扩城备战就主要针对这两个方向。以此考虑，可以很好地解释扩城之后的布防和城市形态（图4-8）：

（1）扩城的方向是朝东、南，因为贡江可能是王闽的进攻水路；另外赣城临章江地势颇高，敌军船只过章江是非常危险的，会遭到城头的痛击，而原贡江沿岸是城防弱点。原陈霸先土城之东，与贡江之间有一带滩涂渚涘，这能被敌军用作攻城的落脚点。因此，扩城至临贡江边，是最好的防御，把敌人直接挡在贡江上，使之无法布置攻城器械。这样的安排，还可以控制贡江，阻挡北面来的军队沿水绕至南面进攻，又可以保护贡江码头，便于出城攻击。

（2）这样一来，西、南面临陆地处就成为敌人最可能集中进攻的方向。城南有一些高地——后世光孝寺之南的笔峰山、东胜山和夜光山，控制这些高地成为必然，于是南城墙就修在南至笔峰山、东胜山一线，囊括夜光山；西南面扩张的城池，依同理修筑至金圭岭丘陵上❼。而且，城墙考古挖掘证明，为了加强防御，南部城墙是所有城

---

❶ 这一局势在江玮平的硕士论文中有详细论述，在胡耀飞的文章中也有论述。详见：胡耀飞.唐末五代虔州军政史——割据政权边州研究的个案考察[J].唐史论丛，2015（1）：274-295.
❷ "王潮攻陷岭南，全播攻潮，取其虔、韶二州，又遣光稠弟光睦攻潮州"，详见：欧阳修.新五代史[M].北京：中华书局，1974：443.
❸ "是岁，马殷陷桂、宜、岩、柳、象五州"，详见：欧阳修.新唐书[M].北京：中华书局，1974：297.
❹ "是岁，清海军节度使徐彦若卒，行军司马刘隐自称留后"，详见：欧阳修.新唐书[M].北京：中华书局，1974：299.
❺ 胡耀飞.唐末五代虔州军政史——割据政权边州研究的个案考察[J].唐史论丛，2015（1）：274-295.
❻ 江玮平认为卢光稠可能与湖南马楚政权有一起进攻岭南的默契。详见：江玮平.唐末五代初长江流域下游的在地政治——淮、浙、江西区域的比较研究[D].台北：台湾大学，2007：152.
❼ 李海根在其论文中曾简述这一布局，详见：李海根.赣州古城[Z]//赣州市政协文史资料委员会.国家历史文化名城赣州，1994：1-28.

第 4 章 从"山城"到"江城"的演变——唐宋虔州的城市变革

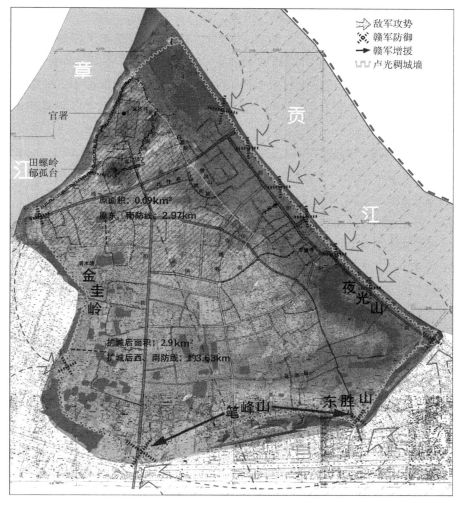

图 4-8 卢光稠扩城的攻防考虑示意图
来源：根据赣州旧地图自绘

墙中最厚的（厚 8.8m，比临江一带厚 1.8～2.8m）❶。

（3）在西、南面临陆地的城墙外"凿址为隍"，修筑护城河，加强防御。按同治《赣州府志》，赣州西、南面"自西津门起至镇南门有濠，计长五百五十二丈，阔十三丈。又自南门起至百胜门，计三百八十五丈，深五尺有奇，阔十四丈"❷。

问题是，这样布防，防御线似乎拉长了，是否有利？

经测量可知，原来陈霸先土城的东、南面临陆地处总长 2.97km，扩城后西、南面临陆地处总长 3.63km，增长 0.7km，近原长度的 1/4。但是，扩城之前赣城面积 0.69km²，扩城后为 2.9km²，为原面积 4 倍。以 1/4 的防御线增长，获得 3 倍的增加面积，以此

---

❶ 李海根，刘芳义. 赣州古城调查简报 [J]. 南方文物，1993（3）：45-56.
❷ 魏瀛. 赣州府志 [M]. 同治十二年刊本. 台北：成文出版社，1970：60.

获取的战备资源（人口、土地、水源、码头、木、石）来说，当然是非常划得来的。

这样，虔州把兵力主要集中在城南，既可防守外敌，又保护了原城外的大量战备资源，再加上北面的十八滩险，虔州城可谓易守难攻，攻守皆备。倘若万一军事失利，退回城中，足可坚守，伺机反击。后来的公元918年围攻虔州战役中，敌军"久攻不下"，虔州从正月一直守至十一月才被"欲擒故纵"计攻破，也印证了卢光稠扩城之利于战备❶。

3. 从"临江"至"跨江"——唐宋虔州城市格局演变

严格意义上说，唐末卢光稠扩城时，赣城可能只是整体形态意义上的"临江之城"，在经济和城市格局上未必具有舟船繁盛，商旅往来于江渚的盛景。直到宋朝，虔州城跨江发展，才能确信它已演变成为一个根本意义上的"江城"。

可以确信的是，虽然卢光稠扩城主要目的是军政，但不可能只有军事备战的考虑，扩城保护更多的人口和经济资源也必是考虑因素。保护城外居民和资源免遭洪灾侵袭，也是卢光稠扩城的动机之一。考古挖掘表明，唐代的陈霸先土城外已经有不少市井人家居住，其范围大致如图4-9所示。

其中一片区域应在城南。1975年，在阳街向南延伸部分今文清路一带及市政府前人防工地，发现了大量密集的唐代水井和灰坑堆积，出土了一批唐代的盘口壶等各式瓷器❷。这一带正在卢光稠扩城的南墙以内，从地图看来，此处地势相对略高，而且在通往南江的要道旁。这不免令人想象到城南门外，沿后世的"直街"路旁都应有相当数量的居民区。

另一片应在东门外。前文提到的1991年挖掘的古城巷附近的唐代灰坑，应该是东门外沿斜街的市井商业区。这一带地形高阜，可以避免洪水冲击，后来在宋代聚集了许多重要公共建筑。

另外可以确信的是，卢光稠土城初建之时，赣城内的居民商业区尚未开始沿江发展。按同治《赣州府志》记载，江边渚涘为卢光稠养马地（马孳巷、马市街），则这些地带在当时必是荒野滩涂。但是江渚滩涂上也许并非无人烟活动，除了可作水田之外，应该还有零星的村舍庐居。此外，应该还有码头，并且由于邻近码头，还可能在地势较高处有临时的商市。

因此卢光稠据虔的时代，陈霸先土城外人烟大致并不繁密，只有两带较为密集的市井居民区和其他零星庐舍。甚至直到民国，城西、南都仍然有大量非建设用地（图4-10）。这些人多半应是农业人口，随着卢光稠扩城，这些人被"城市化"了。可以说，卢光稠扩城之际，赣城也只是"临江之城"，而非真正意义的"江城"。

---

❶ 用计破城之事详见：胡耀飞. 唐末五代虔州军政史——割据政权边州研究的个案考察 [J]. 唐史论丛，2015（1）：274-295.

❷ 胡业雄. 赣州古城墙的保护与维修 [C]// 国家文物局文物保护司，等. 中国古城墙保护研究. 北京：文物出版社，2001：238-248.

第4章　从"山城"到"江城"的演变——唐宋虔州的城市变革

这样的状况在北宋被彻底改变，其标志性事件是熙宁年间的西河浮桥修筑。这意味着宋代虔州城内已经难以容纳更多的功能内涵，从而跨江发展——章江西岸的居民商业区已经充分发展，和城内也有了密切的功能联系。这一带应是明、清的"水西乡"。上一章分析熙宁年间的税收，东、西江两务均远多于下辖各县，且西江务比东江务税收多 20%。可想而知此时东、西两面城厢已经充分沿江发展，且西面城厢和水西乡的发展早于东面城厢。

另外，值得注意的是三个浮桥的修筑次序和时间（表 4-4），分别对应着江对岸发展的时间先后，也对应着城内相应商业片区的发展次序。

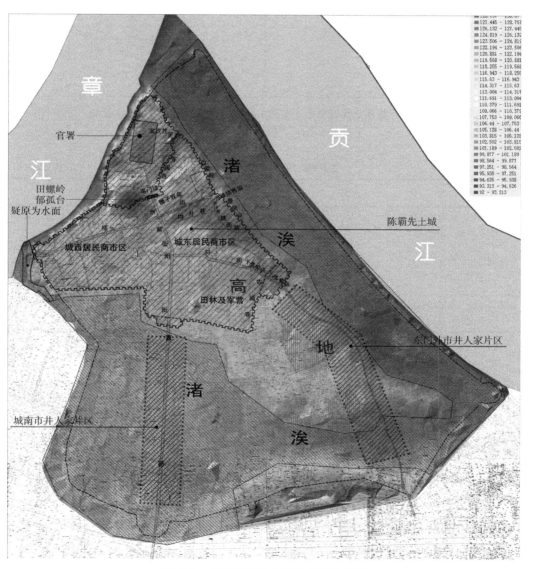

图 4-9　唐代陈霸先土城外的市井人家
来源：根据赣州旧地图自绘

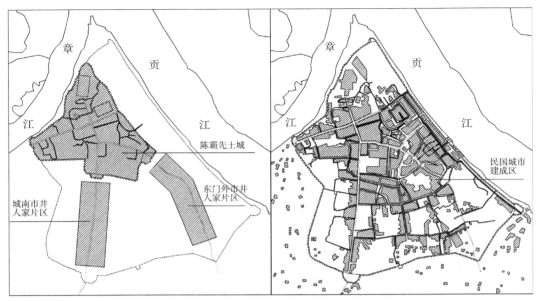

图 4-10 陈霸先土城范围（左图）与民国建成区范围（右图）比较
来源：根据赣州旧地图自绘

宋代修浮桥时间表　　　　　　　　　　　　　　　　　　　　　　　　表 4-4

修桥时间	主事官员	记载
修西河浮桥，北宋熙宁年间（公元 1068—1077 年）	刘瑾	"西津桥，在西津门外，旧名知政。宋熙宁间知军刘瑾始造浮梁。"《同治赣州府志·卷之六·舆地志·水》
修东河浮桥，南宋乾道六年（公元 1170 年）	洪迈	"赣县东津桥，在建春门外。宋知军洪迈始造浮梁，改名惠民。"《同治赣州府志·卷之六·舆地志·水》"起学宫，造浮梁。"《同治赣州府志·卷四十二·官师志》
修南河浮桥，南宋淳熙年间（公元 1174—1189 年）	周必正	"南桥，在镇南门外，宋知军周必正始造浮梁。"《同治赣州府志·卷之六·舆地志·水》

按此次序可以绘制出赣州城两河四岸的城乡发展时序图（图 4-11）。

如图 4-11 所示，及至宋代，不仅赣州城沿江部分已充分发展，而且实现了跨江的发展：西北隔章江有"水西乡"；东面隔贡江有"水东乡"；东南贡江对岸的七里镇，水陆交通便利，瓷土和燃料资源丰富，亦曾鼎盛一时；南面过南部章江，可通往广阔的冲积平原，这里有广袤的农塘水田……两江四岸形成一片欣欣向荣的"江城"景貌。

4. 城市人口规模和人口饱和的分析

宋代虔州固然繁盛一时，但是繁华景象之下，暗藏着不易察觉的隐忧：如果用人口估算来推测唐、宋赣城的发展状况，可以发现赣城在宋代发展到了农业社会的某个极致高度，并且可能出现了人口饱和的现象。

赣县最早的户、口记录在南宋，有两组，如表 4-5 所示。

第 4 章 从"山城"到"江城"的演变——唐宋虔州的城市变革

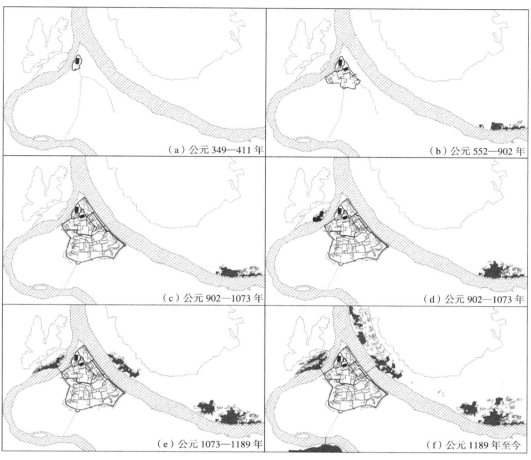

(a) 公元 349—411 年
(b) 公元 552—902 年
(c) 公元 902—1073 年
(d) 公元 902—1073 年
(e) 公元 1073—1189 年
(f) 公元 1189 年至今

图 4-11 赣州城两河四岸城乡发展时序图
来源：根据赣州旧地图自绘

南宋赣县户、口表   表 4-5

年代	户	口
宋淳熙中（约公元 1182 年）	主 59322，客 6469 总 65791	主 99091 客 10483
宋宝庆中（约公元 1226 年）	主 61209，客 6991 总 68200（增长 3.7%）	主 99726 客 10097

数据来源：董天锡. 赣州府志 [M]. 宁波天一阁藏明嘉靖刻本. 上海：上海古籍出版社，1962：83-84.

从表 4-5 中可以看到，南宋淳熙至宝庆 40 余年间，赣县户数只增长 3.7%；而同时期虔州户数从 293335 增长至 321356，增长 9.6%，与虔州总户数在唐初 89 年间增长至原户数 4.2 倍形成强烈反差；许怀林先生在《江西通史·南宋卷》中统计，绍兴三十二年至嘉定十六年（公元 1162—1223 年）的 61 年间，江南西路人口总增长约 20%，显然增速快于赣州许多❶；再一方面，这段时间南宋苟安一方，与北方没有大的战事导致减员。因此，赣县户、口增长缓慢应该能说明在南宋淳熙年间，赣县的人口已经几乎饱和；同样，虔州地区也可能整体都出现了人地饱和的问题。这个推论再次验证了本书3.2.1节中关于人口饱和的分析。这个时期大致对应于东河浮桥修建之后的十年。

这是南宋赣县城乡人口总数的状况，如果仅论赣城内人口增长的话，饱和点应该出现得更早，限于史料无法详细考察。但是太平兴国元年（公元976年）的两次析地置县提供了一定的线索，据同治《赣州府志》记载：

"太平兴国元年……析赣县潋江镇之七乡，益以庐陵泰和地，置兴国县。……析雩都九洲镇置会昌县。"❷

这是古赣州核心区域赣县、雩都的最后两次析地置县，且发生在同一时间，可以认为当时的赣、雩平原都有一定的人口饱和程度了。又，按嘉靖《赣州府志》记载，淳熙至宝庆40余年间，兴国县户数从21445户增长至23682户❸。此增幅也仅有10.4%，只比虔州整体户数增幅略高，其户、口也早远超"望县"的标准了❹。兴国、会昌都是比较偏远的郊区，农业条件不佳，这些迹象说明这个时期的郊外偏远乡、镇已经发展到一定程度，也足以说明宋虔州最古老的核心腹地——赣县、雩都已经发生人地矛盾，人口开始向外扩散。

另外，熙宁年间已经修筑西河浮桥，百年之后东河、南河浮桥更是在数年之内一起修成，说明赣城必须向外扩展才能容纳更多功能。因此，可以大胆地推测，至迟在南宋乾道年间，赣城已经出现人口饱和的现象。

赵冈认为南宋时期的城市人口约占总数22%，按虔州在南宋的经济地位，其城市人口比例应该在此之上❺。淳熙年间赣县主客总户数65791，如果每户5人，城市人口占22%，则有1.44万户、7.2万人在城内，当时赣城有2.9km²，则人均用地大约40m²。这确实已经是个相当狭仄的人均用地数字。

上述估算数字是否合理，也有史料痕迹可以印证。马峰燕在《北宋中期东南地区城镇的数量、商税与空间分布研究》中引述了周必大的描述，"城中户数万，车毂击，人摩肩，为江南一都会"，并且指出此记大致对应乾道年间❻。若"数万"为3万以上，即使打个六折也有2万户、10万人，则乾道时期（略早于淳熙）城中人户已超过上述估计。上述估算数字已显得相当保守，应纠正为：宋代赣城极盛时，城内人口超过1.44万户、

---

❶ 许怀林.江西通史·南宋卷[M].南昌：江西人民出版社，2008：167.
❷ 魏瀛.赣州府志[M].同治十二年刊本.台北：成文出版社，1970：48.
❸ 兴国县南宋户、口数据来自：董天锡.赣州府志[M].国家图书馆藏本：86.
❹ 宋太祖建隆元年（公元960年）以4000户为望县，宋代户部员外郎沈麟于政和五年（公元1115年）提出望县1万户的新标准。详见：赵葆寓.关于宋代县望等级的几个问题[J].北京师院学报：社会科学版，1987（1）：58-68.
❺ 赵冈.中国城市发展史论集[M].北京：新星出版社，2006：58-84.
❻ 马峰燕.北宋中期东南地区城镇的数量、商税与空间分布研究[D].上海：复旦大学，2010：113-114.

7.2万人,这是保守估计。

上述推算不用宝庆年间的户数,是因为人口饱和现象的节点在淳熙之前,此后增加的户、口,大概率是发生在乡镇的。这样,此后的城市人口比例不但不上升,反而下降。类似的情况可能并不只是在赣州一地发生,赵冈在《中国城市发展史论集》里,以"余粮率",即粮食供应的角度阐释了这一问题❶。他认为古代中国的城市人口比例在南宋时期达到巅峰,此后非但没上升,反而一直下降,赣州的城市发展历程,似乎印证了这一论点。

同样以嘉靖《赣州府志》中记载的户、口数为依据(表4-6),可以一窥卢光稠扩城时的人口和用地状况,验证其扩城的目的。

唐中至宋初赣县户、口表　　　　　　　　　　　表4-6

年代	户	口
唐元和中(约公元813年,《府志》按见元和郡国志)	26260*(元和七年大水灾)	缺
宋太平兴国中(约公元980年,《府志》按见旧图经)	主67810,客17338,总85148	缺

*详见表3-1注释。

数据来源:董天锡.赣州府志[M].宁波天一阁藏明嘉靖刻本.上海:上海古籍出版社,1962:82-83.

假设表4-6中167年间户数匀速增长,则可计得卢光稠扩城时(公元902年)有57643户(南安军是淳化元年,即公元990年设置,因此太平兴国时期虔州辖区尚未变化)。

元丰三年(公元1080年)虔州户数占虔州与南安军总和的73.3%,而淳熙时赣县占虔州(已不包括南安)户数22.4%,以此可推算赣县至少户数9465户。根据许怀林在《江西史稿》对宋代户均人口的估计,由于宋代普遍存在析户避税的现象,每户人口较唐代小,但一户至少5人,则人口至少为47325人❷。据翁俊雄引《通典》所载,唐代盛期天下362州,上州以上等级的州不到一半,而元和六年(公元811年)虔州城已升为上州,处于天下各州经济发展的中上水平;据赵冈估算,唐代城市人口占比约20.8%,则虔州城内人口占比应高于20%。由此算得,卢光稠据虔时,赣城内至少有9465人❸。

以上都是取的下限数字,因此可以肯定地说,卢光稠据虔时,陈霸先土城内人数在1万以上,是最低限的估计。即便以此最低限估计,当时赣城人均用地也不足70m²。

陈明达在《周代城市规划杂记》中根据历史记载、居民编制、军事编制考证了周

---

❶ 赵冈.中国城市发展史论集[M].北京:新星出版社,2006:58-84.
❷ 许怀林.江西史稿[M].南昌:江西高校出版社,1998:250-254.
❸ 翁俊雄.唐代的州县等级制度[J].北京师范学院学报:社会科学版,1991(1):9-18.

代初期城市的户均用地为480m²[1];梁江和孙晖在《唐长安城市布局与坊里形态的新解》文中论证唐长安的坊里每户占地440m²[2]。上述学者都认为当时每户可按5人计,则古代城市人均用地在90~100m²是正常的。

由此看来,即便以最保守情况估算,卢光稠扩城前,陈霸先土城内应当已至少略显拥挤,不难理解城外有相当数量的居民。如果考虑移民的因素,再考虑到赣县平原在虔州的天然农业优势和交通优势,则赣县在人口未饱和时必然优先吸引人口和移民,卢光稠扩城前的实际人口数量应该远大于上述估算,陈霸先土城也远比上述估算拥挤。但无论如何,按照史料记载,扩城之后城市用地大大宽余,东面沿江有许多渚溪荒野供其养马,尚未成为建设区,也是可以确信的。

卢光稠占据虔州,本来就有割据一方的想法,当然需要扩张城市,加强对人口、赋税的管理。于是,扩城的举动及其时机固然主要是出于军政的考虑,此外当然也有顺应城市发展需要,发挥水运优势,加强经济建设的想法。

虔州发挥舟船之利以后,200年间即实现跨江发展,到达鼎盛,这是它的地理条件使然,是交通优势使然,也是区域繁荣使然,更是经济重心南移的时势使然,此外还是卢光稠创造了城市发展的条件。

上述分析已经大致估算出了晚唐至宋代人口饱和期间赣城内人口的最低限额——晚唐卢光稠据虔时,陈霸先土城内人口最低限为1万人,南宋淳熙前时发展至城内7.2万人以上,人口接近饱和。这些人口估算为下文确定赣州城市的职能和城市变革发生的时代建立了一个认识基础。

4.2 城市职能、建筑类型和街巷格局的变革

经陈霸先迁建、卢光稠扩建,唐宋时期的虔州渐由此前的屯垦军镇变为繁盛一时的商业都会。前文中关于人口激增、商税大涨、区域地位上升的分析似已证明这点;城市的人口、城区范围和发展等较大尺度的问题,也有相应的探讨。

城市内部的具体形态上,唐宋虔州究竟又发生怎样的变革?下文将从城市职能、建筑类型和街巷格局三方面进行探讨。

4.2.1 城市职能的改变

现存史料并没有留下足够的直接证据,以说明虔州在唐宋时期的城市职能转变。但是从城市人口的分析和合理耕作半径的分析可以得出城内农业人口的最大可能限度,并且推测其比例。

---

[1] 陈明达. 周代城市规划杂记 [M]. 张复合. 建筑史论文集(第14辑). 北京:清华大学出版社,2001:15.

[2] 梁江,孙晖. 唐长安城市布局与坊里形态的新解 [J]. 城市规划,2003,27(1):77-82.

经济史学家李埏先生指出,农业聚落的极限规模由其合理的耕作半径决定,超过此范围,则不合经济规律,会在合适的距离分拆出新的居民点。耕作半径为一个时辰的步行来回时间确定,即一小时步行距离为最远端❶。

理论上来说,正常人步行一小时为 4~7km❷。但实际上农户愿意接受的耕作半径远小于此:李长虹在农业社区中将其合理数值确定为 1.5km;角媛梅、胡文英等分析哀牢山区哈尼族人的聚落空间格局和耕作半径,发现这一数字实际上是 700~800m❸;胡纹、何虹熳在不考虑地形影响(类似平原)的情况下将此数字定为 1km❹。

综上,取上述数字最大的 1.5km,考虑两江阻水的情况,赣城内农户可能利用的耕地只能是从城门口出来 1.5km 范围内,即如图 4-12 所示的南部平原地带范围。此范围耕地内能养活的人口即城内最大的农业人口数,除此外只能是非农业人口,依靠从事第二、第三产业购粮为生。

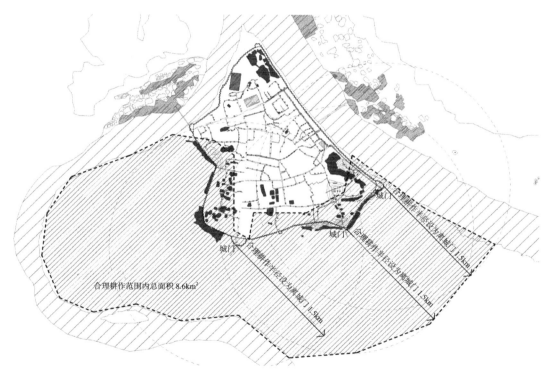

图 4-12 宋虔州城外的合理耕作范围
来源:根据赣州旧地图自绘

❶ 李埏. "耕作半径"浅说 [M]// 不自小斋文存. 昆明:云南人民出版社,2001:599.
❷ 李长虹. 可持续农业社区设计模式研究 [D]. 天津:天津大学,2012:138.
❸ 角媛梅,胡文英,速少华,等. 哀牢山区哈尼聚落空间格局与耕作半径研究 [J]. 资源科学,2006,28(3):66-72.
❹ 胡纹,何虹熳. 山地环境下耕作半径优化农村居民点布局的实证研究 [J]. 西部人居环境学刊,2014(2):106-111.

此逻辑的漏洞在于从事渔业、经济作物（如茶、麻）种植的人，其活动范围也许大于此范围，但是他们从事的产业也最终需要通过交易换购米粮，大体已不能称为纯粹的农业人口了。宋知州洪迈在《夷坚志》中记载，虔州地区有专业的屠牛户何百九，'强悍亡赖，以屠牛为业'；又有专业养鱼户廖少四，"所居有两塘，各广袤二十亩"，家中土地贫瘠，"只仰鱼利以资生"❶。他们一方面反映了城市内的复杂经济分工，另一方面反映了农业生产商品化，这类人不能算是纯粹的农业人口。另有一种情况，就是家在城中，农庄在乡间的地主大户，这些人食租而不种地，家有余财，恐怕也不会不经商，故也不能算农业人口。

按上述逻辑推算，图4-13中此区域大致为 8.6km^2，合 1.29 万亩；以此区大部分为耕地考虑，且扣除道路等面积，乘以 0.8 的系数，合 1.03 万亩。李伯重估计宋末元初江南亩产为一石❷；漆侠估宋代亩产一般为二石❸；葛金芳认为宋全境亩产折合今制 197 斤❹；方健经过仔细考量，认为宋代江南每亩出米 357 斤❺（按其公式说明，这是宋亩），折今亩产米 307 斤。按赵冈的估算，男女老少人均年消耗米 400 斤❻，则这片农田最多养活 0.79 万人，超出此数者，皆为非农业人口。

如此，则赣城内人口超出 1.6 万时，城内非农业人口已经过半，城市人口职业构成已由农业转为工商服务业及农副经济业为主。这个推算的具体数字或有漏洞，但是逻辑和数量级大体如此，可以作为一个认识城市人口职业构成的参考基础。可以断定，以宋代城内的几万人口量，周边的农业用地是不足用的，只可能以非农业人口为主。唐宋虔州必定经历了一次经济产业和城市职能的变革。

这个转变的具体时间节点很难确定，但是结合赣州城市人口发展的速度；考虑宋代虔州令人瞩目的第一造船量；再考虑宋真宗在大中祥符九年（公元 1016 年）颁诏令虔州负责中转广南纲运，大致可以认为：至迟于北宋中期，赣城已由农业经济为主的城镇转变为工商业、服务业及农副业为主导的城市，成为赣江流域最大的商品转运基地，这个变化可能发生在北宋前中期；而南宋赣州无疑是以工商业、服务业为主导的工商业城市。

基于这个认识，前述分析虔州商税在全国位居第十八，且大大高于洪州，也就不难理解了。地方城市商业经济发达于政治首府的情况并非罕见，宋代鄂州人口超过江

---

❶ 转引自：贾禄锋. 宋代农业生产商品化研究 [D]. 西安：陕西师范大学，2013：31，35.
❷ 李伯重的观点转引自：葛金芳，顾蓉. 宋代江南地区的粮食亩产及其估算方法辨析 [J]. 湖北大学学报：哲学社会科学版，2000，27（3）：78-83.
❸ 漆侠. 宋代经济史（上）[M]. 上海：上海人民出版社，1987：138.
❹ 葛金芳，顾蓉. 宋代江南地区的粮食亩产及其估算方法辨析 [J]. 湖北大学学报：哲学社会科学版，2000，27（3）：78-83.
❺ 方健. 宋代江南经济史研究之一：农业篇 [M]// 中国宋史研究会. 宋史研究论丛：第8辑. 保定：河北大学出版社，2007：91.
❻ 赵冈. 中国城市发展史论集 [M]. 北京：新星出版社，2006：140.

陵和襄阳，而行政等级却低于后两者❶；及至明清，许多商业城镇的人口、经济都高于县城，甚至强于府城，却没什么政治地位，"四大名镇"朱仙、佛山、景德、汉口都是典型案例。

经济中心和政治中心的脱离，也说明唐宋之后商业经济的力量成为城市活力的源泉，商业经济发达的城市似乎已不再受控于政治意志。国家难以简单地替代、主导经济运行的力量，后者成为城市发展的主要驱动力。

4.2.2 城市的新容——新建筑类型和人文景观的出现

在商业经济的驱动下，城市面貌也发生了巨大的变化。首先就是出现了丰富的建筑类型，继而旧的建筑也发生性质的改变，或换上新容，或移动到新的位置。这些改变丰富了城市生活，也给城市带来新的景观、面容。

可以想象，相对于宋城来说，此前的高埯土城和陈霸先土城是索然无趣的。

高埯土城是一个在高岗上的堡垒，简陋的城墙、高台、军营和星落于周边的陋屋是城市建筑的主要构成；将军和军士是主要人口，皆粗鲁不文，虎视眈眈地守卫着；军令、山越和叛乱是言语交流的主要内容。落日余晖下的孤独堡垒固然有几分悲壮，然而却无人欣赏，亦无诗句流传；"山城"的面容如军士们的面孔一般木然、肃杀。

陈霸先土城大体也是严肃的。虽然城区扩大了，纳入两片市井商业区，多了许多居民、客商，但是占了城区近1/3面积的子城、府衙区显然有着远超其面积的重要性——唐李勉为刺史，登郁孤台，"慨然曰：'余虽不及子牟，心在魏阙一也，郁孤岂令名乎？'乃易匾为'望阙'"❷。尽管郁孤台首次而且作为唯一的人文景观进入记载，但国家社稷仍然是主题。郁孤台似乎还不能脱离军政性质，留下来一个肃然、静默的面孔，而城市的其余一切仍然是失语的。

与前相比，宋代虔州的城市生活是丰富的，面貌是富于生气的。北宋前期，真宗的诏令正式认可了虔州作为岭北货物中转站的作用和地位。商业、服务业正在成为城市经济的主流。大庾岭路络绎不绝的商旅和赣江上满载货物的商船，为这个城市带来充足的就业机会和滚滚财源。

1. 商业、服务业和公共福利事业建筑

能反映商业、服务业兴盛的，莫过于酒肆、茶楼和客栈的出现。1975 年建国路人防工地发现宋代茶楼灰坑堆积，出土一批多种款式的生活用具的瓷片和围棋棋子。虽然历史资料并没有提供宋代沿江商业设施的证据，但是可想而知，城市内尚且有茶楼酒肆，滨江一带当然更多——滨江城市的好处是提供一切便利，沿江码头、就近的客栈、饭馆，当然还有各地商旅离人专有的会馆、地方性的神庙。从民国赣县地图（图 4-13）

---

❶ 吴薇. 近代武昌城市发展与空间形态研究 [M]. 北京：中国建筑工业出版社，2014：38-39.

❷ 魏瀛. 赣州府志·卷十七·名迹 [M]. 同治十二年刊本. 台北：成文出版社，1970.

看，许多设施，比如码头，有兴国、信丰、雩都等12个码头，均以地方命名，显然是专供某地商旅的。

就目前所知，宋代赣州城内还有广东会馆、徽州会馆、陕西会馆等地方会馆。现有清代广东会馆仍存于今西津路，但宋代的广东会馆应该在城对岸的水西，清同治府志中有载：

"广东馆，在水西临江寺侧，宋知军陈升宪钟时建。踵赵清献护送出岭孤嫠之遗制，籍废寺田以资之，其出纳属左司理。以上俱废。"❶

图4-13 民国赣县示意图
来源：作者拍摄自赣州市博物馆，有一定形变。
赣州市地名委员会办公室编印的《江西省赣州市地名志》里有此图

这个"广东馆"，在嘉靖《赣州府志》中被称为"广惠馆"，实际上带有强烈的福利救助色彩。宋名臣赵抃守赣时，出钱造船，并出路费送贬谪至岭南的官员遗孤回乡。此举被称颂一时，后人就建了广东馆续此善行。这也许是各地会馆的雏形——始于同乡之间福利救助的社会功能。

宋虔州还有其他的官办公共福利救助设施，按嘉靖、同治《赣州府志》记载：

"慈幼（院，作者注）。城外朝天坊。宋知府邹应龙建。废为民居。"

"居养（院，作者注）。慈幼院南。宋时建。收养无告。岁支常平米千四百八斛八斗。及有福地院，岁支常平米三百七十八斛九斗。元末时俱废为民居。"❷

---

❶ 魏瀛.赣州府志·卷之八·舆地志·官廨[M].同治十二年刊本.台北：成文出版社，1970.
❷ 董天锡.赣州府志·志五·古迹[M].国家图书馆藏本.

从上文来看，除了慈幼院、居养院，宋虔州显然还有常平仓、义仓这样的公共福利储备设施，用于平抑物价，救助孤寡。管子云"仓廪实而知礼节"，福利设施的出现，证明宋代虔州经济发达，社会进步。

2. 公共服务和管理类建筑

浮桥的出现也是商业兴盛、城区扩展的表现。赣城三座浮桥均建于宋代人口膨胀时期，反映了城内用地紧张，向江对岸扩散的情况，也反映了中心城区与章、贡两江对岸的密切往来。其中铸钱院就是在水西的，这说明随着城市经济职能的增强，官家的建筑已不可能再龟缩于城北一角❶。

服务于商业、民用和公共管理功能的还有新型的官方建筑，如商税场务。东江务、西江务、瓷窑务还有"在城务"的具体位置已不见于史料。但可想而知，为了尽量满足宋朝廷对开支的急切需求，它们不得不放下身段，委身于市井❷。西江务无疑在今水西村❸；东江务在水东；瓷窑务在七里镇；"在城务"在县岗坡，不仅反映了其地位重要，而且靠近涌金门——宋代最繁华的市井商业区（图4-14）❹。

3. 文教建筑

文教建筑也是新兴的事物，官办的有府学、县学、文庙和考院，私立的有书院、社学。宋代之后的府学、县学曾九易其址（并非因为不重视，而是太重视了，总嫌位置不够好），它们在宋代曾在今府学前、文庙和文庙附近辗转迁址。考院（贡院）则在今之和平路西南侧，此处地势高阜，不虞遭水，又离贡江码头不远，便于举子会试。私立的书院有清溪书院（赵抃）、濂溪书院（周敦颐）、爱莲书院（周敦颐）、先贤书院（杨方，后为义泉书院），还有散居各乡的社学。这些建筑都不再龟缩于北部的高岗，而是在山水秀丽的城东南（图4-14）。

4. 宗教建筑

宋虔州纯粹的宗教文化建筑甚至比起官家的建筑也不遑多让，不仅数量多，而且规模之大令人咋舌。城内有景德寺、大佛寺、报恩光孝寺、丰乐寺、大中祥符宫（唐紫极观）、景德观、天庆观、天王庙等❺，城外有至德观、天竺寺、黄仙寺等❻。其中景德寺在唐宋虔州宗教建筑中地位极为突出，《舆地纪胜》中有较为详细的描述：

"（景德寺）在州东南隅，地势夷旷，瞰槛城南，山水雄丽。梵宇以间计者二千六百，佛像万余。盖章贡兰若之甲。后罹壬申回禄之变，所存才十之一二耳。"❼

---

❶ 铸钱院遗址见：董天锡.赣州府志·志五·古迹[M].国家图书馆藏本.
❷ 宋虔州六场务之名见：徐松.宋会要辑稿·食货·一六[M].北京：中华书局，1957.
❸ 嘉靖赣州府志中记载："抽解场。水西，废。"详见：董天锡.赣州府志·志五·古迹[M].国家图书馆藏本.
❹ "元大德，迁县治于旧税务"，详见：董天锡.赣州府志·志五·古迹[M].国家图书馆藏本.
❺ 大中祥符宫为唐代紫极观改建，见：魏瀛.赣州府志·卷二十三·经政志·学校[M].同治十二年刊本.台北：成文出版社，1970.
❻ 王象之.舆地纪胜·卷三十二·赣州·景物（下）[M].北京：中华书局，1992.
❼ 王象之.舆地纪胜·卷三十二·赣州·景物（下）[M].北京：中华书局，1992：1427.

一座宋代的寺庙竟有 2600 余间房舍，万尊佛像，即以今天的寺庙来说，也是规模极为可观的。若以占地面积而论，观其后世遗留的痕迹（图 4-14，今慈云寺、文庙一带），规模已经大于城北的官衙。从后世文献的记载来看，赣州再未出现这样的兰若盛景，宋虔州宗教文化事业的发达似乎胜于后世，且有盖过官方建筑的势头。

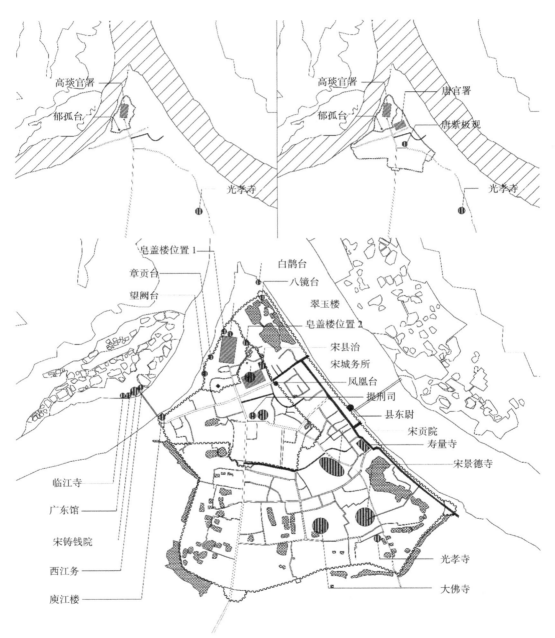

图 4-14　赣州宋代公共建筑分布图
来源：根据赣州旧地图自绘

5. 军事建筑的变异和人文景观的出现

一些原来的公署衙门和军事建筑的功能在发生改变，从功能复合开始，渐渐地被新兴功能取代。郁孤台是个典型，辛弃疾一曲《菩萨蛮》，郁孤台名声大噪，被誉为江南"四大名楼"之一，俨然成为赣城的象征。名句"郁孤台下清江水,中间多少行人泪"传颂千古，后人登楼凭吊之余，无非赞叹江山胜景、烟火繁华，又有谁会想到郁孤台原是瞭望敌情的军事建筑？

当时诸如郁孤台这样的谯楼、城楼似乎兼有官方馆驿的性质。洪迈在《夷坚志》中记载他早年随父亲经过虔州，夜宿于城楼，知州曾慥恐嫌简慢，特来见面说：

"此非馆处，独郁孤台可尔，而周康州先居之。明当去矣，姑为一夕留可也。"❶

其余如望阙台、八境台、章贡台、白鹊台、庾江楼、皂盖楼等都是宋代新修的（图 4-14），显然都是花费公帑修筑的官造建筑❷。很难想象官家会花费大笔资金去修筑纯粹的景观建筑，观其位置险要，应该是有军事防御的考虑。建设的名义固然是军事防御，但是何以修筑城墙却不甚积极（详见本书第 5 章关于修城频率的分析）？恐怕对于文人型的政要来说，这些楼台的修筑更重要的是为了观赏江山秀丽，当然也是兼有馆驿功能的。

为厘清宋虔州城市形态，本书结合地形初步考证了各重要楼台方位，标示于图中（图 4-14），并将史料中位置关系较明确地记载列于下文：

八境台，即石楼，位置明确，承续至今。宋知军孔宗翰所建：

"在郡北城，因城为台，高三层，俯临章、贡。宋知军孔宗翰因江水坏城，改甃以石，并建台城上。"❸

郁孤台，位置明确，承续至今，但轴线朝向可能有所改变：

"在郡治，隆阜郁然，孤起平地数丈。冠冕一郡之形胜，而襟带千里之山川。登其上者，若跨鳌背而升方壶（我：东海仙山）。唐李勉为虔州刺史，登临北望，慨然曰：余虽不及子年而心在魏阙也。改郁孤为望阙。赵清献公诗曰：群峰郁然起，惟此山独孤。筑台山之巅，郁孤名以呼。"❹

望阙台，与郁孤台、田螺岭形成轴线关系。应为今城北马面遗址上的城楼：

"在郡治，赵清献公记曰：阳为郁孤，北为望阙。"❺

"望阙郁孤轩豁于前，皂盖白鹊瞰临左右。"❻

章贡台，原为亭，赵抃改建台，此处尚有城楼遗迹，按记载是城墙最为高阜处：

---

❶ 洪迈.夷坚志·虔州城楼 [M].北京：中华书局，1981.
❷ 王象之.舆地纪胜·卷三十二·赣州·景物（下）[M].北京：中华书局，1992.
❸ 魏瀛.赣州府志·卷十七·名迹 [M].同治十二年刊本.台北：成文出版社，1970：359.
❹ 王象之.舆地纪胜·卷三十二·赣州·景物（下）[M].北京：中华书局，1992.
❺ 同上。
❻ 王象之.舆地纪胜·卷三十二·赣州·风俗形胜 [M].北京：中华书局，1992.

治西北隅，有野月、野景亭旧址，堕圮……复屋其上……新其名"章贡"云……❶

在州城西北，据章贡二水之会，凭高瞰远。城北水容山色，尽出乎几席屦舃之间。形胜与郁孤对峙，而甲乙称雄。❷

凤凰台，应在县岗坡"接龟冈"处，疑与前代哨所、后世"云峰拱秀阁"承袭：

"地接龟冈（作者注：景凤山一带），与章贡同建，兵燹。知府聂子述筑台其上。"❸

庾江楼，显然是西门城楼：

"在城门上，以贡水来自庾岭，故名。"❹

白鹊楼，在城北贡江西岸。赵抃所说的"皂盖白鹊瞰临左右"应该是指左右两江：

"八境台北，旧传有白鹊鸣于此，故名。"❺

皂盖楼，位置较难确定，按赵抃、文天祥描述应在章水边，嘉靖《赣州府志》却说在"翠玉楼左"，于是有图中两处可能位置。因其为八景之一，显然位置重要，笔者倾向于章水边地形高阜的"位置一"，如果翠玉楼主朝向为朝江，则可算翠玉楼左：

"望阙郁孤轩豁于前，皂盖白鹊瞰临左右。"❻

"一水楼台绕，半空图画开。"❼

"翠玉楼左（笔者注：嘉靖赣州府志说翠玉楼在"府后"）。"❽

以上的楼台均为官家公帑所建，想必只能以军事、形胜为名目，但无一不是景观建筑。宋代重文轻武，达官要员无不文采风流；江南人文荟萃，吟花咏月蔚然成风；又因国家承平日久，这些楼台的军事内涵渐被遗忘，馆驿功能也日渐居于次位，逐渐转变成景观建筑。宋代"虔州八景"自经苏轼八咏八叹，名动一时——石楼、章贡台、白鹊楼、皂盖楼、郁孤台、马祖岩、尘外亭和峰山，其中官家建筑竟居其五❾。这种军事建筑变异为人文景观的现象并非赣州独有，在唐宋开始出现，反映了"唐宋变革"时期的城市经济文化诉求重于政治诉求，人文景观取代军事功能的普遍规律❿。

宋虔州的人文景观已领全国风骚，其他景观胜迹不可胜数，慕德亭、颂僖堂、振夜亭、坐啸轩、逍遥楼、靖安堂、松风亭、七松亭、尘外亭、湛然堂、东江祠、储潭祠、路嗣恭生祠、卢公忠惠庙、嘉济庙、廉泉、夜话亭……虔州当时"在西江尤为钜丽"的城市面貌也为后世留下了华彩诗章：

---

❶ 赵抃《章贡台记》. 详见：魏瀛 . 赣州府志·卷十七·名迹 [M]. 同治十二年刊本 . 台北：成文出版社，1970.
❷ 王象之 . 舆地纪胜·卷三十二·赣州·景物（下）[M]. 北京：中华书局，1992.
❸ 董天锡 . 赣州府志·志五·古迹 [M]. 国家图书馆藏本：133.
❹ 王象之 . 舆地纪胜·卷三十二·赣州·景物（下）[M]. 北京：中华书局，1992.
❺ 董天锡 . 赣州府志·志五·古迹 [M]. 国家图书馆藏本 .
❻ 赵抃《章贡台记》. 详见：王象之 . 舆地纪胜·卷三十二·赣州·风俗形胜 [M]. 北京：中华书局，1992.
❼ 文天祥《皂盖楼诗》. 详见：魏瀛 . 赣州府志·卷十七·名迹 [M]. 同治十二年刊本 . 台北：成文出版社，1970.
❽ 董天锡 . 赣州府志·志五·古迹 [M]. 国家图书馆藏本 .
❾ 苏轼赋诗虔州八景，详见：魏瀛 . 赣州府志·卷十七·名迹 [M]. 同治十二年刊本 . 台北：成文出版社，1970.
❿ 城市景观集称文化中，唐"永州八景"、宋"虔州八景"、宋"羊城八景"、金"燕京八景"先于同侪，详见：吴庆洲 . 中国景观集称文化 [J]. 华中建筑，1994（2）：23-25.

"却立浮云端，俯视万井丽"（苏轼《尘外亭》）❶；

"杆中十万家，一目城市低"（李昂英《重九游郁孤台和座客韵》）❷；

"野阔横双练，城坚耸百楼"（苏轼《用前韵再和霍大夫》）❸；

"八境烟浓淡，六街人往来"（文天祥《石楼》）❹。

自唐宋起，虔州的军政痕迹逐渐淡去，至今只有城墙可供凭吊。新兴的城市功能取代了军政，展现出强大的生命力，公共建筑类型丰富而且贴近民生。尤其是带有浓烈人文色彩的景观和建筑，许多流传至今。

再仔细考察上述建筑的位置，会发现公共建筑有向东南扩散的趋势。若说官方建筑服务于民间商业往来是社会的进步，那么其位置的东南移就反映了繁荣开放的滨江城市区的逐步发育和成熟。至于官方建筑、军事建筑转变为人文胜景——文人墨客吟咏"江山形胜"的诗章里，人文和军事、景观和政治、世俗的花好月圆和终极的理想抱负被时人巧妙地融为一体——其背后是城市性质、城市职能、城市面貌和城市文化的变革。

唐宋虔州渐转向世俗，也走向繁荣、开放。

4.2.3 唐宋前后的城市格局和城市主轴线转变

上文对唐宋虔州城的公共建筑进行了梳理，目的也是为了进一步说明唐宋虔州城市分区、街巷格局的改变；随着这些街区的发育，城市的肌理、主轴线也在渐次转变。下文将讨论这两方面的问题，作为关于唐宋虔州形态的综述。

1. 城市分区及其发展变化的主导因素

宋代虔州的城区基本涵盖了今天的赣州老城区，城内分为7个片区（图4-15），现按发展次序分述如下：

（1）城北为衙署和风景区，自东晋至宋代皆如此。因其地形险要，功能特殊，所以最早发育，但形态稳定且规整。

（2）中部为居民和普通商市区，地形相对高阜。其中均井巷一带因近子城，地形较低，取水便利，只略晚于子城发育，由此再向西、南自由扩散。

（3）西部城区是以官商盐埠为主的商贸区，有盐仓路、盐官路，与章江对岸的铸钱院相呼应。因广东经济繁荣，区域交往密切，这片区域在陈霸先筑城前后发展起来；又因沿水面短，码头狭促，后世被城东的贡江商贸区反超。

（4）东南部高地四周是宗教文化区，山水秀丽，林木繁茂。有景德寺、光孝寺、舍利塔、大佛寺等，有贡院、文庙、府学、濂溪书院，因为有大规模建设而形态相对规整。

---

❶ 四库全书荟要·集部·东坡全集·卷二十二 [M]. 世界书局刊印，1936：349.
❷ 魏瀛. 赣州府志·卷十七·名迹 [M]. 同治十二年刊本. 台北：成文出版社. 1970.
❸ 四库全书荟要·集部·东坡全集·卷二十二 [M]. 世界书局刊印，1936.
❹ 魏瀛. 赣州府志·卷十七·名迹 [M]. 同治十二年刊本. 台北：成文出版社. 1970.

这一带大概是卢光稠扩城前后发展起来的，迟于城西。

（5）城东沿贡江一带是市井商业区。这一带本为临江渚溆，地势低洼易遭水，卢光稠扩城之后，城墙成为防洪墙，为这一带的发展提供了基础条件。因为水岸线长，又受城东七里镇繁盛的带动，涌金门、建春门外码头林立，形成商业聚集效应，日涌万金。这一带大概在北宋发展起来，南宋前已成熟，繁华反超城西。

（6）城南为军事防御区。赣城三面临水，这里是防御重点。城内有拜将台，城门外有教场等军事设施。

（7）此外还有许多坑塘水系组成的泄洪区，分为城东北、城西南、城东南三大块。这些地方地势低洼，雨潦难退，直至民国都还以田林池沼为主。这其实是赣州江城的特色组成部分，看似无用，实则重要（详见第5章分析）。

由于历史上的迁城，历代移民，且宋代人口膨胀，城市跨江发展，城外又形成四个片区：

（1）七里镇，在城东七里外的贡江对岸。

因赣县第三次迁徙选址于此，且有烧窑的便利，在城外最先发展。唐代便设官窑；唐后期洪州窑衰退，七里窑反而崛起；北宋瓷窑务商税冠于各县、镇，应已有成熟的居民商市区；南宋大量人口移民至赣州，七里窑达到鼎盛，这一时期的产品最为精美。

（2）水西片区，在章江对岸。

因交通广南，章江繁忙，对岸城西码头狭小，所以在城外各区中次先发展。宋代有西江务和铸钱院在此，北宋熙宁年间修西河浮桥应是其成熟的标志。

（3）水东片区，在贡江对岸。

福建经济没有广东发达，贡江相对章江没那么繁忙，所以发展迟于水西。但是在宋代七里镇繁盛，城东商业区繁荣，尤其南宋大量移民之后，情况大为改观。北宋有东江务，南宋乾道六年（公元1170年）修东河浮桥是其成熟标志，晚于水西近100年。

（4）水南片区，在城南外及南部赣江对岸。

由于城南不临江，且为军事区，水南受经济辐射最弱，发展最迟。但是南宋移民暴增，城市容量有限，显然为水南提供了相当人口。南宋淳熙年间修南河浮桥，晚于东河浮桥不足十年，显然是受移民暴增的影响（详见第3章人口、移民的考察）。水南始终没有税所场务，不能判断它在古代有成熟的居民商市区。

上述城内外分区及发展时序如图4-15所示，结合街巷的疏密可以发现，在城市发展的不同阶段，主导城市发展的优势资源是不同的，大致可以归纳为：

（1）初创阶段，军事安全的优势是主导因素。高埭土城占绝对优势地位，水源的安全也是很重要的，均井巷在城外区域发展居前。

（2）经济萌发阶段，农业资源逐渐成为主导因素。陈霸先土城实际上朝着南部可耕地拓展，这时商业有所发展，但主要控制在"官商"手中，即城西有所发展。

（3）经济勃发阶段，交通、商业资源成为主导因素。人口和经济的积累引发商业经济的勃兴;更重要的是,城市人口剧增,而合理的耕地半径内的土地是有限的,多出一定数量的人口只能从事工商业和服务业,势必抢夺具有商业优势的地块。因此,这一时期城市追逐交通优势和有聚集效应的地区发展,如城东;而先期发展的地区很可能丧失优势,如城西和城中。

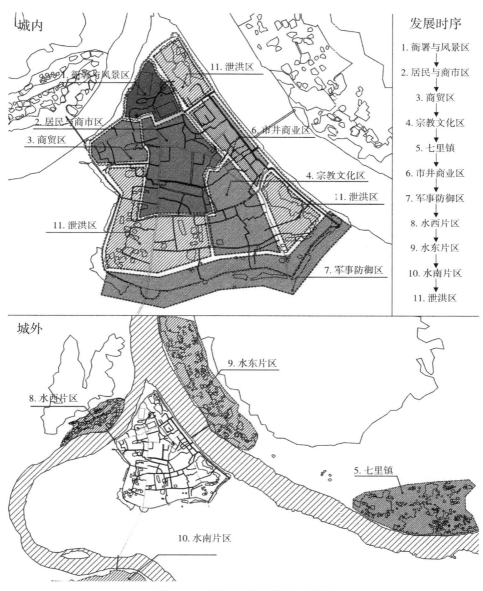

图 4-15 城内外分区发展时序图
来源:根据赣州旧地图自绘

(4)后商业时代,城市景观是被争夺的资源。由于经济发展刺激文化产业兴起,城区人口趋向士绅化,这一时期的城市景观资源也受到关注并引起争夺。赣城的考院、县学从宋代至明清曾屡次"驱寺置学",终定址于风景最好的两地——子城和文庙(详见第6章);宋代摄县丞曾丰作《重建丞厅记》,也记述了遥对崆峒峰的县丞官廨由于被认为风水有利,被州府幕僚抢去的事情❶;北部子城是州守所在,无可争夺,于是苦心经营,在宋代修建了大量的景观建筑。

2. 城市主轴线的转变

前述城市格局的分析,又为城市形态肌理和发展主轴提供了分析依据。

唐宋前后的虔州城市随城(街)区发展产生了三套肌理方向,两次主轴转变(图4-16):

(1)晋代至南朝的高琰土城,其主轴东北向江口,西南向郁孤台。城内建筑大多由此轴线主导。城门外有一条副轴由阳街、横街形成的十字街主导,东南朝崆峒山,西北对军门楼。

(2)唐代的陈霸先土城发展主轴转而以延续晋代副轴为主,在南城则转而沿直街面向西南的农田,其建筑也多沿这两条轴线。

(3)宋代虔州发展主轴再转向沿贡江方向,西南高地和贡江岸边的平行关系成为决定肌理形态的最重要因素。原宋景德寺遗留下来的慈云寺、文庙、武庙的朝向完全呼应了贡江岸线的走向;不仅如此,现今郁孤台的朝向也应该是能反映宋代郁孤台朝向的——它和北部望阙台遗留下来的马面形成南北对应的轴线,正是沿着贡江的走向,结合赵抃所述"阳为郁孤,北为望阙",可以印证北宋虔州人心目中贡江岸线的重要性。

高琰时代的郁孤台多半是沿着高琰土城主轴的朝向,当主将坐在堂中,抬眼望见高台上安然无恙,心中释然舒泰;唐宋赣县的县丞遥对"宜丞"的崆峒山苦思升迁之道❷;宋代的郁孤台转而遥对贡江,欣赏繁华街市。

城市发展和人们的环境认知有着微妙的心理联系,以至于他们在建造的时候,也会不由自主地顺应时代发展的脉搏,进而固化于城市主轴、形态肌理这种文化图式中。

城市主轴线和肌理形态的形成和转变,并非偶然。

本章小结

本章讨论晋、唐、宋虔州发生的从"军镇山城"到"商贸江城"的形态演变,说明其发生了从城市规模到城市性质,从宏观到微观,从物质形态到精神面貌的城市变革。

4.1节从宏观角度出发,对高琰土城、陈霸先土城、卢光稠扩城的城池轮廓、形态、结构进行了分析,讨论其建城、扩城目的,并以人口规模验证分析:

(1)高琰土城已湮没于历史变迁,文章考证其即为后世的子(府)城,以人口记

---

❶ 魏瀛.赣州府志·卷之九·舆地志·官廨[M].同治十二年刊本.台北:成文出版社,1970.

❷ 宋代曾丰的《重建丞厅记》提到人们认为遥对崆峒山的建筑布局有利于官吏升迁。详见:魏瀛.赣州府志·卷之九·舆地志·官廨[M].同治十二年刊本.台北:成文出版社,1970.

第4章 从"山城"到"江城"的演变——唐宋虔州的城市变革

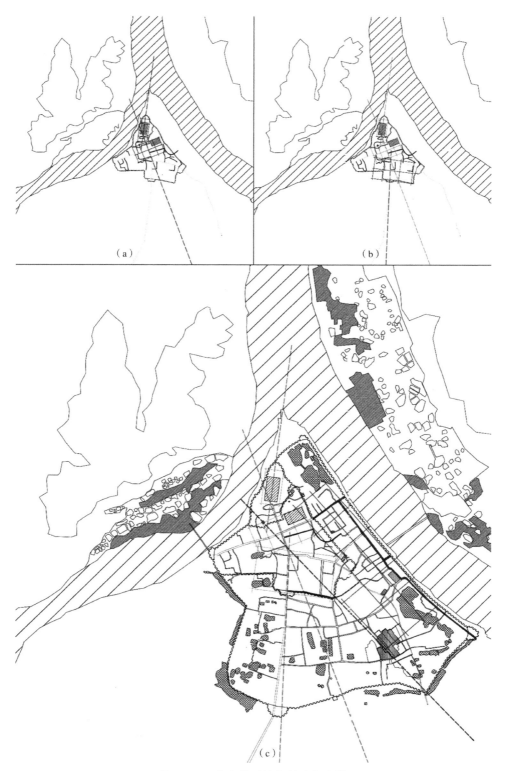

图4-16 唐宋前后的虔州城市主轴
来源：根据赣州旧地图自绘

录验证规模,再从地形、地块肌理、军事防御、防洪、水源等方面分析其范围、形态,并说明它的"军镇"性质。

(2)陈霸先土城也消失近半,本书以史料、地形、地质分析其范围、形态,以人口规模验证,分析其分区结构,说明它具有商业功能,是"江城"雏形。

(3)卢光稠扩城形成后世"宋城",本章以区域军政形势分析扩城目的,讨论宋虔州跨江发展的"江城"格局,验证人口规模,说明南宋赣州已呈"资源/人口"饱和的状态。

4.2节讨论城市的职能转变和新建筑类型的出现,从而导致城市景观、面貌变化,进一步引发城市格局和轴线的改变:

本节通过人口、合理耕地半径的分析证明宋虔州的职能是工商服务业为主导的;通过史料说明新建筑类型和人文景观的大量涌现,证明城市的精神面貌发生变化,走向繁荣和开放。

最后分析城市发展四个阶段的主导因素:初创阶段由军事安全主导;经济萌发阶段由农业资源主导;经济勃发阶段由交通、商业资源主导;后商业时代,景观文化资源被争夺。这四个阶段分别有不同的主导因素,导致城市形态、轴线发生改变。

第 5 章 "江城"之殇——洪灾、城墙和福寿沟

赣城自陈霸先复址两江之间后,由"山城"变为"江城",一方面获得了巨大的发展,走向繁荣开放;另一方面,"江城"的代价是面临着巨大的威胁——洪灾。

洪涝威胁制约着赣州城市的发展,甚至不止一次大幅杀灭赣州的人口。洪灾影响着城市的发展进程,也影响着城市的形态和建设:一方面使赣城建成了"龟城"形态;另一方面促成了具有"江城"特色的防洪排涝体系——福寿沟及其坑塘水系。

5.1 历代洪灾和"江城"赣州的发展制约

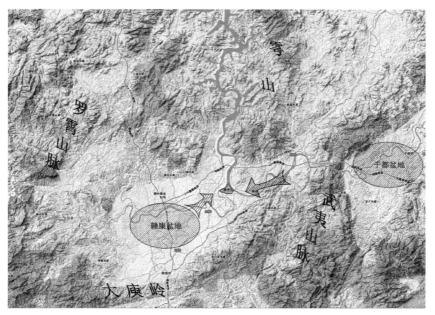

图 5-1 赣江洪涝汇水示意图
来源:根据 Google 地图自绘

赣城控扼两江的险要地势也给古城带来了严峻的洪灾威胁,如图 5-1 所示。每逢雨季,上游的赣康盆地和于都盆地汇集了群山的雨水,循章、贡两江向赣州城滚滚袭来。民国以前有记载的长江流域大洪水,赣州城有 26 次(表 5-1),论记录次数在长江流

域各城市中居前❶。洪灾威胁成为赣州城一大"地方特色"。

赣州遭水最严重的一次发生在唐元和七年（公元812年），"深处四丈余"，应理解为接近郁孤台（高于郁孤台，则无人幸存，无从估测），可称为灭顶之灾。

历代赣州水灾记录表　　　　　　　　　　　　　　　表 5-1

序号	朝代	年代	水灾情况	资料源
1	唐	元和七年（公元812年）	五月，饶抚虔吉信五州山水暴涨，没毁庐舍。虔州尤甚，深处四丈余	《唐会要·卷四十四·水灾·下》
2	宋	太宗至道元年（公元995年）	五月，虔州江水涨二丈九尺，坏城，流入深八尺，毁城门	《宋史·五行志》
3		仁宗景祐三年（公元1036年）	六月，虔、吉诸州久雨，江溢，坏城庐，人多溺死	《宋史·五行志》
4		乾道八年（公元1172年）	五月，赣州、南安军山水暴出，及隆兴府、吉、筠、临江军皆大雨水，漂民庐，坏城郭，溃田害稼	《宋史·五行志》
5		光宗绍熙二年（公元1191年）	二月，赣州霖雨，连春夏不止，坏城四百九十丈，圮城楼、敌楼凡十五所。	《宋史·五行志》
6	明	洪武二十二年（公元1389年）	赣州府三月雨水坏城	江西省水利厅水利志总编辑室编《江西历代水旱灾害辑录》
7		永乐十二年（公元1414年）	赣州雨水坏城	江西省水利厅水利志总编辑室编《江西历代水旱灾害辑录》
8		永乐二十二年（公元1424年）	三月，赣州、振武二卫雨水坏城	《明史·五行志》
9		正德十年（公元1515年）	乙亥春，霖，圮一千三百余丈	同治《赣县志·卷十·城池》
10		正德十三年（公元1518年）	戊寅夏，久雨，圮六百三十八丈	同治《赣县志·卷十·城池》
11		正德十四年至十五年（公元1519—1520年）	己卯，庚辰连岁复圮三百余丈	同治《赣县志·卷十·城池》
12		嘉靖三十五年（公元1556年）	夏五月，大水灌城，七日而水再至，视前加三尺，漂没溺死无算	同治《赣州府志·卷二十二·祥异》
			赣州、临江、南昌、饶放府及高安、南城等县四月大水。赣州、雩都、会昌、石城大水灌城三日	《明实录》，雍正《江西通志》
13		嘉靖四十二年（公元1563年）	甲寅遭水，各门俱有倒塌	同治《赣县志·卷十·城池》
14		嘉靖四十四（公元1565年）	丙辰，复遭水圮	同治《赣县志·卷十·城池》
15		万历十四年（公元1586年）	赣州府五月初二城外发水，高越女墙数丈，城内没至楼脊	同治《赣县志·卷十·城池》

---

❶ 吴庆洲. 中国古城防洪研究 [M]. 北京：中国建筑工业出版社，2009：183.

续表

序号	朝代	年代	水灾情况	资料源
16	清	康熙二十六年（公元1687年）	赣州大水灌城，万安北城倾，人多淹死	江西省水利厅水利志总编辑室编《江西历代水旱灾害辑录》
17		康熙四十三年（公元1704年）	甲申，大水，城堞倾百余丈	同治《赣县志·卷十·城池》
18		康熙五十二年（公元1713年）	五月，海阳、兴安、鹤庆大水，石城河决，侵入城，田舍漂没殆尽；赣州山水陡发，冲圮城垣	《清史稿·卷四十·灾异志》
19		康熙五十八年（公元1719年）	己亥，倒塌百余丈	同治《赣县志·卷十·城池》
20		乾隆八年（公元1743年）	癸亥，坍塌垛口城身百数十余丈	同治《赣县志·卷十·城池》
21		乾隆十八年（公元1753年）	秋七月，大雨江水泛滥，郡城可通舟楫	江西省水利厅水利志总编辑室编《江西历代水旱灾害辑录》
22		乾隆二十五年（公元1760年）	后复圮九十余丈	同治《赣县志·卷十·城池》
23		嘉庆五年（公元1800年）	秋七月，赣州、建昌府及万安、泰和、新建等县大水。……赣县大水登城	江西省水利厅编《江西省水利志》
24		嘉庆十九年（公元1814）	甲戌大水，城塌四十余丈	同治《赣县志·卷十·城池》
25		咸丰四年（公元1854年）	夏大水，坍塌西北城垣四十四丈五尺，膨裂百余处	《赣县新志稿》
26	民国	民国4年（公元1915年）	七月大雨，洪水泛滥，城北稚堞尽被淹没	江西省水利厅水利志总编辑室编《江西历代水旱灾害辑录》
			赣州城东水渗口城垣崩决，平地水深数丈，东北隅居民铺户避登楼，追水上楼继而高踞屋顶，颓垣倒屋之声不绝于耳。城内城外被水之屋倾倒十分之七，近河居民一扫而空	

注：此水灾统计表除第一条水灾记录外，均转引自：吴庆洲. 中国古城防洪研究 [M]. 北京：中国建筑工业出版社，2009：244-251.

表 5-2 中元和七年（公元812年）的灭顶之灾甚至在人口记录和人口曲线上留下了可靠痕迹，前文关于人口、移民考察的图表已经有所提及。现专将此次水灾的前后人口数据列于表 5-2。

虔州元和七年（公元812年）大水灾前后人口数据表   表 5-2

年代	户
唐开元中（约公元727年，《府志》按见元和郡国志）	31837（查元和县图志为32837）
唐元和中（约公元812年，《府志》按见元和郡国志）	26260（元和七年大水灾）
宋太平兴国中（约公元980年，《府志》按见旧图经）	85148（主籍户加客籍户）

根据表 5-2，开元中虔州户数已达 3.18 万，时隔 86 年，反降为 2.6 万，令人怀疑是瘟疫、饥馑、逃户所致。恰巧的是，元和六年（公元 811 年），虔州升为上州，间接说明了其户、口自开元起是增长的，且按唐代上州标准应已超过 4 万，观其此前户数也应能发展到这一标准❶。

黄枚茵在《唐代江西地区开发研究》中认为元和时期虔州未达 4 万户标准而升上州，是因为降低了上州标准，看来是种误解❷。推及同样受灾的其他城市，会发现元和六年（公元 811 年）同升上州的袁、抚、饶州中，只有饶州达标。山区的虔、袁州、抚三州非但人口不及 4 万，且都下降了，同样受灾的中下游城市饶、吉二州对比开元户数没有下降（表 5-3）。

元和七年（公元 812 年）大水灾及遭水州府前后人口数据表　　　　表 5-3

州名	等级	开元户	元和户
饶州	新升上州	14062	46116
虔州	新升上州	32837	26260
袁州	新升上州	22335	17226
抚州	新升上州	24988	24767
吉州	上州	34481	41025
信州	中州	—	28711

数据来源：李吉甫. 元和郡县图志·卷二十八·江南道四 [M]. 北京：中华书局，1983：669-681.

很明显，极端气候环境下的山区降雨，会使群山万壑的雨水汇集，冲击赣江上游盆地的城市，造成极大损失；下游由于地势开阔，河湖蓄洪量大，反而损失不重。

这与如今理解的大不相同，当今下游城市防洪压力大，主要是因为上游城市遍地建设，防洪设施非常完善，把洪水都挡住汇集到了下游。这一点值得深思。

事实上赣城自定址两水之间，欲朝南部平原发展，就一直遭到洪水的制约困扰。本书 3.2.1 节提到虔州自张九龄开通大庾岭路之后人口反而下降，就是经受此次打击的后果。此后人口曲线再也没有唐初的增长斜率，这说明唐初陈霸先土城内是安全的发展用地；而至少在元和之前，陈霸先土城内已经容纳不下更多人口，必须向南部平原发展，和洪水争地，面临巨大困难。

❶ 元和六年（公元 811 年）虔州为上州，按开元十八年公元定的州县等级制，户数应已高于四万。元和中户数大降疑为元和七年（公元 812 年）"深处四丈余"的大水灾导致。详见：王溥. 唐会要·卷七十·州县分望道 [M]. 北京：中华书局，1955.
❷ 黄枚茵. 唐代江西地区开发研究 [M]. 台北：台湾大学出版委员会，1987：97.

5.2 赣州城墙的军事防御和防洪减灾功能

通过上述分析,一方面可以了解洪灾对赣城发展的严重制约;另一方面也可以发现城墙对洪水的重要防护作用,否则唐初不可能有如此迅速的人口增长;进一步的推论是,卢光稠扩城的时机选择固然是出于备战,其动机应还有利用城墙保护居民免遭洪水的考虑。后来赣州城墙的屡圮屡修,似乎也能证明这一点。

5.2.1 历朝赣州城墙修葺频率分布的特点

若考察赣州宋城墙的修葺频率,可以发现,其修建或修葺的时间点及其频率并非均匀分布(表5-4),而是有貌似随机的频率变动,将其绘图则能发现其中的规律(图5-2)。

历代赣州修(损)城时间表　　　　　　　　　　表5-4

年代	主事官员	原因	备注
北宋嘉祐年间（公元1056—1063年）	孔宗翰	"知虔州,城滨章、贡两江,岁为水啮。宗翰伐石为址,冶铁锢之,由是屹然。"	《宋史·列传二百九十七》
北宋熙宁二年（公元1069年）		修城	城砖铭文"熙宁二年"
南宋绍兴二十四年（公元1154年）	赵善继	修城	嘉靖《赣州府志》
南宋绍兴年间（约公元1154—1162年间）	赵公僩	修城	嘉靖《赣州府志》
南宋淳熙十三年（公元1186年）	周必正	修城	《永乐大典·卷8092·十九庚·城·赣州府城》
南宋绍熙二年（公元1191年）		修城	城砖铭文"绍熙二年造使砖"
南宋嘉定八年（公元1215年）		修城	城砖铭文"赣州嘉定八年修城官砖使"
南宋嘉定十年（公元1217年）	留元刚	修城	城砖铭文"嘉定十年军门楼砖官"
南宋嘉定十七年（公元1224年）	郑性之	修城	城砖铭文"嘉定十七年修城官□"
			铁索连桥同治《赣州府志·卷之六·舆地志·水》
南宋宝庆三年（公元1227年）	聂子述	修城	《永乐大典·卷8092·十九庚·城·赣州府城》
			修西津桥同治《赣州府志·卷之六·舆地志·水》

续表

年代	主事官员	原因	备注
南宋绍定二年（公元1229年）		修城	城砖铭文"绍定二年修城砖使"
南宋绍定五年（公元1232年）		修城	城砖铭文"绍定伍年赣州修城砖"
南宋嘉熙二年（公元1238年）		修城	城砖铭文"嘉熙戊戌章贡城砖"
南宋淳祐五年（公元1245年）		修城	城砖铭文"淳祐乙巳修城砖使"
南宋咸淳四年（公元1268年）		修城	城砖铭文"赣州咸淳四年六月下窑造修城砖使"
南宋咸淳年间（公元1268—1275年）	梁继祖、高夔或陈辉（其中之一）	修城	嘉靖《赣州府志》
南宋咸淳年间（公元1268—1275年）	梁继祖、高夔或陈辉（其中之一）	修城	嘉靖《赣州府志》
南宋德祐元年（公元1275年）	刘应龙	修城	城砖铭文"赣州德祐元年修城砖提督官"
元至正十二年（公元1352年）	全普庵撒里	修城	天启《赣州府志》"元有诏，天下城池无修，渐就毁堕。至正癸巳，四方兵起，监郡全普里庵乃复增筑"
元至正十二年（公元1352年）	全普庵撒里	修城	城砖铭文"至元十二年□赣州路造""至元壬辰秋赣州路造"
元至正十七年（公元1357年）	哈海赤	修城	城砖铭文"至正丁酉春赣州尚书重修"
元至正十八年（公元1358年）	熊天瑞	"稍加修理"	同治《赣州府志·舆地志·城池》
明初吴二年（公元1368年）	杨廉指挥	"重修"	同治《赣州府志·舆地志·城池》
明成化二年（公元1466年）	曹凯	修城	城砖铭文"成化贰年陆月陇西郡兴记置"
明成化二十一年（公元1485年）	李玭	"继修"	同治《赣州府志·舆地志·城池》
明弘治六年（公元1493年）	周凤	"继修"	同治《赣州府志·舆地志·城池》
明弘治九年（公元1496年）	金泽都御史	"增高三尺"	同治《赣州府志·舆地志·城池》
明弘治十三年（公元1500年）	韩邦问都御史	"葺之"	同治《赣州府志·舆地志·城池》
明弘治十五年（公元1502年）	吴钰	修城	城砖铭文"弘治壬戌西街彭城郡置"

第 5 章 "江城"之殇——洪灾、城墙和福寿沟

续表

年代	主事官员	原因	备注
明正德六年（公元 1511 年）	周南赣抚	"增筑"	嘉靖《赣州府志·舆地志·城池》
		"缮治一新"	同治《赣州府志·舆地志·城池》
明正德十年（公元 1515 年）	蒋升赣抚	"霖，圮一千三百余丈"，修城	同治《赣州府志·舆地志·城池》
明正德十三年（公元 1518 年）	王守仁赣抚	"久雨，圮六百三十八丈"而"修补完整"	同治《赣州府志·舆地志·城池》
明正德十四年（公元 1519 年）	王度都御副史	"复圮三百四十余丈"而"重修"	同治《赣州府志·舆地志·城池》
明正德十五年（公元 1520 年）	王度都御副史	"复圮"而"重修"	嘉靖《赣州府志·舆地志·城池》
明嘉靖十三年（公元 1534 年）	陈察赣抚	"重修"	同治《赣州府志·舆地志·城池》
			"区划规制"嘉靖《赣州府志·舆地志·城池》
			有 19 种城砖铭文
明嘉靖十四年（公元 1535 年）	王浚都御史	"重修"	嘉靖《赣州府志·舆地志·城池》
明嘉靖三十五年（公元 1556 年）	汪尚宁赣抚	"大水圮"而"大修"	
明嘉靖末（公元 1565—1566 年）	黄扆	"继修"	同治《赣州府志·舆地志·城池》
明万历间（公元 1589—1593 年）	黄克缵	"继修"	同治《赣州府志·舆地志·城池》
明万历间（公元 1598—1605 年）	柯凤翔	"继修"	同治《赣州府志·舆地志·城池》
明万历三十五年（公元 1607 年）	李汝华赣抚	因"各城楼铺颓圮"修	同治《赣州府志·舆地志·城池》，有 7 种城砖铭文
明万历四十二年（公元 1614 年）	孟一脉赣抚	"水，各门均有倒塌"而修	同治《赣州府志·舆地志·城池》
明万历四十四年（公元 1616 年）	孟一脉赣抚	"复遭水圮"而修	同治《赣州府志·舆地志·城池》
			城砖铭文"万历丙辰委官知事吕窑户徐伦浓造"
明天启元年（公元 1621 年）	余文龙		城砖铭文"天启元年委官知事许""天启元年委官陈窑户"
明崇祯十三年（公元 1640 年）	王之良赣抚	"易雉堞为平垛，增高三尺"	同治《赣州府志·舆地志·城池》
清顺治三年（公元 1646 年）		"建春、涌金、西津各门楼俱焚"	同治《赣州府志·舆地志·城池》
清顺治十二年（公元 1655 年）	郎永清	"修复建春、西津二楼"	同治《赣州府志·舆地志·城池》
清康熙二年（公元 1663 年）	姚自强赣镇	"望江楼火焚"而修建	同治《赣州府志·舆地志·城池》

续表

年代	主事官员	原因	备注
清康熙十五年（公元1676—1677年）	佟国正赣抚	"修茸"	同治《赣州府志·舆地志·城池》
清康熙四十三年（公元1704年）	朱光圉	"水圮"而"补修"	同治《赣州府志·舆地志·城池》
清康熙五十八年（公元1719年）	张瀚知县	"修茸"	同治《赣州府志·舆地志·城池》
清乾隆八年（公元1743年）	张照乘知县	"修茸，并缮治八境台及各门城楼"	同治《赣州府志·舆地志·城池》
清乾隆二十五年（公元1760年）	朱宸	"修茸"	同治《赣州府志·舆地志·城池》
清乾隆五十二年（公元1787年）	张昉知县	"重修"	同治《赣州府志·舆地志·城池》
清嘉庆十九年（公元1814年）	刘臻理知县	"大水，城倾四十余丈"而"倡劝捐修"	同治《赣州府志·舆地志·城池》
清嘉庆十九年至二十二年（公元1814—1817年）	查清阿巡道、陈大森县丞等	捐修八境台，捐修东、西、南门及建春、涌金门各城楼共9座，捐修墙身	同治《赣州府志·舆地志·城池》
清道光十五年（公元1835年）	鹿传先署县事	"劝捐修茸"	同治《赣州府志·舆地志·城池》
清道光二十七年（公元1847年）	周玉衡	"劝修"	同治《赣州府志·舆地志·城池》
清咸丰四年（公元1854年）	丛占鳌知县	"水圮"而"倡修"	同治《赣州府志·舆地志·城池》
	周玉衡巡道	建西门炮楼	同治《赣州府志·舆地志·城池》
清咸丰七年（公元1857年）	汪报闰巡道	建东门炮楼	同治《赣州府志·舆地志·城池》
清咸丰九年（公元1859年）	林福祥巡道	建南门炮楼	同治《赣州府志·舆地志·城池》
清咸丰十年（公元1860年）	杨豫成	建小南门炮楼	同治《赣州府志·舆地志·城池》
清同治三年（公元1864年）	蔡应嵩巡道	"城上旧有兵棚，久圮"，"重建瓦棚九十余座，复废"	同治《赣州府志·舆地志·城池》
清同治七年（公元1868年）	韩懿章、黄德溥	修城墙5处	同治《赣州府志·舆地志·城池》
清同治十一年（公元1872年）	文翼巡道	建城上更棚12座	同治《赣州府志·舆地志·城池》

注：1. 城墙砖铭文来源：韩振飞. 赣州古城墙城砖铭文简介 [J]. 南方文物，2001（4）：71-76.
2. 部分官员修城的年份不可考，按同治《赣州府志》查得其任职时间段。
3. 表中灰色部分表示城墙增筑或城防增强。

表 5-4 是目前查到的所有修（损）城记录，除去康熙二年（公元 1663 年）焚毁门楼的记录，共 65 个修建记录。将修建记录绘图（图 5-2），可知修城频率分布：

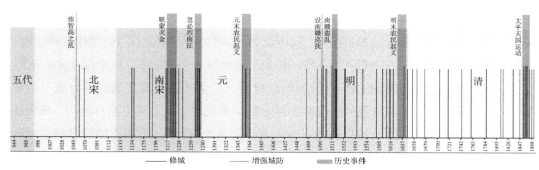

图 5-2　历代赣州城市修建频率图
来源：作者自绘

深究每次修建对应的时间点和历史背景，能找到以下几条规律，比较能说明城墙修建、修葺活动背后的推动因素：

（1）除了清朝，各王朝初期修城活动都极少，宋朝集中在南宋中后期，元朝集中在末期，明朝集中在中后期，清朝最均匀，但后期也密集。

（2）明朝的城墙修建总频率和总次数居各朝之冠。

（3）有五个较为集中的时期——南宋嘉定至淳祐年间（联蒙灭金）、南宋末年（忽必烈南征）、元至元年间（元末农民起义）、明成化中至正德年间（南赣盗乱）、清咸丰至同治年间（太平天国运动），可以发现它们均对应动乱时局。

（4）北宋中期、元朝大部分时间、明朝早期几乎不修城墙。

（5）有 6 次加强城防的举动，每次都可以找到对应历史事件；其中孔宗翰冶铁固基瓮城和刘彝（或刘瑾）修城、治水、修桥的时间紧接依智高叛乱之后，这点与过往的理解可能不同，也许不仅是为了城市建设。

现将各重要的动乱时间列于以下，以备稽考：依智高叛乱（公元 1152—1153 年）、联蒙灭金（公元 1217—1233 年，始于金宣宗于公元 1217 年发动对宋战争）、忽必烈南征（公元 1268—1279 年）、元末农民起义（公元 1351—1367 年）、设置南赣巡抚（公元 1496 年）、南赣盗乱（公元 1511—1518 年）、太平天国运动（公元 1851—1864 年）。

按以上分析，65 次修城记录中，有 28 次是明确以军政为目的的，尚有 37 次其余目的的修城。下文以宋代为例讨论修城的意图，借以一窥城墙的作用。

5.2.2　防敌、防盗、防洪还是防叛——地方和中央的博弈

修城是工程浩大的建设活动，劳民耗财。理想状态下，历代国泰民安时，各地不轻易修城。但是，当城墙复合了御敌、防盗和防洪功能的时候，再加上地方和中央政

权对修城一事不同角度的理解，事情就变得不再简单了——中央政权实际上对地方修城颇不情愿，而地方政府往往会尽力争取机会修城。

宋代是限制地方修城的典型朝代，对南方的城墙尤其不重视。

宋代以"强干弱枝"为统治国策，收地方精兵拱卫京师，防御重点在北方游牧民族。仁宗时，全国禁军1243指挥，其中北方1048指挥，南方仅195指挥；神宗时，全国禁军分隶143将，东南仅13将❶。南方各路均设一将，每将正规军仅2500人❷。

不仅如此，北宋初期还执行拆毁城墙的政策，后来才逐步演变为"不修城"的政策❸。但不论如何，每个城池的修筑都必须上报中央批准，皇帝甚至亲自过问，修完还要检查其是否符合规范❹。这样做的目的无非是防止地方叛乱，而南方城墙颓圮甚至到了无法防盗的程度，宋人对此不无微词：

"闽中诸州，皆福州为根本。自太平兴国中归纳疆土后，集毁城池，至今四围城墙只高三五尺，可以遮闭牛羊，至于私商小儿，皆可逾越。"

"江南、荆湖、京东西、两蜀、淮浙间，则未尝有及之者。其郡县之郭邑，则或依荒篱、坏垣、溪谷、山石以为之固。虽有城堑，类皆阙蚀之余，草树之湮塞，狐鼠之穿穴，车马牛羊之践栋，无丈尺之阻，而樵儿牧竖之可逾！"❺

但皇祐四年（公元1052年）的侬智高之乱也许是这一政策的转机。当时除了广、桂、邕三州有城池可守外，其余各州均无基本的防御设施：

凡东西二部，总四十有五州，惟广、桂、邕号为大府，略有城池之险，他皆阙如。间有，亦庳陋摧剥，不足以为固。盖国定承平日久……❻

这样造成了严重后果，例如端州守丁宝臣因无城墙可守，弃城而逃，叛军势如破竹，席卷两广❼。虽然最终平定，但是朝野震动。黄宽重认为"宋廷在侬智高之乱后，也改变对江南不筑城的政策，开始修筑城池"❽。若是对北宋赣南粤北城市略作考察，便会发现孔宗翰在公元1056—1063年间（嘉祐年号共7年，其间虔州历7任太守，孔宗翰是第二任，应在公元1057年任太守较合理）的修城不是一个孤立的城市建设事件（表5-5），而熙宁二年（公元1069年）修城、熙宁间刘彝治水恐怕也是这一政策延续下的产物。

---

❶ 李坚. 宋代赣粤边区地域社会变迁——以动乱为中心的考察 [D]. 南昌：南昌大学，2007.
❷ 黄宽重. 广东摧锋军——南宋地方军演变的个案研究 [J]. 中研院历史语言研究所集刊，1994：958.
❸ 黄登峰. 宋代城池建设研究 [D]. 保定：河北大学，2007：15-24，41-44.
❹ 黄登峰. 宋代城池建设研究 [D]. 保定：河北大学，2007：15-24，45-48，58. 另见：马继业. 宋代城池防御探究 [D]. 济南：山东师范大学，2005.
❺ 以上两条分别是北宋郑獬、蔡襄的记载，转引自：黄登峰. 宋代城池建设研究 [D]. 保定：河北大学，2007.
❻ 姚广孝. 永乐大典·卷666·筑城记·南雄路志 [M]. 北京：中华书局，1986：4.
❼ 徐丽. 明清肇庆城市的发展及其影响因素 [D]. 广州：暨南大学，2011：21.
❽ 黄宽重. 宋代城郭的防御设施及材料 [M]// 南宋军政与文献探索. 台北：新文丰出版公司，1990：186.

北宋赣粤边区州县城池修筑情况一览表　　　　　　　表5-5

州县	时间	修筑情况	资料来源
南雄州	宋皇祐四年（公元1052年）	知州萧渤修筑	《永乐大典·卷665·筑城记》引《南雄路志》
潮州	宋皇祐四年（公元1052年）	知州郑伸筑，"土工不坚，未期悉圮"	《潮汕金石文征》第39页
梅州	宋皇祐间（公元1049—1054年）	旧有土城，增筑	雍正《广东通志·卷15·城池》
端州	宋皇祐五年（公元1053年）	始筑土城，仅容廊宇	《永乐大典·卷8093·城池》引《南安志》

来源：李坚.宋代赣粤边区地域社会变迁——以动乱为中心的考察[D].南昌：南昌大学，2007：14.

对于中央政府来说，城墙的功能是军政，这一点在虔州南宋和北宋修城频率的对比下显而易见。到了南宋时期，随着国防线的南移，虔州城池修筑频率就大大增加。北宋2次修城，南宋15次修城，并且集中在后半期和备战期。这说明中央政府若非为了对外作战，对地方城池的态度是"能不修就不修"。

综上所述，军事防御功能对于赣州来说，实是位居最次。纵观整个赣州发展的历史，每当中央政权衰弱，统治力量薄弱的时候，都是变乱频发的时期。赣州自设立治所肇始，直至清末，都在忙于消除内乱，尤其是岭南归属中央政权之后，赣州成为内地城市，内防变乱才是城市设防的主要目标。

中央政府是迫于形势，出于军政目的而同意修筑城池的。有趣的是地方史志对城池修筑的理解却迥然不同，修城往往被看作地方官的政绩，民间也多有赞美。因为对于地方来说，城墙的作用是保护地方安全；而对于虔州这样的内地洪患城市来说，防盗功能还在其次，城墙的第一功能是防洪。

同治《赣州府志》是这样理解孔宗翰修城的贡献的，"州城岁为水啮，东北隅尤易垫圮。宗翰伐石为址，冶铁锢之，自是水不为患"——只强调防洪功能，只字不提侬智高之事❶。

古建筑学家吴庆洲教授在《中国古城防洪研究》中指出，宋虔州城改为砖石城，是为了防洪抗冲，孔宗翰冶铁固基，更是古城防洪史上的一个创举❷。

今赣州城沿贡江的城墙还被妥加维护，因为它现在还是抵御洪水的有效措施。类似的防洪城墙在全国还有很多，如乐山、成都、安康、襄阳、荆州、常德、开封、徐州、淮安、肇庆、韶州……❸其中肇庆的情况和赣州颇有相似之处，可作参考印证：

"肇庆一城，原以御水为重，而与高要景福围相接不啻为围之第二重，故景福围遇有崩决之时，则兹城屹然而为保障。"❹

---

❶ 魏瀛.赣州府志.卷四十二·官师志·府名宦[M].同治十二年刊本.台北：成文出版社，1970.
❷ 吴庆洲.中国古城防洪研究[M].北京：中国建筑工业出版社，2009：244-251.
❸ 吴庆洲.中国古城防洪研究[M].北京：中国建筑工业出版社，2009：250.
❹ 转引自：吴庆洲.中国古城防洪研究[M].北京：中国建筑工业出版社，2009：402.

显然，时人对肇庆城池的理解是"御水为重"。历史上虔州城所遭水患不会弱于肇庆城，可见虔州城墙以防洪为第一功能不谬，也说明古人对城墙防洪功能是相当熟悉也相当重视的。

很明显，对于当地人来说，金兵、辽人远在千里；侬智高等反贼更是百年不遇，盗贼杀入城中的也是罕见，倒是每年的洪水令人提心吊胆。在百姓和士绅看来，卢光稠扩城，孔宗翰伐石为址，冶铁固基对后世贡献良多，是因为修城防洪。

防洪既然作为赣城最重要的功能，也必对其城市形态有重要影响——促使其形成了"龟城"的形态。吴庆洲在《中国古城防洪研究》中详细论述了赣州的龟城形态：为上水龟形，龟头筑南门，龟尾在章、贡两江合流处，至今仍名为龟尾角；东门、西门为龟的两足，均临水。风水学上认为，赣州上游各县城的溪流最终聚于赣城形成贡江，是"十蛇聚龟"的吉祥形态。

另外，也许更重要的是：

（1）城墙的形态如龟，略呈尖弧形，可以减少洪水冲击。

（2）城内一处高地俗称"龟冈"（即景凤山所在），在城中偏北。

（3）城内的高程是中间高四周低，呈龟背形。非常有利于防洪排涝，城内雨潦容易从城中排入两江。

因此，在古人心目中的赣州城，确实就是龟状的城市，一如其地方志中描绘的形态。尽管不完全符合实情，却表达出了营建的意匠（图5-3）。

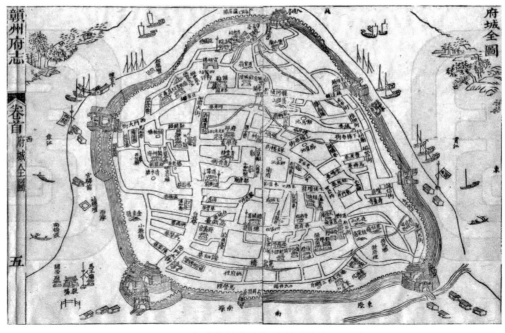

图 5-3 同治《赣州府志》中的赣州龟形示意图

来源：魏瀛. 赣州府志·卷首[M]. 同治十二年刊本. 台北：成文出版社，1970.

5.3 "江城"的特色工程——福寿沟和河流、坑塘水系

赣州城历代饱受洪涝侵袭,如无完善的泄洪排涝设施,必致雨潦之灾,所以修建了一套罕见的古代地下排水管网系统——福寿沟。根据清同治年间的福寿二沟图(图5-4)测算,当时的福寿沟总长不少于12.6km,这在古代是一个规模可观的市政工程❶。

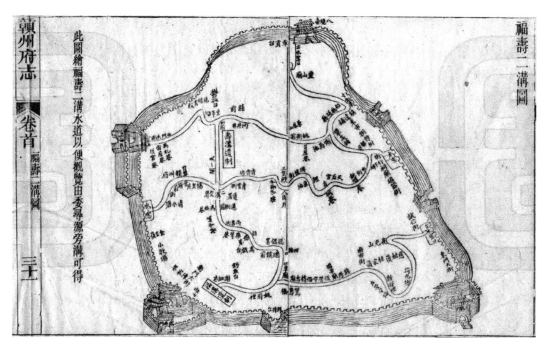

图 5-4　同治《赣州府志》中的福寿二沟图
来源:魏瀛. 赣州府志·卷首[M]. 同治十二年刊本. 台北:成文出版社,1970.

福寿沟实际上连通了城内的坑塘水系和城外河流,形成一个可靠的排涝蓄洪水系。

5.3.1　福寿沟及其可靠记载分析

由于历代关于福寿沟的传说颇多,有许多说法缺考。本书只采用有可靠文字记载的资料进行研究分析。关于福寿沟的历史记载,最早见于嘉靖《赣州府志》:

"宋熙宁中,知州刘彝谋置水窗。"❷

"城东北濒江,作水窗,视水消长而启闭之,水患逐息。"❸

---

❶ 李海根,刘芳义. 赣州古城调查简报[J]. 文物,1993(3):46-56.
❷ 董天锡. 赣州府志·卷五·创设[M]. 国家图书馆藏本.
❸ 董天锡. 赣州府志·卷八·名宦[M]. 国家图书馆藏本.

对福寿沟的明确记载，最早见于明代天启年间的《赣州府志》：

"福寿二沟，在府城。昔人所穿，以疏城内之水也。不知创自何代，或云郡守刘彝所作，近是。阔二三尺，深五六尺，砌以砖，覆以石。纵横纡曲，条贯井然。东西南北诸水俱从涌金门出口，注于江。后因民居架屋其上，水道寖失其故。每岁大雨时行，东北一带街衢荡溢，庐舍且潜为沼。以水无所泄故也。"❶

康熙、同治的《赣县志》也记载了福寿沟：

"福寿二沟，在府城。昔人所穿，以消水患……"❷

"福寿二沟，昔人穿以疏城内之水，不知创自何代，或云郡守刘彝所作。"❸

首先，各版方志都明确指出福寿沟的防洪排涝功能。

其次，嘉靖《赣州府志》明确指出北宋的赣州知州刘彝为福寿沟设置水窗（即福寿沟出水闸门）。

再次，各版方志都不肯定是刘彝修建了福寿沟，这是比较符合常理的。北宋地方官一般三年一任❹，且刘彝任赣州知州的时间在北宋熙宁中，其后刘瑾在熙宁年间接任，则刘彝在任不会超过四五年，按理无法完成这个浩大工程❺。在刘彝之前，赣州已经在现址存在了500年，城池范围扩大至滨江也超过160年，早已存在洪涝问题。综上，福寿沟的初建早于北宋熙宁，刘彝在其任内修整、完善了福寿沟，并设置水窗，这是比较合理的❻。

如上所述，由于洪水威胁，赣州人民早在北宋熙宁之前就修建了福寿沟，而且历代均有修缮、扩建。福寿沟有史可查的修缮、疏浚，见于明天启《赣州府志》：

"……官府往往下令挑浚，而民间贫富不齐，未必人人尽力。此通彼塞，胡能四达，周流盈尺，为梗寻丈。奈何！卒使前人毕智殚力之经营，至委之泥沙，涸秽而莫之续也。"❼

由此可见，福寿沟经年不清理就会淤塞，官府会组织疏浚，这是赣州地方的常年政务。历代不断的修缮维护，是福寿沟作为排水防涝系统的管理常态。

更为详细的修缮、疏浚记录在康熙、同治《赣县志》有记载：

"康熙壬寅，总镇姚公自强督民兵开浚。循其交通旧道，虽在房舍中，亦必挑浚

---

❶ 余文龙，谢诏，等. 赣州府志·卷二 [M]. 台北：成文出版社，1989.

❷ 刘瀚芳，孙麟贵，等，赣县志·卷二·舆地 [M]. 康熙二十三年刻本.

❸ 黄德溥，褚景昕，等. 赣志·卷四·水 [M]. 民国20年重印本. 台北：成文出版社，1975.

❹ 王瑞. 北宋地方官员任期制度研究——以知州、知府为重点 [J]. 赤峰学院学报：哲学社会科学版，2010（1）：20-24.

❺ 张嗣介也有此观点，详见：张嗣介. 五代卢光稠虔州扩城理念风水探析 [M]// 巫晓恒. 风水文化论丛. 北京：大众文艺出版社，2008.

❻ 吴庆洲认为"福寿沟虽不知创自何代，但北宋熙宁间已存在则是无疑的"。详见：吴庆洲. 中国古城防洪研究 [M]. 北京：中国建筑工业出版社，2009：251.

❼ 余文龙，谢诏，等. 赣州府志·卷二 [M]. 台北：成文出版社，1989.

彻底。"❶

"国朝同治八年,巡道文翼、知府魏瀛、知县黄德溥札委绅士刘峙、徐勤,复照旧址,一律挑浚。架有民房、铺、屋者,各户自行私开。其空旷处,提用团练经费公开阅。一年工乃竣。其基址起讫详刘峙图说。知县黄德溥有记。❷"

1949年之后,赣州政府继续对福寿沟进行修缮、扩建。从1953年起,开始将修建下水道列为城市建设的重点,直到1963年,改原木水窗为铁闸门,其间经历十年的修缮,并在20世纪90年代留下了宝贵的记录资料《赣州城区福寿沟示意图》(图5-5)。❸

图 5-5 20 世纪 90 年代绘制的福寿沟示意图
来源:《赣州市城建志》,原赣州城建局编印

---

❶ 刘瀚芳,孙麟贵,等. 赣县志·卷二·舆地 [M]. 康熙二十三年刻本.
❷ 黄德溥,褚景昕,等. 赣县志·卷四·水 [M]. 民国20年重印本. 台北: 成文出版社,1975: 12.
❸ 李海根,刘芳义. 赣州古城调查简报 [J]. 文物,1993(3): 46-56.

由上述记载可见，至少在康熙元年（公元1662年）、同治八年（公元1869年）和中华人民共和国成立初期，赣州人民对福寿沟进行了三次较大规模的清理、修建和扩建。其中同治八年的修缮耗时一年，并且绘制沟图，留下了宝贵的资料；中华人民共和国成立之后的修缮规模更大，延续了这一优秀古代防洪排涝工程的生命并且扩大了其范围。福寿沟至今仍是旧城区的主要排水干道，发挥着"暴雨不涝"的作用。

福寿沟虽然被广泛关注，但是当前尚未有对它的详细勘察，学术界对它的实际状况并不太了解，很多讨论基础仅限于史料。因此在本书写作期间，笔者进入福寿沟，对其进行了现场勘察。

5.3.2 福寿沟现场勘察

赣州老城区在1949年后变化颇大，改旧添新，大部分福寿沟也远非原貌，甚至已经改为现代水泥涵管。为避免混淆新旧，减少无用功，目前对以下范围进行勘察（图5-6）：

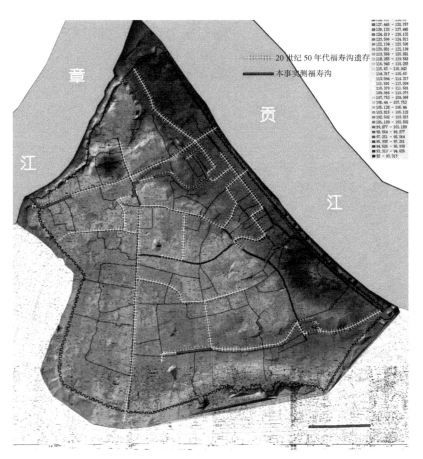

图5-6 已知现存福寿沟分布图
来源：根据赣州旧地图自绘

（1）史料记载和市政资料中的福寿沟管线；
（2）仍然保留砖石拱券结构的管沟及其沿线管沟。

下文中提及的现存福寿沟，如非特别说明，都是特指保留砖石拱券的部分。

经现场勘察，已找到的现存砖石拱券结构的福寿沟约1.8km。分布如图5-6所示。

现存福寿沟主要分布在5条管线：

（1）建国路—均井巷—姚衙前—桥儿口—景凤山（长约880m，其中约730m为砖石拱券结构）；

（2）西津路—西津门—西津门外水窗（约250m，全红砖石拱券结构）；

（3）厚德路中段（至少约130m，青砖拱券结构）；

（4）罗家巷尾—汽修厂附近（约200m，砖石拱券结构）；

（5）红旗大道（约340m，全青砖拱券结构）；

除这几条管线外，在东门井和忠节营巷还有约200m青砖拱券结构的福寿沟，因为沟井相隔太远，这部分情况并不十分明确；另外，厚德路检查井太少，无法探明福寿沟全长，其沿线的福寿沟遗存可能远不止于此；还有东桥路沿线有红砖拱券的管沟，考虑其不在城内，且为红砖，并未计入。

5.3.3 现存福寿沟的保存状况

研究团队进入管沟内观察，并拍摄了大量现场照片。通过照片可以看到，尽管历经岁月，现存的福寿沟仍然保持较为良好的状况，总体的概况如下：

（1）大部分福寿沟的结构状况尚好，仍然能发挥良好的排涝功能（图5-7）。

图5-7 均井巷30号前的福寿沟
来源：作者拍摄

（2）局部有坍塌损毁的状况，但不影响功能使用（图5-8）。

图 5-8　坛子巷口、罗家巷 12 号前的福寿沟局部坍损
来源：作者拍摄

（3）水流通畅，部分管沟有淤积，但并不严重。

观察到的现状说明，福寿沟的设计和施工是优秀的，历代维护得力，留存至今的部分状况较好，仍然发挥着排涝泄洪的作用。

5.3.4　福寿沟的营建特点和作用机制

1. 布局特征——顺应地形，分区排水

勘察结果一方面可以印证同治《福寿二沟图》和 20 世纪 90 年代《赣州市城建志》所绘管线的准确性；另一方面也说明，虽然残存部分保留状况较好，但是相比起福寿沟原貌，规模还是大为缩减，远不能反映其原来布局。所以在论及其布局特征时，仍以 20 世纪 90 年代的《赣州市城建志》中所绘范围为准（图 5-5）。

从图 5-5 可以看出，福沟和寿沟是分别负责一块城区的排水。这种分区排水的规划，在同治《赣县志》里也曾经提及：

"……使寿沟受城北之水，东南之水则由福沟而出，其旁支横络亦皆为疏通。"❶

刘彝又根据水力学原理，在出水口处建造"水窗十二，视水消长而后闭之，水患顿息"❷。12 个水窗的具体位置在同治《赣州府志》和《赣县志》福寿沟图上注明的有 4 处，即今赣江路、八境路新北门、西门口、西门城脚下。另有 2 处（八境公园和刑祠庙）的结构与水窗相近。其他 6 处无从查考。

赣州城的地势北高南低，而福、寿两沟的布局正是根据这一地形规划分布的。城北区域的雨水和污水由各支沟汇集至寿沟，从东部、北部水窗排出；城南区域的雨水和污水则由福沟汇集，从东南水窗排出。

---

❶ 黄德溥，褚景昕，等. 赣县志·卷四十九之四·艺文志[M]. 民国 20 年重印本. 台北：成文出版社，1975.
❷ 魏瀛. 赣州府志·卷四十二·官师志·府名宦[M]. 同治十二年刊本. 台北：成文出版社，1970.

2. 沟体营建——石基砖券，历代修筑

福寿沟的沟体大多为石头奠基，青砖砌筑沟壁和拱券（图 5-9）。由于历代不断修筑，砌筑的方式和材料复杂多样，表现出很明显的多时期、多种结构方式、多种工艺混合的特点，承载了各历史时期的丰富信息，是研究城市历史和防洪水利史、建筑技术史的活文物、活教材。

图 5-9　典型的石基青砖拱券福寿沟构筑方式
来源：作者拍摄

有些线路全由青砖砌筑，使用了大量有铭文的宋代至清代城墙砖，多为中华人民共和国成立初期拆除城墙后修筑（图 5-10）；也有局部不是砖拱券顶，而是石板顶，可能是最早的福寿沟形制。

图 5-10　有"嘉靖"铭文的城砖和均井巷石板平顶的福寿沟
来源：作者拍摄

历史上大规模修筑福寿沟的最确凿证据，是发现了带有"福寿"铭文的青砖拱券（图 5-11）。这说明历史上为了修筑福寿沟曾专门烧制青砖，不惜耗费资财，可见修沟是极受重视的地方政务。

图 5-11 带有"福寿"铭文的青砖拱券
来源：作者拍摄

3. 作用机制——沟塘一体，泄洪排涝

赣州城之所以极少发生雨涝，福寿沟厥功至伟。福寿沟之所以能充分发挥作用，跟以下三方面因素有关（图5-12）：

（1）规划布局顺应地形，排水坡度大于一般的现代城市管沟。首先，赣州古城的选址是考虑了防洪排涝的——赣州城总体地形如"龟背状"，大体来说中间高四周低；其次，微观规划布局方面，与现代许多城市规划异趣的是，街道、管沟并不一味求"直"，而是顺应自然地形，有利于排水。

（2）截面积大，排水冗余量大，工程质量高，不易堵塞。现场实测，福寿沟大多数主沟的尺寸都为宽0.8m，高1.3m，接近排水口时，尺寸往往放大。这个尺寸大于现在许多城市普通排水管沟，防涝标准高，考虑了大量降雨时的排涝状况。

（3）更重要的是，据可靠的史料、城建档案和现场勘察，赣州市内原有众多的水塘，星罗棋布，福寿沟与赣州城大量坑塘水系是串联为一体的，并且在联结节点设计了"小雨直排，大雨容蓄"的方式。

这使得赣州城区形成一套有相当容蓄调节能力的水系，减少了降雨量大时的外排压力；在极端情况下，章、贡两江洪水临城时，雨洪无法外排，则这套水系减免涝灾的作用会更大。20世纪80年代初冯长春在调研赣州之后写的《试论水塘在城市建设中的作用及利用途径——以赣州市为例》❶，讨论了这套坑塘水系广泛而有益的作用（图5-13）；吴庆洲在《中国古城防洪研究》❷中也指出这些水塘在防洪排涝中的重要作用。如今，它们大多已经在城市化建设进程中消失了。

---

❶ 冯长春. 试论水塘在城市建设中的作用及利用途径——以赣州市为例 [J]. 城市规划，1984（1）：38-42.
❷ 吴庆洲. 中国古城防洪研究 [M]. 北京：中国建筑工业出版社，2009：251.

第 5 章 "江城"之殇——洪灾、城墙和福寿沟

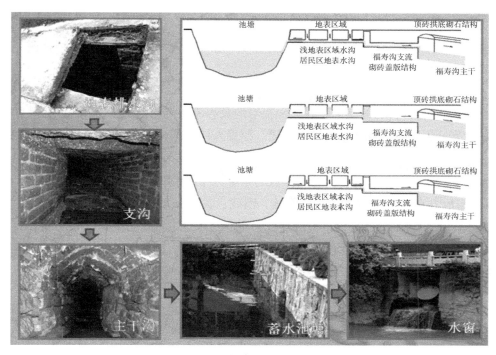

图 5-12 福寿沟的作用机制
来源：赣州市规划设计院提供

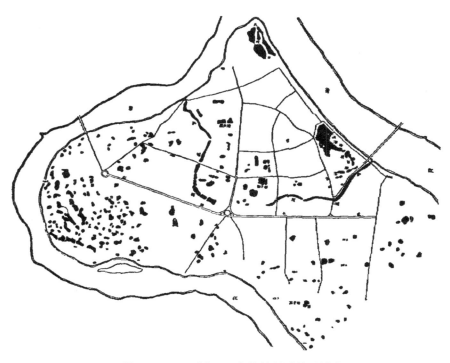

图 5-13 20 世纪 80 年代赣州城的坑塘水系
来源：冯长春.试论水塘在城市建设中的作用及利用途径——以赣州市为例 [J]. 城市规划，1984（1）：38-42.

本章小结

本章突出"江城"赣州的城建特色——防洪考虑，着重说明它的城墙营建及其防洪为主的功能，分析它的特色工程——福寿沟及河流、坑塘防洪排涝体系。

5.1 节分析赣州面临严重的洪灾问题。挖掘人口数据、洪灾记录，说明洪灾曾一度导致赣州人口大减，是赣州城市发展的重大制约因素。

5.2 节通过图和表分析历代赣州修城的频率分布，说明非战争和变乱时期朝廷不愿修城，而地方官绅则利用一切机遇修城。因此，关于赣州城墙的功能，中央和地方的态度是不同的：对于朝廷来说以内防变乱为主，对于地方则以防洪为第一功能。

5.3 节讨论福寿沟的创建历史，展示其现状，分析其营建特色，认为福寿沟和河流、坑塘构成一个完整水系，是具有赣州城市特色的防洪排涝体系。

第 6 章 "盗区"的"王化"

赣南多盗,这是不争的事实,在南宋至明代尤其严重,清代前期又曾"倡乱"。动荡不安的局势对赣南的社会经济造成了几乎致命的打击,赣州城市发展也受到极大的影响,直至清代中期才稍微恢复元气。因何多盗、如何弭盗、后效如何、对城市发展有何影响,是值得探讨也颇具启发意义的 4 个问题。前三者已有方家做了深入研究,本书将重点放在第四者上。

下文先概述明清赣南的社会经济状况和城市发展的概况,然后从中央政权和地方社会矛盾的角度梳理前三个问题的研究,再从武力镇压和文治教化两方面讨论在它们影响下的城市空间变迁。

6.1 明清赣南的凋敝和赣州城市发展的停滞

6.1.1 明清赣南经济和赣关地位的式微

前文论述了赣州在唐宋时期成为一个繁荣的交通商贸型城市:在唐宋不抑商贾和宋代指定广南纲运中转站的国家政策条件下,商业经济的勃兴促使城市发生从性质、职能到空间形态的变革,并且形成了"江城"的城市形态特色。但是这样勃兴的经济发展背后也有隐忧——过度依赖交通商贸(并且仅有大庾岭—赣江一条"黄金商道"),经济产业和市场结构不完整。尽管商业经济和区域交往是城市繁荣的必由之路,但过度依赖外部条件的经济繁荣是难以稳定和持续的。

关于北宋商税的分析提供了证据——赣州在城及周边场务的商税占赣州总额的 93%,一城独大,首位度非常高。这说明至少在北宋熙宁十年(公元 1077 年),赣州地区还没有形成较为合理的工商业网络。一旦外部条件有所改变,就会发生巨大的变化——赣南的社会经济在宋代以后走向衰微,一度凋敝不堪。

李海东、司徒尚纪等人对粤北经济历史变迁的研究,也可侧面印证赣南在明清时期的经济衰减:

"……明清时期,粤北让位于珠江三角洲,此后一直无显著发展……"

"……致命弱点在于粤北地区商品经济意识不强,商贸只限于商路沿线,而且仍如唐宋时代那样主要靠商货转输,未形成较完整的商品经济结构,自然经济仍占据主导地位，市场形态低级。韶州作为南北商品流通的转运站，市场商品相当丰富，明代'舟车辐辏，踵接肩摩，熙熙攘攘，林林总总……'但仁化县，直到清嘉庆年间，'人惟力耕，不营他业。趁墟贸易，鸡豚布谷之外，求尺帛寸珠不可得'；始兴县'男则专力农功，而罔事商贾。有皓首而足迹不履城市者'。直至同治年间，粤北的墟市贸易仍不繁荣，墟市数最高的英德县只有 47 个。全韶州府共 137 个，仅比道光年间南海县 126 个稍多一些。"❶

明清赣南社会经济的式微，可以从各州人口数据的横向对比一窥端倪。

表 6-1 是赣江流域具有代表性的 4 个州（府）的历代户口统计，其中南昌代表赣江下游城市；抚州、吉州代表赣江中游城市，依次靠近赣州；赣州是上游城市。它们的户、口在农业时代的中国大致可以反映其社会经济状况以及城市繁荣的对比状况。

历代赣江流域四州（府）户、口对比表 　　　　　表 6-1

州名	统计项		盛唐	北宋中期	元代	明弘治至万历间	清嘉庆二十五年
南昌	户数		55530	261105	371436	—	711889
	人口数		353231	532446	1485744	1126119	4623058
抚州	户数		30601	161480	218455	—	368968
	人口数		176394	373652	1092275	790491	1531498
	相对南昌比值	户	0.55	0.62	0.59	—	0.52
		口	0.5	0.7	0.74	0.7	0.33
吉州	户数		37352	335710	444083	—	630226
	人口数		377032	957256	2220415	402833	2969883
	相对南昌比值	户	0.67	1.29	1.19	—	0.89
		口	1.07	1.8	1.49	0.36	0.64
赣州	户数		37647	272432	71287	—	392074
	人口数		275410	702127	285148	154046	2414820
	相对南昌比值	户	0.68	1.04	0.19	—	0.55
		口	0.78	1.32	0.19	0.14	0.52

数据来源：方志远.明清湘鄂赣地区的人口流动与城乡商品经济 [M].北京：人民出版社，2001.

由于历代户、口统计的口径不一，尤其是明代，据何炳棣先生的论证，是不能反映真实情况的❷。但是同一时期、同一流域的统计口径应是大体一致的。为了便于横向对比，特意将各城市的户、口以南昌为标准算比值。可以看出，赣州的人口无论是绝对数量，还是相对比例，都在元、明时期出现了惊人的衰减。

---

❶ 李海东，司徒尚纪，薛德升.粤北区域经济地理的历史变迁 [J].热带地理，2003，23（4）：339-344.
❷ 何炳棣.明初以降人口及其相关问题（1368—1953）[M].葛剑雄，译.北京：生活·读书·新知三联书店，2000.

这也足以证明后文所述的"逃户"现象并非夸大（详见本书 6.2.2 小节）。

究竟是什么原因造成这样惊人的变化，以至于赣南在元、明的衰竭一至于斯！后文在"兵患""盗乱"等方面有所分析，但不得不提的是外部宏观经济条件的改变，归纳起来，大致有三点：

（1）南宋时期广南海货运输路线的改变。

章深主笔的《广东海上丝绸之路史》的第五章指出，由于南宋迁都杭州，大庾岭路的广南纲运失去路线优势，广州至统治中心的路线迁至近海❶。建炎二年（公元 1128 年）之后，海货"细色"❷走海运，至孝宗时期已有明确记载"粗色""细色"货物均由海道纲运。这无疑是对大庾岭商路和赣州城市地位的沉重打击。

（2）明清相对唐宋的重农抑商。

这一点几为史家之共识，无须冗论。有趣的是管汉晖、李稻葵定量研究了明代的 GDP 结构，认为其年均增长 0.29%，农业占比 88%，中后期随人口增长，人均经济积累甚至为负数，这点与赵冈、陈钟毅的一些研究结论相印证，颇有参考价值❸。

（3）明清的海禁政策和赣关地位的下降。

明代的海禁、朝贡贸易政策历时长达 200 年，占明朝历史 2/3 的时段。尽管在朝廷有限的默许下，广州港也可与外商暗通款曲，但终究不可能与宋代的重视、招徕政策同日而语❹。因此明代赣关的税收在正德六年至九年（公元 1511—1514 年）的三年总和才 42686 两；此后虽常设赣关，它在九大钞关中的收入名次却从名列前茅逐渐下降，与九江等钞关持平；虽经隆庆开海、万历中兴也无法挽回这个趋势❺。

清康熙二十四年（公元 1685 年）开海，乾隆二十二年（公元 1757 年）开始一口通商，赣州又获得了难得的发展机遇。可是乾隆年间赣关定额才 90682 两，而九江关定额却有 354234 两，优劣已分❻。又可惜好景不长，到 1843 年五口通商之后，赣关和赣南经济衰微，被九江关彻底取代；1936 年粤汉铁路通车之后，更不复昔日盛景。从表 6-2 可以看到，赣关商税在乾隆年间发生突变，但就此止步不前，与上述分析大体一致。

明清时期赣州钞关税收（单位：银两） 表 6-2

年号	公历	定额	实收
明正德六年	公元 1511 年	—	30000
明万历二十七年	公元 1599 年	—	45000
明万历四十二年	公元 1614 年	—	38000

---

❶ 黄启臣．广东海上丝绸之路史 [M]．广州：广东经济出版社，2003：301．
❷ 宋代将舶货分为粗、细两类，并分别抽税。元承宋制，舶货中贵重者称为细色，一般的称为粗色。
❸ 管汉晖，李稻葵．明代 GDP 及结构试探 [J]．经济学，2010（2）：787-828．
❹ 黄启臣．广东海上丝绸之路史 [M]．广州：广东经济出版社，2003：360-357．
❺ 方志远，谢宏维．江西通史·明代卷 [M]．南昌：江西人民出版社，2008：61-66．
❻ 张春红．区位与兴衰：以临清关为中心的个案研究（1429—1930）[D]．南昌：江西师范大学，2010：33．

续表

年号	公历	定额	实收
清康熙十九年	公元1680年	35382.53	34382.53
清康熙二十年	公元1681年	—	37382.53
清康熙二十五年	公元1686年	—	41124.53
清康熙二十六年	公元1687年	—	46471.055
雍正元年	公元1723年		41124.053
乾隆十八年	公元1753年	—	90680
嘉庆四年	公元1799年	38000	84471.55
道光二十一年	公元1841年	85470	93048
道光二十二年	公元1842年	85470	82711
道光二十五年	公元1845年	85470	93184
道光二十九年	公元1849年	85470	93771
咸丰五年	公元1855年	—	40000
同治十二年五月连闰至十三年四月十五日	公元1873—1874年	84471.055	88318.408

数据来源：胡水凤.繁华的大庾岭古商道[J].江西师范大学学报：哲学社会科学版，1992（4）：60-65.

综览明清数百年的发展历程，可以发现赣州在宋代的"江西商贸物流中心"地位逐渐消失，在清代被下游长江流域取代的趋势。历来论及五口通商前的大庾岭商路，总是极言其商旅不绝的繁华景象，往往忽略这是特殊历史时期、特殊条件下的繁荣。城市若无内生的经济、文化力量，长久的繁荣昌盛是难以保证的。

6.1.2 明清赣州城市发展的停滞

随着地区人口、经济的衰退，赣州城市也基本呈现出发展停滞的现象。城墙固然维持宋代范围，没有扩大；宋末文天祥诗云"八镜烟浓淡，六街人往来"，嘉靖《赣州府志·卷五·厢里》中仍是这主要的六街，而同治《赣县志》的府治图中，也仍然是这主要的六街。前文曾论述宋代赣城已经到达人口饱和，城市商业极度繁兴的状态，结合明清的状况，大略可以推知，明清赣城的街巷和城市大体是在宋代形成的，在漫长而变化迟缓的古代农业社会中没有太大更迭，仍留给后世"宋城"的格局。

明、清赣州地方志中的坊、乡、都、图统计　　　　表6-3

年代 \ 图数	东坊	南坊	西坊	北坊	城东	城西	水东	水西	大由乡	爱敬乡	四会乡	章水乡	云泉乡	长兴乡
嘉靖《赣州府志》（公元1536年）	5	2	3	4	1	1	5	1	7都	6都	3都	13都	8都	9都
（102图）									16图	6图	3图	33图	11图	11图
天启《赣州府志》（公元1621年）	5	2	3	4	1	1	5	1	7都	7都	3都	15都	8都	10都

续表

年代 \ 图数	东坊	南坊	西坊	北坊	城东	城西	水东	水西	大由乡	爱敬乡	四会乡	章水乡	云泉乡	长兴乡
（109 图）									16 图	7 图	3 图	39 图	10 图	12 图
同治《赣县志》（公元 1870 年）	5	2	3	4	1	1	5	1	7 都	7 都	3 都	15 都	8 都	10 都
（109 图）									16 图	7 图	3 图	39 图	9 图	13 图

数据来源：1. 董天锡. 赣州府志·志五·厢里 [M]. 宁波天一阁藏明嘉靖刻本. 上海：上海古籍书店，1962.
2. 余文龙，谢诏，等. 赣州府志·卷三·坊都 [M]. 台北：成文出版社，1989.
3. 魏瀛. 赣州府志·卷之三·城池 [M]. 同治十二年刊本. 台北：成文出版社，1960.

表 6-3 列出明清赣县的都、图里户的编制，也可说明这个现象，甚至可以说明当时的城乡发展的具体状况。明代嘉靖年间（公元 1536 年）的赣州，就有 102 图，到天启年间（公元 1621 年），也只发展到 109 图；甚至到清朝同治年间（公元 1870 年），居然仍然是 109 图。城中和城周围各坊的都数没有丝毫变化，这说明城市发展几乎陷入了停滞。

上文从经济环境变迁的角度对明清赣南的衰落进行了一定阐释，然而这仅仅是衰退的经济背景，更深刻的原因也许在于制度、政策、文化层面失控引发的"盗乱"。

6.2 "盗区"赣南——国与民的较量

赣南历来多盗，素称"剧郡"，号称"盗区"。史料中称赣民好为奸盗而难以治理的多不胜数。王安石在《虔州学记》中说：

"虔于江南地最旷，大山长谷，荒翳险阻，交、广、闽、越铜盐之贩，道所出入，椎埋、盗夺、鼓铸之奸，视天下为多。"❶

宋名臣赵抃在《知虔州到任谢上表》中又说：

"……惧失谇臣之风，愿为剧郡之请。……惟兹赣州，控彼南粤，负贩常为群盗，不下一千余人。疆畛最远他邦，动经八九百里。刑无虚日，俗未向风……"❷

北宋中期，名臣包拯又说：

"虔州据江表上游，南控岭徼，兵民财赋素号重地；累岁贼盗充斥，如类行者，结集群党，大为民害，近方稍息。"❸

王安石、赵抃和包拯都是名流俊杰，都持此说法，赣南"盗区"的恶名怕是逃不脱了。但是同为宋代名臣的周必大却有不同的看法：

---

❶ 王安石. 临川先生文集·卷八十二·虔州学记 [M]. 北京：中华书局，1959.
❷ 魏瀛. 赣州府志·卷六十五·艺文志·宋文 [M]. 同治十二年刊本. 台北：成文出版社，1970.
❸ 转引自：许怀林. 江西通史·北宋卷 [M]. 南昌：江西人民出版社，2008：200.

"赣易治也。其民尚气好义，以缴绕讦讪为耻。令为政岂弟，则相与心悦诚服。官府萧然，至无一事。异时，官防者徒感其风声之劲勇，而不思道之以善，又咈而激之。民是以病。必有循吏焉，然后知其治之果易也。防稽陆君，济其循吏与宽而不纵，明而不察，其政不劳而成。吏两衙退，庭中可罗雀也。"❶

周必大是南宋赣守周必正的堂弟，其言当然具有可信度❷。

两方看法迥异，但实际上却是同一个问题，两个角度，一体两面。从中央政权的角度看，有史以来，赣南地区的"盗讯"不绝于书，"盗信"不绝于耳。南宋赣粤闽交界有 79 次匪信❸；有明一代仅见于府志记载的动乱就有 71 起❹。若说有盗，确是事实。

地缘关系上，赣州的地理位置特殊，境内多山，常成为盗贼窝藏之地。且地处闽粤赣交界地带，流窜易而缉捕难。一旦生事就容易波及粤、闽，形成大规模的动乱。因此，一旦中央朝廷统治力量薄弱，赣南山区就动乱频发。但莫非只要是山区就必是"盗区"？当然未必，赣南匪患自有其历史成因。

历史上，汉代设立赣县以后，直至三国，汉族政权都一直致力于平定山越；山越蒲定，则忙于消除山区的其余反叛；东晋至南朝，亦内乱频仍。赣南本就是一个尚未完全"王化"的地区。

唐、宋算是稍微稳定的时期，但北宋以来，盐政恶法也导致"匪患"难除❺。赣州人负盐贩铜，对抗当朝恶政，风气之盛，已经演变为当地人的一种"副业"。

南宋伊始，宋廷南溃，流兵千里，劫掠烧杀甚于北寇，为江西人民带来了难以平复的伤痛。高宗建炎元年（公元 1127 年）至绍兴七年（公元 1137 年）的 10 年间，以虔州为中心的江南西路、福建路、广南东路（今江西、福建、广东）三路交界地区发生了 20 多起农民、士兵反抗政府的反叛活动，这些反叛活动占高宗朝 35 年全国反叛活动的 1/3 强。如此频繁而集中的动乱，赣南"盗区"之名不胫而走。此后宋廷大力镇压，复加重赋。中央政权和地方社会之间积怨极深，逐渐演变成复杂的地区社会问题❻。

明初江西赋税沉重异于他省，太祖的户籍恶法又限制人口自然流动。祸不单行再天降瘟疫，遍地逃民，啸聚为寇，赣南之衰败动荡到了触目惊心的地步。在这种动乱频繁的情况下，明政府于明初在赣州设立了赣州卫所，并于弘治八年（公元 1495 年），置南赣巡抚都察院于赣州，辖江西的南安、赣州，广东的韶州、南雄，湖南的郴州和

---

❶ 钦定四库全书·文忠集·卷二十八·静晖堂记 [M]. 北京：中国书店，2018.
❷ 孙志方. 周必大著述中几则南宋"会子"奉召辑录 [J]. 安徽钱币，2011（2）：4-5.
❸ 邹春生. 王化和儒化：9—18 世纪赣闽粤边区的社会变迁和客家族群文化的形成 [D]. 福州：福建师范大学，2010：86.
❹ 数字统计自赣州地方志编纂委员会《赣州府志》重印本《经政志·武事》。
❺ 罗雄飞. 宋代汀、赣诸州私盐问题探析 [J]. 中国社会经济史研究，2005（3）：18-26.
❻ 邹春生. 王化和儒化：9—18 世纪赣闽粤边区的社会变迁和客家族群文化的形成 [D]. 福州：福建师范大学，2010：86.

福建的汀州等八府一州的兵力，专治寇乱。

从以上历史可以看出，站在当地社会和老百姓的角度，宋明赣南地区的"匪患"问题突出，主要应该归咎于国家与民争利，恶政横行，引发了严重的社会问题。累积的"国""民"矛盾到明代没有改善，反而变本加厉，导致明代的再次突变。

这样的突变当然会影响赣州城市发展的历史进程，其中的变局不能仅以"中衰"一语而概之。整个过程因素复杂，上文仅是数百年的变化概貌，未免疏阔。以下梳理介绍相关的重要内容，为阐述这一时期的城市变化铺垫背景。

6.2.1 盐政、南溃与赣南"匪患"的形成

赣州从"化外之地"变为中原王朝的核心腹地，是唐宋之间的事情，而中原礼仪文教直到宋代才开始在赣南立学传播❶。虔民悍不畏死，至少在清代以前是事实：

南宋恩科状元董德元在奏议上说：

"虔之风俗，固有儒良美秀之家，然地广人稠，大抵嗜勇而好斗、轻生而敢死。"❷

《赣州府志》中记载：

"赣，火耕水耨，渔猎山伐为业……抗志励节（宋苏轼记），唐始有士，宋始有名士（鲁丰序），人物伉健。大概去南渐近，得天地阳气之偏，不可以刑威慑而可以义理动。地大而俗嚚，山宽而田狭；俗嚚故易以噪……劲捷尚义（李太初州学记）……"❸

这确有当地土著不服开化的因素。直至宋元之际，赣州人口仍有相当多土著少数民族（畲、瑶）。畲民本就不服开化，从唐代至清代，反抗朝廷的斗争就不曾停息过。畲民与汉族下层民众（"汀赣贼"是其典型代表）在反抗封建压迫的斗争中互相呼应、互相配合。赣州的民风比江西其他地方悍勇好斗，《虔台续志》里就有提到："宦途言：江西诸郡，率曰赣难治也。"

仅看上述表述，无非是赣南地区开化较晚，"国家认同感"薄弱的表现。但问题远不止于此。宋代的庄绰在《鸡肋编》中记载了一则普通赣民不服国家统治，直斥皇帝无道，目无王法教化的事例：

"……州之四傍皆连山，与庾岭、循、梅相接。故其人凶悍，喜为盗贼，犯上冒禁，不畏诛杀。建炎初，太后携六宫避兵至彼，而陈大五长者首为狂悖。自后十余年，十县处处盗起，招来捕戮，终莫能禁。余尝至彼，去州五十里，宿于南田，吏卒告以持钱市物不售，问市人何故？则云'宣政、政和是上皇无道钱，此中不使'。竟不肯用。其无礼不循法度盖天性，亦山水风气致然也。"❹

普通赣民对当朝如此无礼，这就不仅仅是民风彪悍，不服教化了。观其言中，对

---

❶ 魏瀛. 赣州府志·卷二十三·经政志·学校 [M]. 同治十二年刊本. 台北：成文出版社，1970.
❷ 王象之. 舆地纪胜·卷三十二·赣州·风俗 [M]. 北京：中华书局，1992.
❸ 董天锡. 赣州府志·卷五·创设 [M]. 国家图书馆藏本.
❹ 庄绰. 鸡肋编 [M]. 北京：中华书局，1983：96.

宋廷有着深深的怨愤。其中原因之一，可能是对盐政、"沙钱"等搜刮民脂民膏的"无道"国政的怨恨❶。

赣南是中国历史上盐法变更最多的地区之一，近广盐而远淮盐（通、泰二州），运淮盐的距离是运广盐距离的将近3倍。但由于朝廷取厚利于盐税，淮盐盐商集团势力异常庞大，居然可以影响朝政：与皇室权贵互相勾结，强行划定盐区，赣南居然被划为淮盐区，历史上以行销淮盐为主。清初宁都州（原属虔州）人曾灿曾指出："敝邑与粤东止隔一岭，朝发夕至，而淮盐则有风波之恶，滩石之险，商人不得不高其价，夫舍近而求远，舍易而就难，虽至愚者必不为。"❷

行销淮盐带来盐恶价高的问题，途中常有船工、水手或者盐商自己盗盐私卖而以砂土掺入，故意浸湿。"官盐卤湿杂恶，轻不及斤"，而广盐私盐，却可以"以斤半当一斤，纯白不杂"，而价钱却不及淮南官盐的一半。

虔地本就长山大谷，虔人本就悍勇难驯，如此恶法，他们不愿遵守，因此采取了对抗——买卖私盐。

马端临《文献通考》称"虔、汀、漳三州……壤界岭外，民喜贩盐且为盗"，名画家文同在其《丹渊集》中亦指出"虔州民私贸盐以自业，世世习抵冒"。作为"俗未向风"之地，利用秋冬田事间歇期贩盐已成为虔民的"副业""世业"❸。对虔民而言，贩盐实在是正常不过的事情，而朝廷偏要缉捕，实为可恶。这些人本来只是不服恶法，并非盗贼。李焘在《续资治通鉴长编》中说明了从"民"到"盗"的转变：

"初，江、湖漕盐既杂恶，又官估高，故百姓利食私盐，而并海民以鱼盐为业，用工省而得利厚，由是盗贩者众。又贩者皆不逞无赖，捕之急则起为盗贼。而江、淮间虽衣冠士人，狃于厚利，或以贩盐为事。江西则虔州，地连广南，而福建之汀州，亦与虔接。盐既弗善，汀故不产盐，二州民多盗贩广南盐以射利。每岁秋冬，田事既毕，往往数十百为群，持甲兵、旗鼓，往来虔、汀、漳、潮、循、梅、惠、广八州之地。所至劫人谷帛，掠人妇女，与巡捕吏卒斗格。至杀伤吏卒，则起为盗，依阻险要，捕不能得，或赦其罪招之，岁月浸淫滋多。"❹

老百姓本意只是不愿买杂恶的官盐，私贩射利，被官府缉捕，误伤吏卒，就被迫为盗。

事实俱在，道理清楚。北宋统治者绝非不明白这是恶法逼民反，但财政压力巨大，不能放弃盘剥，最终选择了强行弹压。官府为了弭盗，设置州军、收缴兵械，加强督责。

---

❶ 许怀林认为这是使用了"沙钱"。详见：许怀林. 江西通史·南宋卷[M]. 南昌：江西人民出版社，2008：17.
❷ 转引自：黄国信. 弥"盗"、党争与北宋虔州盐政[J]. 史林，2006（2）：21-29，126.
❸ 郭秋兰. 北宋江西盐法变革述论[J]. 赣南师范学院学报，2003（1）：88-91.
❹ 同❷。

宋淳化元年（公元990年）设置的南安军就有一半考虑出于弹压私盐❶。

北宋蔡挺、塞周辅素称能吏，试图改变虔州的盐区归属，最终败于党争❷。此后曾出现折中办法，但赣南纳入广盐区仍晚至明天顺以后才基本确立，直到清康熙年间才真正确立❸。恶法的延续，加剧了宋、元、明的赣南"匪患"。

若是仅仅如此，民心尚可挽救。后来宋廷南溃中官兵的无能和黑暗才是给赣南民心的最后一击。许怀林先生在《江西通史·南宋卷》中翔实地论述了溃兵流散千里，劫掠州府，而南宋政府则加派钱粮，盘剥百姓的史实❹。此处不再赘述，仅择其概要，列举几个重要的结论（或史实文献）：

（1）溃兵成群，流窜州府，烧杀抢劫，荼毒生灵，为了扩充实力，也不断招收流寇。社会流行的谚语是："欲得官，杀人放火受招安；欲得富，赶着行在发酒醋。"

（2）宋廷为应付战争，加重盘剥勒索，抚州的月桩钱竟达酒税的7倍。

（3）江西残破尤甚，赣人几无生路。"入衡州界，有屋无人；入潭州界，有屋无壁；入袁州界，则人屋俱无"；庄绰在《鸡肋编·卷中》记载了抗金义军吃"两脚羊"❺的事，义军尚且如此，战火流毒可想而知。

（4）地方土豪组织武装，对抗官兵，其实是为了自保求生。

在这样的情况下，宋廷在江西民心尽失，赣人对官府的怨恨既深，拒绝使用劣质"沙钱"，并组织反抗，并且发出了"何人来坏我州府"的质问❻。

据地方志记载，宋元时期赣州府共发生较大型的动乱62起。赣州因为交通等的原因，动乱的规模也比较大，动辄涉及多省，参与之人达数万甚至十万之众。绍兴元年（公元1131年）宋廷派岳飞领正规军从前线回赣镇压叛乱。岳飞在绍兴十一年（公元1141年）被害前，竟有7年时间用于平定江西叛乱，其中4年用于平定赣南。

动乱都被镇压下去后，岳飞拒绝了宋高宗"屠虔城"的密令，虔城人在景德寺右替他建了精忠祠，但明万历年间重修时，增挂对联"但使黄龙饮酒去，何劳白马渡江来"，暗含批评之意，充分展现了"地方意识"与正统"国家观念"的冲突❼。

---

❶ "太平兴国中，以殿直掌广州市舶。自南汉之后，海贼子孙相袭，大者及数百人，州县苦之。允恭因部运入奏其事，太宗即命为广、连都巡检使。又以海盐盗人岭北，民犯者众，请建大庾县为军，官榷盐市之。诏建为南安军，自是冒禁者少。"详见：（元）脱脱. 宋史·卷三百·杨允恭传[M]. 北京：中华书局，1977.

❷ 详见：黄国信. 弥"盗"、党争与北宋虔州盐政[J]. 史林，2006（2）：21-29，126.

❸ 详见：黄国信. 区与界——清代湘粤赣界邻地区食盐专卖研究[M]. 北京：生活·读书·新知三联书店，2006：39-48.

❹ 许怀林. 江西通史·南宋卷[M]. 南昌：江西人民出版社，2008：13-21.

❺ "两脚羊"的事发生于范温组织义军赴钱塘抗金，军中携带人肉干。虽然不在江西，但离乱之世，概莫能免。详见：庄绰. 鸡肋编·卷中[M]. 北京：中华书局，1983.

❻ 隆祐太后逃至虔州，士兵烧掠，土豪陈新组织人对抗，大呼"何人来坏我州府"。详见：许怀林. 江西通史·南宋卷[M]. 南昌：江西人民出版社，2008：17-18.

❼ 详见：许怀林. 江西通史·南宋卷[M]. 南昌：江西人民出版社，2008：26-34.

6.2.2 逃户、鼠疫和"变乱"为特征的明代赣南

南宋毕竟是在政权动荡时局中戡乱，而明代中期，赣南地区也动乱频繁发生，在有明一代仅见于府志记载的动乱就达到了71起，问题尤显突出❶。在这种动乱频繁的情况下，明政府于明初在赣州设立了赣州卫所，并于弘治八年（公元1495年），置南赣巡抚都察院于赣州，辖江西的南安、赣州，广东的韶州、南雄，湖南的郴州和福建的汀州等八府一州的兵力。

究其原因，明代大部分时期延续了宋代盐政恶法，其恶效前文已证，不再赘述❷。不仅如此，明朝还增加了"赋役尤重""户籍管制"两项恶政，再加上"江西填湖广"的特殊历史背景，赣南之残破触目惊心，匪患一发不可收拾。

关于这些问题，方志远在《明清湘鄂赣地区的人口流动与城乡商品经济》《江西通史·明代卷》中都有详细论述，现在将其结论择要列举如下：

（1）明代江西以全国1/15～1/20的田地，承担着全国约1/10的田赋，每亩平均田粮额较全国平均米麦数高出近三升❸。江西赋税的繁重既为事实，也为各级统治者所承认，但除了偶尔的"开恩"豁免外，却始终不予减免，只一味催征。田赋既多，运粮及其他方面的差役也就自然繁重。

（2）田赋徭役的繁重尤其是"产去税存"的压迫，造就了明政府的"逃户"，即"避徭役者"。再加上湖广历劫，土地空旷，江西人口饱和，产生了"江西填湖广"之类的大规模官方与非官方移民潮，加剧了逃户现象❹。

（3）明太祖以静态的户籍制度管制社会，是为了固定人们的居住地及所从事的职业，并希望通过这些手段来达到社会秩序的永久不变。但这恰恰不符合社会发展规律，也限制了人口按经济规律的有益流动，对流民造成威胁，使流民变成流寇。不合理的"稳定"制度导致现实反过来挑战制度和法律，破坏社会稳定❺。

把视野再扩展，也许还有其他原因，再列举两点：

（1'）方志远在研究中认为，元代以降，随着北方移民大规模南迁运动的结束，赣闽粤边已不可能再像以前那样大量地接纳北方的移民人口，尤其是江西中北部一带的移民人口。有明一代，赣南既是赣闽粤边流民人口的最大输出地，又是流民人口的最大接纳地。赣闽粤边内部的人口流动，在很大的程度上正是伴随着赣南的流民输出和对外来流民的接纳而展开的❻。

---

❶ 统计自：魏瀛. 赣州府志·经政志·武事 [M]. 同治十二年刊本. 台北：成文出版社，1970.
❷ 方志远. 明清湘鄂赣地区的"淮界"与私盐 [J]. 中国经济史研究，2006（3）：104-113.
❸ 方志远，谢宏维. 江西通史·明代卷 [M]. 南昌：江西人民出版社，2008：47-51.
❹ 方志远. 明清湘鄂赣地区的人口流动与城乡商品经济 [M]. 北京：人民出版社，2001：37-79.
❺ 关于明代流民演变为流寇的现象和成因，在方志远的专著中有详尽的讨论。详见：方志远. 明清湘鄂赣地区的人口流动与城乡商品经济 [M]. 北京：人民出版社，2001：102-152.
❻ 同❹。

（2）据研究明代移民史和人口史的学者曹树基认为，导致明代赣南人口大幅度耗减的直接原因，是鼠疫的流行。根据他的研究，鼠疫流行是导致赣州人口急剧减少的主要原因。洪武时期，鼠疫传入南安府境，府内相继发生大疫。弘治八年（公元1495年）冬，大疫再次发生。直到1949年，鼠疫仍是这里常见流行的地方病之一❶。

本书第5章已经讨论了南宋赣州人口和资源饱和的现象。本来人口因饱和而流出至"旷地"，对本地经济和社会是一件好事，但当"恶政"导致这一自然的社会经济调适过程演变成"社会问题"——流寇加上鼠疫，人祸复加天灾时，事情就变得难以预料，无法收拾。

史料足以证明，明代赣南有逃户、流寇、经济萧条加上战乱后的瘟疫流行，赣州城市发展陷入了停滞。人口统计是最有力的证据，赣州人口甚至曾经一度大为下降。

王东根据历史文献梳理出来的明代赣州户、口数据，说明了明代整个赣南的人口下降。统计结果显示，从明初至明代中叶的百余年间，赣州境内的户、口数总体上呈不断下降的趋势。在这期间，永乐十年至二十年（公元1412—1422年）的10年间降幅最大，户数和口数分别下降了46.5%和50.3%。宣德初年，赣州府的户数和口数虽然都有20%以上的增长，但接下来30年间却又连续下降。总体上来看，百余年间，赣州府的户数和口数分别下降了52.1%和55.1%，降幅都超过了五成❷。

明代赣州府户、口一览表　　　　　　　　　　　　　　表6-4

时间	户数	口数	距上个统计年份的增长率（%）	
			户	口
明洪武二十四年（公元1391年）	82036	366265	—	—
明永乐十年（公元1412年）	88050	380702	7.3	3.9
明永乐二十年（公元1422年）	47135	189399	−46.5	−50.3
明宣德七年（公元1432年）	58593	229678	24.3	21.3
明正统七年（公元1442年）	51954	204252	−11.3	−11.1
明景泰三年（公元1452年）	44881	200580	−13.6	−1.8
明天顺六年（公元1462年）	37364	140633	−16.7	−30
明成化八年（公元1472年）	42145	140630	12.8	0
明成化十八年（公元1482年）	37341	133366	−11.3	−5.1
明弘治五年（公元1492年）	39229	168951	5	26.7
明弘治十五年（公元1502年）	39988	154046	1.9	−8.8

❶ 曹树基，李玉尚. 历史时期中国的鼠疫自然疫源地——兼论传统时代的"天人合一"观[C]// 中国经济史上的天人关系学术讨论会论文集. 1999: 23.
曹树基. 赣、闽、粤三省毗邻地区的社会变动和客家形成[C]// 中国地理学会历史地理专业委员会《历史地理》编辑委员会. 历史地理（第14辑）. 上海：上海人民出版社，1998: 123-135.
❷ 王东. 明代赣闽粤边的人口流动与社会重建——以赣南为中心的分析[J]. 赣南师范学院学报，2007（2）：10-16.

续表

时间	户数	口数	距上个统计年份的增长率（%）	
			户	口
明正德七年（公元1512年）	39993	155052	0	0.6
明嘉靖元年（公元1522年）	40454	161743	1.1	4.3
明嘉靖十一年（公元1532年）	39258	164237	-2.9	1.5

数据来源：王东. 明代赣闽粤边的人口流动与社会重建——以赣南为中心的分析 [J]. 赣南师范学院学报, 2007（2）: 10-16.

表6-4是整个赣州府的数据，幸得嘉靖《赣州府志·志四·户口》还记录有南宋至明代赣县人口的变化，将其列表，并绘制成图形，也可以非常清晰而形象地看出明代的赣县经历了怎样的人口衰减（表6-5、图6-1）。

宋代至明代赣县人口的衰减　　　　　　　　　　　　　　　表6-5

年代	户数	口数
宋淳熙中（约公元1182年）	主59322 客6469	主99091 客10483
宋宝庆中（约公元1226年）	主61209 客6991	主99726 客10097
明洪武二十四年（公元1391年）	24160	104678
明永乐十年（公元1412年）	21984	95713
明永乐二十年（公元1422年）	19989	89831
明宣德七年（公元1432年）	17575	91251
明正统七年（公元1442年）	15697	80989
明景泰三年（公元1452年）	12382	78370
明天顺六年（公元1462年）	12975	44091
明成化八年（公元1472年）	13601	44985
明成化十八年（公元1482年）	13590	44775
明弘治五年（公元1492年）	13764	45948
明弘治十五年（公元1502年）	14515	46063
明正德七年（公元1512年）	14512	48158
明嘉靖元年（公元1522年）	14942	53101
明嘉靖十一年（公元1532年）	15151	56362

数据来源：董天锡. 赣州府志·志四·户口 [M]. 宁波天一阁藏明嘉靖刻本. 上海: 上海古籍书店, 1962.

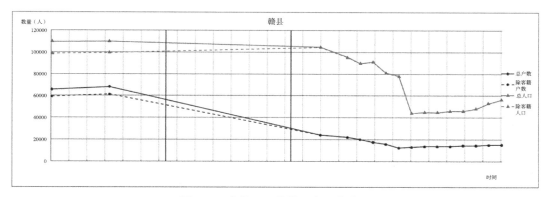

图 6-1　宋代至明代赣县人口曲线图
数据来源：董天锡. 赣州府志·志四·户口 [M]. 宁波天一阁藏明嘉靖刻本. 上海：上海古籍书店，1962.

何炳棣先生的研究有力地证明了明代户、口官方数据的不可尽信。他认为明代的户、口在官方统计上普遍下降的原因，在于官吏和老百姓均有替地方瞒报的倾向，意图减少赋税；而实际上整个明代中国的人口是上升的。❶

也许有人会据此认为，嘉靖《赣州府志》所记载的明代赣南户、口与实际情况相差甚远。但是，表 6-1 已足以证明，赣南境内发生了惊人的衰减。另外，王东在研究又中以雩都县令高伯龄的文章为证，说明了人口凋敝的情况：

"是雩一邑分为虔之六县……实为一大都会……国初尚有东西八厢坊，编户三十里。至正统间，则存七厢坊，一十七里。今则厢坊减三，而里又减六。民之衰耗，一至于此。" ❷

又以兴国县为例，嘉靖年间的兴国知县海瑞在著名的《兴国八议》中议论了赣南人丁凋落、田园荒芜的情况，甚至认为有的里会出现绝户的现象：

"兴国县山地全无耕垦，姑置勿计。其间地可田而未垦及先年为田近日荒废，里里有之，兼山地耕植，尚可万人。岁入所资七八万人，绰绰余裕也。访之南赣二府，大概类兴国……及查户口，（兴国）则名虽五十七里，实则不及一半。嘉靖三十年以前，犹四十四里，今止三十四里。卑职到任后，极力招徕，今亦止得四十里。其间半里、一分、二分、三分尚多。通十排年计之，该五百七十人，今止有四百三十人。其间有里长而全无甲首者，有甲首而止存一二户，户止一二人者。以故去县二十里外，行二十里、三十里，寥寥星居，不及十余家。问其人，又多壮无妻、老无子，今日之成丁，他日之绝户也。人丁凋落，村里荒凉，岭内县分，似此盖绝少也。" ❸

---

❶ 何炳棣. 明初以降人口及其相关问题（1368—1953）[M]. 葛剑雄，译. 北京：生活·读书·新知三联书店，2000.

❷ 转引自：王东. 明代赣闽粤边的人口流动与社会重建——以赣南为中心的分析 [J]. 赣南师范学院学报，2007（2）：10-16.

❸ 同上。

王东认为,"从土地的大片荒芜,到里甲的大幅度减少,海瑞的这份奏议以铁的事实证明:兴国以至赣州全境人口的严重耗减,乃是不争的事实"。

再看安远县,田地荒芜,百姓逃亡的现象十分突出,阶级矛盾激化,以至于县令杨宵远初上任便奏请减赋:

"奏为吁天薄敛,免使人民逃县废事。"

"……安远一兴一废,立县者三。又细访县中不闻大姓,且少百外年之家……乃知安远者,万顷山冈一线田而已矣。故四方未旱,独受旱灾,山高迳狭,炎气如炉苗尝蒸坏。骤雨即成水患,名曰倒岭水,沃土尺寸,随波逐流。夫田少地硗,又粮多赋重,无怪乎催科逼,生不得而死无门。或合室潜逃更名换姓;或壮丁远遁,撇子丢妻。当是时,守土即能员,缺粮必遭下考。至若铅刀末吏,入嗷嗷鸿雁之逼,缓征必误于官常,严比更防夫民变,岂非进退维谷欤?民困官危,县不成县,即欲不废,如之何不废?臣愚以为欲为安远计长久,非薄敛必不可……。"❶

以上的论述已经足可证明人口减少的重要原因,是百姓逃亡为流民。自宋代以后,赣南社会陷于动荡和衰败。本就"国家意识"淡薄的虔民,在现实压力下逃亡为"逃户",又被政府追捕,形成大量的"流寇",加上鼠疫流行、经济衰败,给赣南的社会、经济带来了致命的打击。整个明代赣南受此拖累,陷入了动荡不安的局面。严重的社会问题甚至已经波及核心城市——赣州城的发展已经陷于停滞,无怪乎在宋代奠定城市的分区、街巷以后,赣州城区、街巷再没有出现太大的变化。

从种种迹象和后来的有效措施看来:所谓的赣南"变乱",实际上是赣南人民对明代恶政的集体反抗;所谓"流寇",寇即是民,民即是寇。换句话说,明朝政府几乎是和整个赣南地区的人民发生对抗,不可避免地陷入了困境。虽然寇乱借助军事手段暂时平息,但是"寇乱"的实质是社会问题而非军事问题,绝非军事手段能够彻底解决。

明代两广总督吴文华在《济美堂集》中所述,可以证明民寇难分的现象:

"大抵东粤盗区,惠潮为最,其如程乡、平远、兴宁诸县,皆联络万山,与江西丹竹楼等处相近,聚则便于为盗,散即同于平民,追逐则易匿藏,行剿未免滥及。"❷

但不论怎么分析赣南"匪患"的背后成因,批判当局恶政,有一条规则恐怕是始终不变的:对于统治当局来说,赣地的赋税徭役是其核心利益,这是断不能少的。于是,剩下的只有两条出路——武力镇压和文治教化。

武力镇压就是明朝在赣州设卫的直接原因。明初江西卫所的设置主要是依西南设卫,东则设所❸。赣州处于江西的西南部,明政府显然认为赣州有着重要的军事地位,在赣州设南赣巡抚一职,节制四省八州的兵力共同剿寇,于是赣州卫的设立也就成了自然而然的事情。

---

❶ 沈涛修,沈大中等纂. 长宁县志·卷之五·志言 [M]. 乾隆十四年刻本. 中国国家图书馆扫描版.
❷ 转引自:唐立宗. 在"盗区"与"政区"之间 [M]. 台北:台湾大学出版委员会,2002.
❸ 于志嘉在著作中论述了这一布置原则,详见:于志嘉. 卫所、军户与军役 [M]. 北京:北京大学出版社,2010.

6.2.3 "破山中贼"——南赣巡抚和"十家牌"法

南赣本指南安、赣州两府,明初在行政上本属江西布政使司管辖。弘治八年(公元1495年),为了应付镇压闽赣湘粤四省交界地区的流民盗贼活动,明朝廷在赣南地区设立南赣巡抚,统辖以上四省的边界地区。

南赣巡抚驻所在南赣巡抚都察院,设于赣州,简称虔院。正德十一年(公元1516年),置巡抚南赣汀韶等处地方提督军务,辖江西的南安、赣州,广东的韶州、南雄,湖南的郴州和福建的汀州等八府一州的兵力。

不仅如此,由于镇压流民的战争规模越来越大,南赣巡抚的级别也越来越高,由佥都御史(正四品)升为副都御史(正三品)❶。南赣巡抚的权限也逐渐扩大,由巡抚而兼提督军务:

"一应军马钱粮事宜,俱听便宜区画,以足军饷。但有盗贼生发,即便设法调兵剿杀,不许踵袭旧弊,招抚蒙蔽,重为民患。其管领兵快人等官员,不问文职武职,若在军前违期并逗遛退缩者,俱听军法从事。生擒盗贼,鞫问明白,亦听就行斩首示众。"❷

南赣巡抚相当于副省级官员,但是实际权力似乎比副省级还要大——所辖横跨四省,不仅管政,还有军权。原本赣州只有岭北道,道署驻地为察院。南赣巡抚一设置到赣州,立即搅动了赣州的官场,引发一系列官衙、公署乃至公建的重建、迁移、调整,甚至在一定程度上改变了赣州城市的性质,详见后文关于赣城变化的分析。

令南赣流寇问题得到改观的,是著名的心学创立者王阳明。王阳明于正德十一年(公元1516年)六月受命为南赣巡抚,十二年正月到任,至正德十四年(公元1519年)三月平叛成功。仅短短两年多的时间,基本平定了赣南寇乱。

王阳明到赣州后,对他领导下的军队进行了重新选兵、编伍。他对军队进行了大规模的整顿,明法令、信赏罚——关键采用了募兵制,大大提高了军队的战斗力。

本来赣州卫的军队战斗力反不及寇贼。因为按明朝军户制,军人世袭,但军人不愿世袭——于是本来职业是军人,世袭几代后便"非常不职业",从军时甚至可能是"幼军"。军中"吃缺"的现象严重,方志远列表统计全江西数额应有1.8万,估算只有1.2万实数,其中半数又用作漕运,可用者只有6000❸。

实际作战中,王阳明剿匪曾用十路军队,其中四路是直接由赣州的官兵组成的❹。又,《虔台志》中记载正德六年(公元1511年)一次战事:

"议得大帽山等处流贼,攻围所县城池,势甚猖獗,巢连三省,众以万计,须大举

---

❶ 方志远,谢宏维. 江西通史·明代卷[M]. 南昌:江西人民出版社,2008:122-125.
❷ 转引自:方志远,谢宏维. 江西通史·明代卷[M]. 南昌:江西人民出版社,2008:123-124.
❸ 方志远,谢宏维. 江西通史·明代卷[M]. 南昌:江西人民出版社,2008:29-31.
❹ 罗薇. 古代赣州城市发展史研究[D]. 赣州:赣南师范学院,2010:27-28.

方底削平。合用兵数二万三千名。"❶

从用兵总数可见,王阳明用的部队,有许多不是原卫所官兵。

另外,王阳明采用"十家牌"法,对当地社会进行半军事化管理。如前所述,赣粤闽寇乱地区,民、寇难分,王阳明此法相当于釜底抽薪。

所谓"十家牌"法,实则是"十家连坐"。就是以家户为单位,每十户编为一甲,每甲持有一牌,牌上书明每家户主的姓名和籍贯。此牌每天一轮,由各户轮流收掌。每天晚上,持牌户到各家照牌查看,查看的重点是"某家今夜少某人,往某处,干某事,某日当回;某家今夜多某人,是某姓名,从某处来,干某事务"。在查看的过程中,对于上述一切要"审问的确",并将查看的结果"通报各家知会"。在查看时,如果"有可疑,即行报官,如或隐蔽,事发,十家同罪"。此外,每户又另有一牌,牌上书明该户户主姓名、家中人口(包括每个人的性别、职业、技能、病史、去处等)、财产、房屋以及寄歇客籍户等。如果户主系"寄庄"客籍户,则需书明原籍某处、某里甲、寄庄田在本县某处、原买何人、何人担保等项。"寄庄"客籍户如"有庄田,皆不准不报写原籍里甲,即系来历不明,即须查究"。此牌悬于各家门户之首,"以凭官府查考"❷。

显然,"十家牌"法的核心内容,就是通过掌握地方社会的人口流动状况,并通过对地方社会的一种准军事化的管理,来达到社会控制的目的。根据王守仁自己的看法,"十家牌"法的颁行,"其法甚约,其治甚广。有司果能著实举行,不但盗贼可息,词讼可简。因是而修之,补其偏而救其弊,则赋役可均。因是而修之,连其伍而制其什,则外侮可御。因是而修之,警其薄而劝其厚,则风俗可淳。因是而修之,导以德而训以学,则礼乐可兴。"

由此可见,"十家牌"法旨在通过连坐互保,建立基层里甲制度,还具有规范行为、教化百姓的意味。随着"十家牌"法的颁行,原先流入赣南一带的大多数流民,也被编入到牌甲之中。

这样,政府便可以通过"查考"牌甲而控制流民。随着流民人口大量地被编入牌甲之中,由流民而引发的社会动乱自然趋于缓和。据记载,"十家牌"法颁行之后,原先"俗多鄙野"的赣南一带,风俗为之"丕变","赣人多为良善,而问学君子亦多矣"。

南赣巡抚的设置,军事上的强化和准军事化的基层管理,为明代赣州的城市增添了宋代没有的军事色彩,详后文分析。

6.2.4 "破心中贼"——乡约教化中的"王化"

"十家牌"法在"弭盗安民"方面具有重要的功效,所以它几乎被所有后来继任南赣巡抚的官员所沿用。但是,如前所述,赣南寇乱是个社会问题。"十家牌"法固然有

---

❶ 谢诏.《重修虔台志·卷之四·事纪一》。本书引用的《虔台志》为电子扫描版,实书现存于日本。
❷ 王东. 明代赣闽粤边的人口流动与社会重建——以赣南为中心的分析 [J]. 赣南师范学院学报,2007(2):10-16.

效,却不是解决社会问题的根本途径。剿匪的战果引人深思,正德十二年(公元1517年)五月,王阳明《闽广捷音疏》记载一次进剿广东寇巢:

"前后共计生擒大贼首一十四名,擒斩贼犯一千二百五十八名颗,俘获贼属九百二十二名口,夺获水黄牛、马一百三十九头匹,赃仗衣布等物共二千一百五十七件匹,葛蕉纱九十六斤一两,赃银三十二两四钱八分,铜钱一百四十二文。"❶

从战果可以看出,"山贼"2194名,夺获水牛、黄牛和马139匹,平均16人才拥有1匹牛(马),衣布1人1件(匹),葛蕉纱、赃银、铜钱分摊开来不值一计。流寇做贼没发横财,还是一样赤贫如洗,普通百姓就穷得不能再穷了❷。

为寇实是因为没有出路;但同是没有出路,为何有的人却能安于贫困？如何引导他们找能被社会接受的出路？王阳明提出了"破山中贼易,破心中贼难"的观点:

(1) 令擒获的流寇为"新民",格心洗非,编户入籍;

(2) 推行乡规条约,令赣民自觉遵守国家法度,培养"国家观念";

(3) 兴修书院、官学,开展文治教化,"养士""化民",引导赣民走科举出仕的道路。

于是,正德十三年(公元1518年)九月,重修濂溪书院,"四方学者辐辏,始寓射圃,至不能容,乃修濂溪书院居之"❸;正德十三年(公元1518年)十月先后平定闽西、赣南和粤东北三个反抗中心之后,王守仁又颁布《南赣乡约》。

如果说"十家牌"法主要是准军事性的地方社会管控手段;那么乡约则主要通过礼乐教化来安抚地方社会;王阳明再进一步,每平定一处叛乱即设立社学、修书院。宣扬理学思想,培养正统社会精英(养士),"王化"斯土斯民(化民)。

这样的做法,对于赣南的匪患,实为釜底抽薪,防患于未然。在经过王阳明的治理之后,赣南匪患大为改观;随着王阳明个人威望的提高,"阳明心学"传播天下,在赣南理学的熏陶下,赣州的官学、书院也被提到前所未有的重视程度。

6.3 文治与武功的较量——"王化"核心地赣城的变化

上文用不少篇幅叙述了赣南匪患的来龙去脉,一是为了说明盗乱背后的实质,是中央政府和地方社会的矛盾冲突,是社会问题而非单纯的军事问题;二是借以说明宋代以后赣州城市发展陷于停滞的原因;三是为了充分说明问题的严重性,借以厘清明代赣南社会发展的主流,或称主线——"王化"。

这个主线并非那么简单或一维的,而是文治与武功交错(或较量)的过程,武功

---

❶ 魏瀛.赣州府志·卷六十六·艺文志·明文[M].同治十二年刊本.台北:成文出版社,1970.

❷ 方志远等也有分析,详见:方志远,谢宏维.江西通史·明代卷[M].南昌:江西人民出版社,2008: 123-134.

❸ 钱德洪,王汝中.王阳明年谱[M].力行要览编辑社,1933:78.

在前期而文治在中后期，其中又伴随着其核心地赣州城的"士绅化"，交织着理学的兴起和传播。

固然，在"王化"的主流思想下，有着种种其他的声音，有着小民被迫安于困苦的愤懑无奈，还有陆陆续续的抵抗。但是，在强大的中央集权面前，他们也只能是失语的。我们会发现"王化"核心地赣州城忠实地遵循着主流声音给它定下的路线，用它的特定形态语言书写这个时代发生的事情。

6.3.1 虔院、卫所驻地赣城的半军事化

如前文所论证的，宋代虔州是个南北物流中转地，一个交通商贸型的城市；宋代虔州并没有多少兵马驻守，如前所述，当时整个江西也就2500多正规军，史料多见暴民组织上百人就能袭县衙杀县令的记录。但宋虔州仍然是一个安全、繁荣的城市。

明代的赣州也同样设有赣关，并且其税收仍然高于九江关，在全国税关中比例颇重，但税收大大低于宋代❶。但明代的赣州城设南赣巡抚都察院，调度八府一州军队，又设赣州卫，还有前述十家牌法管制百姓，军政职能大大强于宋代。

若把明代的赣城称为一个"军城"，未免言过其实，但至少明代朝廷将赣州相当部分地恢复了军事职能。赣州在明代的城市性质有所改变，明赣州既是个交通商贸型城市，又是个指挥中心，控制并展现着赣南"王化"的进程。

仔细考察明赣州城会发现，不仅仅增加了许多军政设施，而且它们的位置、后来的迁徙、迁徙的时间、主事的官员以及迁徙的原因都耐人寻味。从这背后我们可以看到前述"王化"主线的变化过程。

下面列举几个重要的军政相关的建筑及其史料。

提督都察院：府东南。弘治甲寅（弘治七年，公元1494年）有寇警，用镇守。邓太监原暨巡按、三司议设巡抚宪臣，节制四省，南赣、汀、漳、郴州、惠、潮、韶、雄咸隶焉。明年，金都御史泽请给公帑，檄谈副使俊、李参议魁即赣，建都察院。正德戊寅（正德十三年，1518），王都御史守仁开拓一新。嘉靖壬辰（嘉靖十一年，公元1532年），陶都御史谐增建军储厂❷。

察院：府西南。正德戊寅（正德十三年，公元1518年），知府邢珣购都指挥董寰故宅徙建，旧在郁孤台麓。

布政分司：府西南。正德戊寅（正德十三年，公元1518年），知府邢珣徙建，旧在郁孤台麓。

郁孤台：……洪武初建岭北道于台颠。寻改察院。正德丙子（正德十一年，公元1516年），邢珣移置别区。台虽复旧，然已失其崇峻之势矣。王都御史守仁、范副使

---

❶ 方志远，谢宏维. 江西通史·明代卷[M]. 南昌：江西人民出版社，2008：61-67.
❷ 董天锡. 赣州府志·志六·公署[M]. 国家图书馆藏本：141.

辂遇相继培而益之，眠昔有加，壮观一方。未几为好事者剐而平之，吊古者弗能无遗憾焉❶。

赣州卫署：府东南三里，周百有六十丈，广二十有六丈，袤七十丈。元至正戊戌，熊天瑞据城，即故馆驿置兵卫，后因之。国朝洪武辛亥（洪武四年，公元1371年），始改设赣州卫。指挥杨廉、王胜议建今治。宣德乙卯（宣德十年，公元1435年），指挥佥事来升率僚属修。嘉靖丙申（嘉靖十五年，公元1536年），提督军务王都御史浚、陈御史玒整饬兵备。侯副使缄檄知府康河，委镇抚杨伟、县丞段士魁重修。

中所军营：西津门外。

左所军营：建春门。

右所军营：涌金门。

前所军营：百胜门。

后所军营：镇南门。

牧马场：南门外，距卫二里❷。

大教场：镇南门外，距府五里。正统丁卯（正统十二年，公元1447年），守备都指挥佥事冯广重建，岁久圮。张副使璁委指挥张锐修筑。正德丁丑（正德十二年，公元1517年），王都御史守仁增建营房三百三十有七区。嘉靖庚寅，周都御史用檄推官陆府、知县蒙佾增建。

小教场：府城南隅。

府署：城北隅。世传郭璞卜筑地。周四百十有五丈。广九十丈，袤逾广四十丈。国朝洪武丙午❸，知府陈璧奉诏，即晋唐宋元故址拓建。成化乙巳（成化二十一年，公元1485年），知府李珰撤而新之。正德甲戌（正德九年，公元1514年）冬，知府邢珣增修。中为堂，曰公生明；后为轩，曰牧爱；为后堂，曰清献（景慕宋守赵抃，故名）……❹

图6-2已把重要的建筑标示出来，考察其变迁时序，就可发现其中关系：

洪武初年（约公元1371年）——建岭北道（后改察院）、布政分司于郁孤台，建卫署。

弘治八年（公元1495年）——巡抚金泽建提督都察院。

正德九年（公元1514年），知府邢珣增修府署。

正德十一年（公元1516年），王阳明受命抚赣，邢珣从郁孤台移走察院、布政分司。

正德十二年（公元1517年），王阳明增筑大教场营房。

---

❶ 董天锡. 赣州府志·志五·古迹[M]. 国家图书馆藏本：132.
❷ 董天锡. 赣州府志·志六·戎卫[M]. 国家图书馆藏本：161.
❸ 原文为"洪武丙午"。明太祖朱元璋洪武年号时间为公元1368~1398年，并无丙午年，最接近的丙午年是元至正二十六年，公元1366年。
❹ 董天锡. 赣州府志·志五·公署[M]. 国家图书馆藏本：142.

正德十三年（公元1518年），平叛基本成功，王阳明增筑都察院，邢珣移察院、布政分司于府西南。

图 6-2　明代赣州官署位置及迁移图
来源：根据赣州旧地图自绘

其中最值得关注的是都察院、察院（与布政分司）、郁孤台、府署四者的关系。

郁孤台是全城最高处，代表着赣城内至高无上的地位，原被察院（相当于地方武装总部）占据，府署屈居其下。

都察院是巡抚所在，地位最高。南赣巡抚相当于副省级，跨四省管八府一州，集军政于一身，实际上的权力胜于副省级。而王阳明抚赣之前，金泽建都察院在府东南，察院居然还在郁孤台上不迁，可见无论金泽还是察院都认为南赣巡抚只是临时任职，平叛后将撤离（后来清代确曾如此）。如此，金泽之平叛失败也可预见。

赣南匪患愈演愈烈，王阳明临危受命，南赣巡抚的权力便水涨船高，威权颇重。皇帝诏令，不听号令者可以军法从事（详见本书6.2.3节关于南赣巡抚的内容）。老于官场的山西巡抚何乔新对南赣巡抚衙门的威重做了如下记叙：

"前后堂各五间，穿堂两廊，大门、仪门廊庑各若干间，东左建后乐堂，又东则建赏功所。大门之外，立抚安、镇静二坊牌。屏墙之南，又立三司厅，以为巡守、兵备会议白事之所……穹堂峻宇，高闳崇墉，规制壮丽，它镇所未有也。凡政令之布，赏罚之施，皆在此。诸帅出兵、受律、献馘，亦在此。郡县百司政有弛张，亦必至此白之，

而后敢罢行焉。"❶

巡抚威重至此，原来无所用心，纵任寇患的察院岂敢再留在郁孤台？有趣的是，是由知府邢珣（后来位列名宦，颇得王阳明赏识）出面移走察院的。

可见王阳明集军政大权于一身，收服了察院、布政分司，指挥赣南"王化"进程，如臂使指，才获得成功。

但如果仅仅如此，也只是官僚之间争权夺利的戏码而已。将察院从郁孤台上拿下，还有更深远的意味，温春香、朱忠飞关于郁孤台的研究揭示了其中更深刻的内涵——郁孤台关乎一郡文运：

"明洪武初即台平治，建岭北道署，后徙，改为'察院'。正德间知府邢珣因议者谓此台秀拔，关一郡文运，迁察院于城西，文笔耸然复旧。嘉靖中汪御史尚宁又加培筑。"❷

"明、清时期，郁孤台历次重修都与其作为'文运'的象征有关，正如上文提到的赣州知府邢珣（1462—1532）就认为'台秀拔，关一郡文运，迁察院于城西，文笔耸然复旧'。同治八年（1869），郁孤台因大风圮，第二年，知府魏瀛也认为：'赣邑南粤东闽一大会也，山川之磅礴，人物之峻（俊）杰，文章节义之奇异，超卓志不绝书，迄今甲第之衰征，仕籍之淹滞，殆由郁孤台之不复作，而文运因以不振乎！'于是便有了同治九年（1870）的重建。"❸

郁孤台历来是"文运"的象征，将占据着郁孤台的察院、布政分司拿下，不仅仅是为了都察院的权威，还事关一郡之文运。原察院、布政分司占据郁孤台，匪乱则愈演愈烈，隐含着一个富于批判性的暗示——崇尚权（武）力而文治不兴，怎能使城市走向安定繁荣！

王阳明并没有能力改变赣城的半军事化，相反，他需要加强军事化，作为平叛的工具手段。但是，即便正德十三年（公元1518年）平叛成功，王阳明名盛一时，圣恩隆眷，也没有把他的都察院置于郁孤台上；而是仅仅增修都察院，定址察院、布政分司于府西南，谦逊地让掌管一郡民政的府署居于子城，让掌管一郡文运的郁孤台重新获得至高无上的地位。

文治与武功，教化与显达孰重孰轻？王阳明首先破了察院官员们的"心贼"。

6.3.2 客都孤岛——人口变迁与赣州城的文化置换

王阳明"王化"赣南的举措雷厉风行，兼且在此前后，赣南也经历了一系列惊心动魄的大规模人口变迁，导致一个有趣的现象——赣州亦称"客都"，而赣城却是客家

---

❶ 转引自：方志远，谢宏维. 江西通史·明代卷[M]. 南昌：江西人民出版社，2008：125.
❷ 温春香，朱忠飞. 书写与流传——文化史视野下的郁孤台[C]// 中国历史文献研究会. 历史文献研究（总第30辑）. 上海：华东师范大学出版社有限公司，2011：9.
❸ 温春香，朱忠飞. 书写与流传——文化史视野下的郁孤台[C]// 中国历史文献研究会. 历史文献研究（总第30辑）. 上海：华东师范大学出版社有限公司，2011：9.

地区的语言、文化孤岛。赣州城的方言"官话"几乎独树一帜，是"西南官话"，与赣北九江地区的"江淮官话"也不同，是赣南客家方言地区乃至整个江西省方言地区包围的伶仃孤岛❶。

不只如此，赣城还是一个文化孤岛。赣南的南北皆有客家围屋（尤以南部密集），而赣城附近全无。不仅围屋，赣州城内几乎没有普通客家建筑的踪迹——夯土墙和质朴的悬山顶坡屋面是南方客家民居的普遍特征之一，赣州城内的建筑罕见夯土墙、悬山顶，多有砖墙、徽派马头墙和俏丽的江南发戗起翘，反映出强势的徽州文化的影响力。只要在赣州城外，又大体以客家建筑为主。

无独有偶，赣南信丰县城也是"西南官话"通行区，但不如赣城的官话强势，同时通行客家话。钟永超考察了这种语言岛现象，并且总结了两城的共同特点：都曾经是明代的军事驻防重地——赣州卫和信丰所，并认为这种方言与柳州话相近，是由明清赣州的一种特殊移民——柳州狼兵带来的❷。

但是狼兵在明清时期用为山区的军事镇压力量，不是赣地独有，其余地区也不乏狼兵驻守的记录❸。对于赣州城来说，外来语言能形成语言孤岛，显见其从人数到文化上都极为强势。这必须归因于元、明时期原住民的大幅减少和文化弱势。

宋末元初的赣州是抗元的重要基地，文天祥领义军在赣南与元朝作战拉锯大半年，战败殉国；此后的元初十几年，民众的有组织抗争仍遍及江西全境，其中钟明亮的义军规模达十万众，活跃于赣粤闽交界❹。

兵火之下，赣南残破，元明人口剧减（表6-1），反抗的汉人则被迫逃入"畲洞"。曹树基认为，汉人与畲人就是在抗元斗争中大规模融合，形成客家民系的，以至于在元朝统治者看来皆为"畲军""畲贼"。及至明代，赣南遭受大规模鼠疫，逃民无数，有些县几为无人区。广南客家复迁赣南，以"客人"的身份重新成为赣南的主要族群，而这些原赣南的后裔们早已丧失经济文化优势，被视为"畲贼""猺峒"，是"与猺、獞、狼、黎比"的下等异族。王守仁议及赣南八十余处"贼巢"时说：

其初畲贼原系广东流来，先年奉巡抚金泽行令安插于此，不过砍山耕活，年深日久，生长日蕃，羽翼渐多，居民受其杀戮，田地被其占据。又且潜引万安、龙泉等县避役逃民并百工技艺游食之人，杂处于内，分群聚党，动以万计❺。

王阳明丝毫不掩饰对这些"畲贼"的蔑视，但对广西狼兵却极为重视。前文提到赣州卫可用兵不足6000，而他剿灭大帽山贼时"合用兵数二万三千名"（应为人次），

---

❶ 颜森. 江西方言的分区（稿）[J]. 方言，1986（1）：19-38.
❷ 钟永超. 赣南官话语音及其系属考察[D]. 南昌：南昌大学，2013.
❸ 王双怀. 明清"狼兵"新探[J]. 中国边疆史地研究，2013，23（3）：21-30.
❹ 吴小红. 江西通史·元代卷[M]. 南昌：江西人民出版社，2008：1-30.
❺ 曹树基. 赣、闽、粤三省毗邻地区的社会变动和客家形成[C]// 历史地理（14）. 上海：上海人民出版社，1997：123-135.

可见狼兵数目之多，不少于赣州本地士兵，不得不倚重；前文提到的大教场"增建营房三百三十有七区"，当然是为这些新增的军事力量准备的。

明正德年间赣县不过5万人（表6-5），城内不过万余，几千人足以改变人口和文化结构。狼兵又历来有屯垦的传统，在赣州驻扎，娶妻生子，赣城语言文化遂被置换。

由上可知，王阳明军事上倚重的是几千狼兵，文化上要"养士"化民，对付的是已成为"客"人的"畲贼"。客家先民于宋代南逃至赣，英勇抗元被屠戮逸散，重返故地已物是人非。赣南客家经历了"客——主——客"的身份大变迁，王阳明依靠的"王化"核心——赣城的文化置换，已不是弱势的原赣州文化方能左右的了。

6.3.3 "王化"和文化自新——士绅们的"科举焦虑"

王阳明"破心中贼"的主张为赣南人所膺服，融合了畲人的客家人和他们的语言、建筑，逐渐被排挤在主流文化之外，成了赣南穷乡僻壤的象征。赣城顺利地实现了文化自新：城内通行"官话"，郁孤台重登制高点，率先"王化"。后来的赣城人则更进一步——把府署也拿下，将考院设在了原府署。这是发生在清朝的事情。

这也许并非矫枉过正，因为事实上就是在清代，赣南的盗乱渐趋平息。理学思想渐入人心，文化上力求自新的效果日显：文教"养士"培养出一批核心精英——士绅阶层，社会的主流意识形态已变为以中原为正统的国家观念，以及企盼科举出仕的个人价值观。

也许超出王阳明预想的是，宋明以来虔人的"科举焦虑"促使他们把赣州官学频繁迁移，并把考院放在了城市的核心位置。

1. 赣南宋明理学和书院的兴起

如果我们回首宋代，就会发现，宋代的统治者并非没有努力以文治教化来"王化"这个区域，但是终究在北方游牧民族的军事打击之下被中断。

宋代的赣南是理学的发源地之一，周敦颐在虔州任通判，创濂溪书院讲学，遂有"濂学"；二程在虔州师从周敦颐，得其衣钵，遂有"程学"；朱熹也曾在濂溪书院传播理学。

尽管虔人对宋廷失望，但南宋末，太后下勤王诏，南宋无一军州应召，只有赣州三万五千余众，在赣州知州文天祥率领下，与国家民族共存亡[1]。赣州人如周必大所说"尚气好义"固然是一方面原因，理学思想的熏陶也是知晓国家大义的前提。

"王化"并非没有成效，在国家承平为政岂弟的时期，赣州人并非都是目无王法的亡命徒。南宋知州洪迈在乾道八年（公元1172年）和乾道九年（公元1173年），连续两年报奏"狱空"[2]。洪迈还在《容斋随笔》里记载了一则虔盗也尊敬苏东坡的故事，

---

[1] 李海根. 赣州古城 [Z]// 江西省赣州市政协文史资料委员会. 国家历史文化名城赣州. 1994：1-28.

[2] 徐松. 宋会要辑稿·刑法四·狱空 [M]. 北京：中华书局，1957.

不无对虔人知晓大义的赞许：

"绍兴二年，虔寇谢达陷惠州。民居官舍，焚荡无遗。独留东坡白鹤故居，并率其徒葺治六如亭，烹羊致奠而去。次年，海寇黎盛犯潮州，悉毁城堞，且纵火。至吴子野近居，盛登开元寺塔，见之，问左右曰：'是非苏内翰藏图书处否？'麾兵救之。复料理吴氏岁寒堂。民屋附近者，赖以不热甚众。两人皆剧贼，而知尊敬苏公如此。彼欲火其书者，可不有愧乎？"❶

（1）道源之地——学风渐兴的两宋

三国的时候，许靖在给曹操的报告中把南方视为化外之地；两宋之前，赣州也确实文教不兴，曾经有孔庙无官学，甚至因兴修大中祥符宫废止孔庙。北宋庆历之后，赣州才有府学。所以，曾丰评价赣州为穷绝之地，"至于唐，始有士。至本朝，始有名士"❷，同治《赣州府志》也认为"赣州文教始盛于宋"。

北宋时期的江西，素称难治。其中虔州和吉州在南部相邻，常作比较，而虔州显然更让地方官头疼。吉州永丰知县段缝在《永丰建县记》中说，"今天下号难治，惟江西为最，江西号难治，惟虔与吉为最"❸。然而李觏将虔、吉二州对比，认为"吉多君子，执瑞玉登降帝所者接迹，虔无有也"❹。北宋名臣赵抃在《知虔州到任谢上表》中称此地"刑无虚日，俗未向风"。显然，赵抃和王安石在《虔州学记》表达的观点一致，都认为地方治理和风俗教化密切相关。

北宋周敦颐开创理学，经二程发扬光大，渊源始于赣南。其后，理学大儒杨时、朱熹相继在赣南活动，传播理学。理学"濂洛关闽"四个学派，竟有三个与赣州有渊源，并非偶然。因此，同治《赣州府志》认为"赣州文教始盛于宋，其地则周子、二程子辙迹之所到也"❺。因二程拜师周敦颐在南安军，景定四年（公元1263年），理宗赐书大庾县官学"道源书院"四字。赣南俨然成为南宋官方认可的理学"道源之地"。

南宋之后，赣南地区社会经济状况一度出现较为安稳的局面，官府在此区域的统治力逐渐加强。一时间，赣南地区建书院，崇教化，敦礼义，文教之风大盛。同时，经由赣州州学刘靖之的大力推介、宣传，理学思想在赣南得到广泛传播❻。赣州士子在"道源之地"的自豪感鼓舞下，科举逐渐取得佳绩。

表6-6是赣州地区在两宋期间的进士人数，从中可以看出文教事业的兴旺和普及。

---

❶ 洪迈. 容斋随笔·盗敬东坡 [M]. 北京：中华书局，2005.
❷ 曾丰《缘督集》十七卷，转引自：陈志云. 科举制度与两宋赣文化 [J]. 上饶师范学院学报，2001，21（1）：7.
❸ 转引自：许怀林. 江西历史上经济开发与生态环境的互动变迁 [J]. 农业考古，2000（3）：12.
❹ 李觏《虔州石城柏林堂书楼记》，见：魏瀛. 赣州府志·卷六十五·艺文志·宋文 [M]. 同治十二年刊本. 台北：成文出版社，1970.
❺ 魏瀛. 赣州府志·卷二十三·经政志·学校 [M]. 同治十二年刊本. 台北：成文出版社，1970.
❻ 许怀林. 江西通史·南宋卷 [M]. 南昌：江西人民出版社，2008：316-317.

两宋赣南地区进士（含特奏名）人数对比表　　　表 6-6

时代	赣县	宁都	信丰	兴国	会昌	安远	龙南	虔化	瑞金	石城	大庾	南康	上犹
北宋	35	8	5	10	3	0	2	17	1	7	2	9	1
南宋	36	10	2	8	1	0	1	68	2	4	19	27	16
增值	1	2	−3	−2	−2	0	−1	51	1	−3	17	18	15

来源：刘玲清. 南宋赣南经济文化研究 [D]. 上海：上海师范大学，2014：57.

按此表统计，北宋时期，赣南总共录取 100 名进士，南宋则增长为 194 名。除此之外，南宋时期，赣南曾有 2 个特科状元——赣县的池梦鲤、宁都的谢元龙。虽说特科状元的地位比不上常科状元，但毕竟实现了从无到有的突破，印证了两宋时期赣州文教事业的勃兴。

（2）官学和书院的兴起

赣州原有孔庙，在赣县紫极观旁，但是有庙无学。杨万旦在《赣县学记》里说，"赣县治之西南，祀孔子，故有庙。学则未闻也"。后来紫极观扩大为大中祥符宫，孔庙废止。庆历中，仁宗兴学，"诏立学州县，虔亦应诏"，于是在澄清坊设立孔庙、府学。这是赣州第一次创设官学，标志着赣州文教事业的兴起。

府学初立时，县学尚未独立。皇祐二年（公元 1050 年），在紫极观东南几百米处又建立县学并且有县文庙。从此以后，赣州在文教事业方面的配备才逐渐赶上其他州府。

文教事业的兴盛，还体现在书院的兴建上。赣州地区在南宋时期的书院大为增多，呈现出突然勃兴的架势。为了表示对文教的重视，兴建官学、书院之余，特邀名家大儒撰写"学记"，其中不乏名篇——王安石的《虔州学记》、苏轼的《南安军学记》均是为赣南的书院、书楼所作。此外，还有李觏的《虔州柏林温氏书楼记》。

表 6-7 为赣州地区在宋代的有名的书院列表。

宋代赣南地区书院名录　　　表 6-7

书院名	地点	倡办人	倡办时间	性质
琴江书院	石城	—	约宋初	不明
清溪书院	赣县	赵抃	嘉祐年间	官办
通政书院	石城	李杞	绍兴四年	官办
东山书院	上犹	—	约南宋初	私办
钟鼎书院	上犹	钟鼎	约南宋孝、光朝	私办
濂溪书院	赣县	—	宝庆间	官办
道源书院	大庾	林寿公	淳祐二年	官办
梅江书院	虔化	夙子兴	淳祐六年	官办
先贤书院	赣县	赵希龙	淳祐间	官办

续表

书院名	地点	倡办人	倡办时间	性质
太傅书院	上犹	陆镇	淳祐十二年	官办
安湖书院	兴国	何时	咸淳八年	官办
登云精舍	赣县	刘苍崖	南宋末	私办
明道书院	上犹	—	约南宋	不明

来源：1. 刘玲清. 南宋赣南经济文化研究 [D]. 上海：上海师范大学，2014：50.

2. 刘玲清此表的资料来源为：嘉靖《赣州府志·卷六·学校》，同治十二年《赣州府志·卷二三至卷二五·经政志·学校》，光绪《江西通志·书院》，同治《南安府志·卷五·庙学》，同时参考李才栋《中国书院研究》.

从表6-7可知，北宋有记录的书院仅有2所，而南宋时期竟兴建了11所，可见赣南书院在南宋时期的繁盛程度。在地域分布方面，赣南地区的书院比较集中的，只有上犹、赣县、虔化、兴国、石城、大庾这6个县。其中又大多集中在上犹和赣县，均为4所。

书院建筑的分布，如实反映了赣州地区文教事业发达的地区，事实上，正是由于经济的发展，社会的进步，才带来文化事业的发达（表6-8）。

宋代赣南地区私学地区名录 表6-8

私学名	地点	倡办人	倡办时间	教学成果
金精山讲舍	虔化	黎仲吉	约宋代	挟策称弟子者数百
会绣楼讲堂	会昌	赖克绍	约咸平、景德间	市书贮会秀楼上，每集邑人讲学，从游子弟甚众
延春谷书社	虔化	孙长儒	约大中祥符间	后世子孙多出人才
崆峒山庐舍	赣县	陈炳	约康定间	躬耕乐道，勤于著述，包拯师事之
柏林书楼	石城	温革	约宝元间	市取国子监书，以教子弟，得钱五万
霈岩	雩都	王鸿	约皇祐间	间推所学，以教乡闾子弟
万松庄	雩都	陈维	约嘉祐间	辟义学，教授乡里，学者归之
六和精舍	会昌	尹天民	约熙宁间	公使读书，邃深经学，登进士及第
田氏经堂	南康	田辟	约熙宁间	子九人，各授一经，登第及特恩者七人
玉岩书堂	赣县	阳孝本	约元丰间	收万卷书，一时名士多从之游
天竺山学舍	赣县	刘铸	约元丰间	从业者百余人
长春谷义管	虔化	胡埜	约元祐间	藏书万卷，延名士使子弟受学
钟作霖讲舍	上犹	钟作霖	约绍兴间	从游者百余人
唯庵	虔化	曾兴宗	庆元间	储书聚粮以待四方之友，为讲切之益，四方从学者日众
淡轩	赣县	杨方	庆元间	开阁读书，习入理学
何氏书堂	大庾	何源	约理宗朝	讲学授徒，一门人和二子登进士
牛石山房	虔化	黄谅	约嘉泰间	出进士数人，特科状元一名
竹轩	大庾	张九成	绍兴间	日与生徒讲学其间

续表

私学名	地点	倡办人	倡办时间	教学成果
下峒书屋	大庾	李文德	约理宗朝	读书敦行，居下峒作书屋训子，子跃麒、跃麟，俱淳祐间乡荐
武夷山讲室	虔化	陈忠言	绍兴间	四方游学之士，从之者入市

来源：1. 刘玲清. 南宋赣南经济文化研究[D]. 上海：上海师范大学，2014：54.
2. 刘玲清此表的资料来源为：嘉靖《赣州府志》卷六，同治十二年《赣州府志·卷二三至二五·经政志·学校》，光绪《江西通志·书院》，同治《南安府志·卷五·庙学》，同时参考李才栋《中国书院研究》。

2. 宋代以来赣州士绅的"科举焦虑"

赣州是宋明理学的发源地之一，一个不容否认的事实是，文化事业兴盛远比经济物质繁荣艰难而且漫长，更需要学养、风尚和人才的积淀。赣州的文教事业毕竟比赣北晚一个朝代，科举在全国来说，也许并不显得落后，但与宋明时期科举极度发达的江西全境，尤其是与相邻的发达到异乎寻常的吉、抚两州相比，就令人不由自主地焦虑了。

表6-9～表6-11为《江西通史》宋代和明代的科举统计，可以充分说明情况。

北宋江西进士地域分布表 表6-9

州军名	洪州	筠州	袁州	吉州	抚州	信州	饶州	江州	虔州	建昌军	南康军	南安军	临江军	合计
前期	65	11	24	115	70	16	69	31	23	64	18	2	57	565
后期	106	21	33	151	107	100	261	23	53	150	39	10	100	1164
小计	171	32	57	276	177	116	330	54	76	214	57	12	157	1729
名次	5	9（10）	12	2	4	7	1	11	8	3	9（10）	13	6	—

注：仁宗嘉祐八年科以前的进士划在前期，以后的划归后期，即以北宋建立100年间的进士数代表前期科考状况。
来源：许怀林. 江西通史·北宋卷[M]. 南昌：江西人民出版社，2008：286.

南宋前后期进士分布表 表6-10

州军名	洪州	筠州	袁州	吉州	抚州	信州	饶州	江州	虔州	建昌军	南康军	南安军	临江军	宗室	合计
前期	115	20	27	138	123	133	240	18	30	194	72	38	81	—	1229
后期	258	90	41	519	310	110	374	16	56	257	154	15	149	91	2440
小计	373	110	68	657	433	243	614	34	86	451	226	53	230	91	3669
名次	5	9	12	1	4	6	2	14	11	3	8	13	7	10	—

注：以高宗建炎至光宗绍熙为前期（公元1128—1194年），宁宗庆元至度宗咸淳为后期（公元1195—1274年）。
来源：许怀林. 江西通史·南宋卷[M]. 南昌：江西人民出版社，2008.

从北宋、南宋、明代三时期的列表可以看出，无论怎样论证赣州是理学"道源之地"的光荣历史，赣州在江西范围内科举进士方面的大大落后是有目共睹的。北宋虔州科举排第 8；南宋第 11；明代，传统上属于赣南的南安府加上赣州府的进士数目，才能与名次仅在它们之前的南康军持平。明代赣南一地的科举状况，已稳居江西倒数第一。

明代江西 13 府进士数量及在本省所占的比例　　　　　　　　　　表 6-11

府名	全省	南昌	瑞州	袁州	临江	南康	吉安	抚州	建昌	九江	广信	饶州	南安	赣州
人数	2728	643	93	41	175	47	837	252	115	59	181	238	15	32
比例	100%	23.6%	3.41%	1.49%	6.42%	1.71%	30.7%	9.24%	4.22%	2.16%	6.63%	8.72%	0.54%	1.16%
名次	—	2	8	10	6	11	1	3	7	9	5	4	13	12

来源：方志远，谢宏维．江西通史·明代卷 [M]．南昌：江西人民出版社，2008：125．

如果仅仅如此尚可，偏偏下游临州的吉安是人才辈出的科举大州，仅北宋排名第二，之后稳居第一。赣州的科举进士，无论各县还是总数，尚不及吉州一个零头（表 6-12）。

事实上并非赣州的文化事业如此不堪，而是宋明的江西科举，尤其是吉州科举实在太突出，北宋占全国总数 9%，南宋占 15.7%，明代 10.96%。❶

明代江西进士分县统计　　　　　　　　　　表 6-12

府	县	人数	府	县	人数	府	县	人数
南昌	南昌	232	吉安	庐陵	103	赣州	赣县	5
	新建	74		泰和	178		雩都	4
	丰城	195		吉水	165		信丰	7
	进贤	98		永丰	60		兴国	2
	奉新	21		安福	211		会昌	0
	靖安	10		龙泉	12		安远	0
	武宁	2		万安	52		龙南	1
	宁州	11		永宁	2		长宁	0
				新	54		定南	0
							宁都	11
							瑞金	2
							石城	0
	小计	643		小计	837		小计	32
饶州	鄱阳	53	抚州	临川	121	广信	上饶	31
	余干	27		崇仁	19		玉山	17
	乐平	49		金溪	65		弋阳	21
	浮梁	60		宜黄	5		贵溪	70
	德兴	30		东乡	10		铅山	14
	安仁	18		乐安	32		永丰	28
	万年	1					兴安	0
	小计	238		小计	252		小计	181

❶ 数据来源：《江西通史》北宋、南宋、明代卷。

续表

府	县	人数	府	县	人数	府	县	人数
建昌	南城 新城 南丰 广昌 泸溪	49 21 24 20 1	九江	德化 德安 瑞昌 湖口 彭泽	17 5 3 20 14			
	小计	115		小计	59			
临江	清江 新淦 新喻 峡江	49 60 60 6	袁州	宜春 分宜 萍乡 万载	18 13 3 7	瑞州	高安 上高 新昌	45 17 31
	小计	175		小计	41		小计	93
南康	星子 都昌 建昌 安义	9 13 22 3	南安	大庾 南康 上犹 崇义	10 4 1 0	全省总计		2728
	小计	47		小计	15			

来源：方志远，谢宏维.江西通史·明代卷[M].南昌：江西人民出版社，2008：125.

与这样的"强邻"为伴，赣州士人们的心态难免失衡，但是这样的"集体焦虑"，又促使他们不断寻求努力方向。观察书院、办学，这样的成绩排序并非偶然（表6-13）。这坚定了赣州人重视官学、私学和考院的决心。

南宋江西书院分布表 表6-13

州军名	辖县	书院数	平均每县	州军名	辖县	书院数	平均每县
洪州	8	15	1.87	江州	5	1	0.2
瑞州	3	6	2	赣州	10	5	0.5
袁州	4	4	1	建昌军	4	5	1.25
吉州	8	18	2.25	南康军	3	2	0.66
抚州	5	12	2.4	南安军	3	3	1
信州	6	19	3.16	临江军	3	5	1.66
饶州	6	27	4.5	江西全境	68	122	1.79

来源：许怀林.江西通史·北宋卷[M].南昌：江西人民出版社，2008：286.

6.3.4 赣学九迁记

赣州有官学以来，关于官学风水的谈论不绝于耳。因为百年树人，文教从兴盛到渐有成效绝非一朝一夕之事，而改变风水迁址办学似乎是更简单有效的捷径。

赣州人在府、县学和考院的风水问题上倾以大量的关注，甚至屡次"驱寺办学"。

从现有史料看，在清代定址之前，赣州府学共迁 4 次，5 个选址；县学迁 8 次，9 个选址；宋代有考院，后来清代建在子城原府署处，2 个选址。这也显示了对官学的重视。

下文将有关的史料列出，并且梳理其中的迁徙位置、目的及相关论述（因线索太繁杂，为方便阅读，某些史料只在注释中引出，所有注释中的史料均来自成文出版社的同治《赣州府志》，不再重复注明）。

1. 赣学及考院迁移线索的梳理

1）府学

府学：府东南三里，广七十有三丈，袤百十有七丈。宋庆历中创，建于澄清坊。治平甲辰，军事推官蔡挺改徙丰乐寺；绍兴壬申火，甲戌，知州赵善继重建，……成化戊子，知府曹凯易景德寺，改建府县二学……正德丙寅，知府赵履祥拓慈云寺址为学前通衢……嘉靖丙申，陈御史玒……增建肄业舍于两学仪门外❶。

府学：在瓦市街，古之紫极观也……庆历间，创建于澄清坊。治平元年，提刑蔡挺、知军元积中徙于丰乐寺，王安石记。绍兴中火，州守赵善继修，张九成记。……成化四年，知府曹凯并县学改建于景德寺，彭时记……（嘉靖）四十一年，巡抚陆稳从诸生请，改迁于紫极观，罗洪先记❷。

以上记载分别来自嘉靖《赣州府志》和同治《赣州府志》。结合其他史料可知：

（1）孔庙初址在紫极观，即后来的大中祥符宫，因紫极观扩为大中祥符宫而废。但当时有庙而无学，所以嘉靖《赣州府志》中只记录宋庆历年间创建的那一次❸。

（2）庆历中（公元 1043 年），在澄清坊建庙学。澄清坊在青龙井巷❹。

（3）因嫌狭小，21 年后，治平元年（公元 1064 年）占丰乐寺改迁❺。丰乐寺应在马市街附近，大概在清代后营衙署处❻。

（4）屡毁屡建，明成化四年（公元 1468 年）知府曹凯占明代景德寺改建，郁孤台南❼。

（5）嘉靖四十一年（公元 1562 年），巡抚陆稳迁到现府学前路之北，定址❽。

2）县学

府学虽然定址，县学却还继续迁移，以下考析县学迁徙位置（注释同上规则）：

赣县学：按图经，旧有孔子庙，近紫极宫。宋祥符中，诏广紫极，为大中祥符宫，

---

❶ 董天锡. 赣州府志·志六·学校 [M]. 国家图书馆藏本.
❷ 魏瀛. 赣州府志·卷二十三·经政志·学校 [M]. 同治十二年刊本. 台北：成文出版社，1970.
❸ 杨万里《赣县学记》有"赣县治之西南，祀孔子，故有庙。学则未闻也。后庙亦废，其地入祥符宫"；孙复《始建文庙记略》有"按图经旧有孔子庙，在县西南切近于紫极观。大中祥符三年，诏广紫极宫为大中祥符宫。"可见有庙无学。
❹ 同治《赣州府志·卷之三·舆地志·城池》："北为青龙井，旧志之澄清坊也。"
❺ 即王安石《虔州学记》记录此迁徙，此前在旧址 21 年。
❻ 同治《赣州府志·卷之三·舆地志·城池》："又前经后营衙署，前为马市街，亦府县学宫旧基。"
❼ 同治《赣州府志·卷之三·舆地志·城池》："景德寺，旧名安天，在郁孤台南。"
❽ 按《同治府志》图，可知此府学选址，在府学前路之北，唐紫极观处。

庙遂废。春秋释奠附社稷坛者，阅四十年。皇祐初，知县三希洒即故址东南数百武创建庙学……国朝成化戊子，知府曹凯易景德寺改建❶。

赣县学，旧与府学俱建于紫极观。宋祥符中，皆废。……皇祐二年，县令王希始于故址东南隅创建，孙复记。绍兴二十年火。绍熙五年，县令黄文昺重建，杨万里记。庆元三年，县令司马逵、董南一增修，周必大记。明洪武间，知县崔天锡、陈益民、陆贤并修之。永乐间要口县李显、宣德间知县李素、景泰间知县邵昕相继修葺。成化四年，知府曹凯同府学改建于景德寺。嘉靖四十一年，巡抚陆稳复迁紫极观旧址。万历三十二年，巡抚李汝华仍迁于景德寺，杨守勤记。天启元年，巡抚周应秋重修明伦堂，自为记。崇祯十三年，巡抚王之良改建于郁孤台下。后毁。国朝康熙二十年，知县刘翰芳倡修明伦堂，自为引。三十三年，知县曹炯曾倡修。又建文昌阁于庙左。三十九年，赣南道刘荫枢重建尊经阁，构讲堂于西隅。五十五年，知府黄汝铨、知要张瀚捐修。乾隆元年，知县张照乘仍迁于紫极观旧址，自为记。……知县卫谋撤新之，移东南向❷。

按上述记载，县学直到明嘉靖年间还是和府学在一起的，可以理解为没有分出县学。但从宋皇祐二年（公元1050年）开始较为独立，开始有自己的文庙，之后逐渐独立：

（1）皇祐二年（公元1050年），在紫极观东南几百米处建县文庙（即丰乐寺，选址没变），拆废寺取材，老百姓唯恐质量不过关，自愿出钱买新材。以庙庑为学舍❸。

（2）随府学迁至明景德寺，郁孤台南。

（3）嘉靖四十一年（公元1562年），随府学其迁至紫极观旧址。

（4）万历三十二年（公元1604年），与府学脱离，复址郁孤台南。

（5）崇祯十三年（公元1640年），改建郁孤台下，应该是往山岭高处搬迁。

（6）乾隆元年（公元1736年），回迁紫极观。

（7）乾隆四十二年（公元1778年），迁于现学宫，定址。

3）考院

（1）宋贡院在城东南，后来成为清代大济仓。❹

（2）清代起，督学考院在原府署。因原子城俗呼"皇城"，恰逢清初三藩反叛，知府曾不敢进驻，后来干脆搬出，让给考院：

"督学考院，在城北隅，旧呼为王城，以卢光稠使宅名也……前此闽藩有迁卜之议。讹王城为皇城，知府戴国光至不敢入，僦居民舍，洊历三任。逮张尔翮始详请改复府治。康熙二十九年，府治改迁巡道署，遂以府治为考院。"❺

---

❶ 董天锡. 赣州府志·志六·学校[M]. 国家图书馆藏本.
❷ 魏瀛. 赣州府志·卷二十三·经政志·学校[M]. 同治十二年刊本. 台北：成文出版社，1970.
❸ 孙复说"于旧址东南数百步，度地胥宇以营之"，杨万里说"即旧址作新后，即庙庑为学舍"。
❹ 同治《赣州府志·卷之三·舆地志·城池》："大济仓，旧志之登云坊也，亦宋贡院取土地。"
❺ 董天锡. 赣州府志·志六·公署[M]. 国家图书馆藏本.

根据上述考析，可以画出府学、县学和考院的迁移位置图（图6-3）。

图6-3　宋、明、清赣学及考院位置及迁移图
来源：根据赣州旧地图自绘

2. 赣学屡迁原因探析——府县学对比分析

前已阐明自宋以降，赣州城市并未有太大的变化发展。但是，如果把府学、县学、考院都视为官办赣学，可以惊奇地发现，赣学自大中祥符年间被废，总共迁了9次之多（包括考院），中间因火灾等原因重建和增修更不下十余次。

如果考察每次有记载的迁徙原因，除了第一次被废反映了当局对赣学的轻视，其余每次都出于重视，是为了获得更好的办学环境、条件，有时候仅仅是因为觉得原址风水不够好。

其中赣县学从府学里面分出来的意味很值得探究，赣县的财力肯定是优于其他各县的，赣县士绅们要追逐更好的办学条件，搬迁也就比府学更多。如今府学已经湮没，难以讨论其具体形制。但从后世的县学学宫来看，县学之制甚全甚隆，地块自然环境优越，山隆水秀，有自然高差可以突出主殿（图6-4）；而府学是一块平地，地位虽尊，地形却天然不及县学。再看地块的进深，府学地块进深不及县学，形制可能反不及县学尊崇。

经过历次搬迁择优选址，县学的规模形制、办学环境、风水（地形条件）实已优于府学（图6-5）。

第 6 章 "盗区"的"王化"

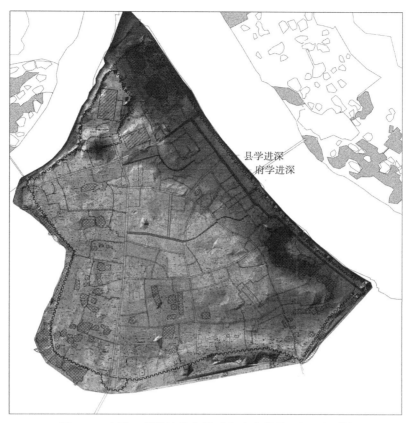

图 6-4 府学、县学地块条件对比（府学进深短于县学）
来源：根据赣州旧地图自绘

图 6-5 县学（文庙）地形高亢隆阜
来源：作者拍摄

对搬迁的事务，州人（实则是"王化"的核心阶层士绅们）的态度是积极参与的——学宫在士子和为政者们的心目中，有着崇高的地位，唯恐地有不吉，制有不隆，势有不卓，景有不丽。

大多数时候，是为政者和州人们忧心原址鄙陋，科举不兴，择地迁建：

"庆历中，尝诏立学州县，虔亦应诏，而卑陋褊迫不足为美观。州人欲合私财迁而大之久矣……而后改筑于州所治之东南，以从州人之愿。"——（宋）王安石《虔州学记》❶

"郡、县二学，自宋以来俱在城内之东南，面壁城垣，未足以当其胜。入国朝百年之久，教养俱备，而科目乏人。或者以为地有不利，而有司惮难，莫之能改。成化丙戌，山东曹侯凯来知府事，厌其卑陋，即以改迁为己任，乃相其宜，得学之西北偏景德寺，其地隆高亢爽，后接郁孤台，前对崆峒山，山势耸拔如卓笔状，喜曰：建学有才，莫宜于此。"——（明）彭时《新迁府县儒学记》

有的时候，则是士子请愿迁址。寄予厚望的同时，若科举中仕，则归功于学宫：

"太守曹公凯隘之，易地景德寺宫焉……陆公从士请，改卜祥符宫……相与质之形家，金谓景德旧址，丰隆宏敞，延袤正方，北亘郁孤，南瞰崆峒，凤池匪遥，翠玉可枕，如彭学士所称洵吉壤。"——（明）杨守勤《新建儒学碑记》

"学博丁君椿介诸生徐世倬等来谒，请迁建于城东南隅紫极观址。"——（清）张照乘《迁建学宫记》

"始迁之岁，诸生名乡荐者二人，明年进士及第者一人，邦人父老咸喜。以为二侯兴学之效。"——（明）杨守勤《新建儒学碑记》

"甫迁之明年，诸生领乡荐者数人。嗣后成进士者指不胜屈。邑人士咸以为吉迁焉。"——（明）周应秋《重修明伦堂记》

对于士绅们来说，对学宫的虔诚期待，背后是他们通过科举融入文化主流的热切盼望；对于为政者来说，更重要的是要把赣州这个"盗区"纳入"王化"的正途。努力渐有成效，历代赣地风俗的评价也在漫长的期待中逐渐转变：

"虔于江南地最旷，大山长谷，荒翳险阻，交、广、闽、越铜盐之贩，道所出入，椎埋、盗夺、鼓铸之奸，视天下为多。"——（宋）王安石《虔州学记》

"天下之可耻者，莫大于为盗，而好讼其次焉。赣在江西为大郡，山泽细民，乃甘心于天下之可耻者独何欤？"——（宋）张九成《重建赣州学记》

"赣素产清明有道之士，自王文成昭揭圣修，倡学兹土，至今士品为他邑观。"——（明）杨守勤《新建儒学碑记》

"昔人于赣州学记，往往谓赣之地负险薮奸，赣之人为盗好讼。今以予观之，则大有不然者。何哉？盖其渐被于国家玉帛鼓钟之化，熏陶于圣贤诗书礼乐之林，有以化

---

❶ 以下皆引自：魏瀛. 赣州府志·卷二十三·经政志·学校[M]. 同治十二年刊本. 台北：成文出版社，1970.

其武健之风，而涵夫文明之教，故文物衣冠后先蔚起，清淑之气磅礴郁积，焕乎与中州比隆；而风俗之质朴，民情之刚直，反甲于他郡焉。然则学宫为文教之宗，其所关系为何如者。"——（清）魏瀛《重修赣州府记》

到清代的时候，赣州、南安、宁都三州府（均系原赣州分出）加起来的进士数已经不亚于大多数州府（表6-14）。

清代江西14个州府进士统计表　　　　　　　　　　　表6-14

府名	南昌府	饶州府	广信府	南康府	九江府	建昌府	抚州府	临江府	瑞州府	袁州府	吉安府	赣州府	南安府	宁都州
合计	453	104	81	68	68	305	194	57	107	76	182	76	25	45
名次	1	6	7	10	10	2	3	12	5	8	4	8	14	13
合计排名	1	6	7	9	9	2	3	10	6	8	4	5		

数据来源：梁洪生，李平亮. 江西通史·清代卷[M]. 南昌：江西人民出版社，2008：294-297.

6.4　余论

宋代的盗乱曾为祸一时，但是明代的盗乱才登峰造极，清代一口通商，赣城却仍不复昔日盛景。这是个值得思考的问题，很有必要对比宋、明、清的政策和后果进行讨论。

宋代不抑兼并，也不限制人口流动，失地农民和南来移民遂转化为商贩和服务业人口（尽管有走私盐的，是宋廷的恶政，但毕竟未因此失控），虔州全国商税排名18，有其中一部分原因；明代不但闭关锁国，还限制人口、职业的流动，仅从赣州的考察对比来说，明代经济社会衰退是必然的。尽管宋廷南溃时表现出的昏聩黑暗让虔人愤恨，但毕竟是在外部强大的军事打击下形成的局势失控；明朝的湘鄂赣闽粤流民寇乱却是自酿苦果，奇怪的是流毒千里却不见来自民间的控诉。延宕开话题，南宋的灭亡也是先失去养马地，后灭于冷兵器时代军事体制无可匹敌的蒙古人；明朝却以全疆域灭于实力尚且弱小的后金。

宋代的虔州至少曾享有荣光，明清的赣州却相形失色。赣州之衰于明代，昭然可见。清代虽一口通商，给赣州带来机遇，但闭关锁国岂能长久；赣州的都、图、里在明清几无变化，也说明封闭型社会的内生增长力实在有限。一个自由开放的社会制度和两个封闭稳态的系统——代表着两种制度，两种文化——前者充满生机、活力，后者死气沉沉、堕落无能，其差异如此之大，令人侧目。

尽管如此，一个富于历史积淀，饱含精神力量的城市，仍然有着稳定和复兴的内在动力。

科特金在《全球城市史》中指出，神圣、安全、繁荣三者是城市发展的基石，其中"神圣"居首；刘易斯·芒福德在《城市起源》中认为圣地是城市的起源；克拉克爵士在

《文明的轨迹》中也论述了罗马灭亡始于其城市文化的堕落。精神内核的充实和丰富是人类文明发展的共同终极追求,而非对物质的无厌索求。

尽管赣城人民曾把文化繁荣寄托于学庠的风水,但用环境心理学的观点来看,这一点儿也不荒谬。强烈的环境暗示会改变人们的行为,增强城市的信心和凝聚力,赋予人们自豪感和责任感,从而增强集体的行动力。居于至高地位的郁孤台和千古吟唱的虔城风流的确曾给城市带来荣光,也为人们带来精神上的自足和追求;"盗敬东坡",文明教化的积淀在动荡不安的南赣盗乱中给予人们归属感,维护他们心中坚守的最后一块阵地。

赣南人民在恶劣的环境,凭后发的劣势,承受不公平的政策,负担沉重的赋税,却以坚韧不拔的精神,去争取主流文化中的地位,也取得了累累硕果。

本章小结

本章以"盗乱""王化"为主线论述宋明之际赣南发生的重要变化,隐含着宋、明、清赣城发展历史的对比。

6.1 节讨论明清赣南的凋敝和赣州城市发展的停滞。通过历史经济地理条件的变迁,说明过度依赖交通地利,而经济产业和市场结构不完整是赣南经济的隐忧,同时经济地理变迁,发展驱动力消失是其城市发展停滞的大背景。

6.2 节讨论元、明赣南的人口大变迁和赣城的语言文化孤岛现象,说明元、明赣州文化的衰微,是狼兵西南官话植入的根本原因。

6.3 节从另一个角度讨论导致赣南凋敝残破的"盗乱",分析其形成的原因和国家平息盗乱的策略。

由于中央政权对赣南地区延续盘剥政策,赣南地区盗乱不止,形成"国家"和"地方"之间的矛盾冲突,进而演变成严重的社会问题。明代赣南人口大减,经济衰退,发展驱动力消失。统治阶级出于利益不会让步,一方面军事平叛,另一方面试图"王化"赣南。

6.4 节分析认为明清赣城是赣南"王化"的军政、文化核心,出现新的军事设施和军事力量,赣城成为一个语言、文化孤岛,城市空间也出现相应变化。

宋代以后,赣州城的总体格局没有太大变化。赣城较宋代出现半军事化的倾向,成为平息赣南"盗乱"的军事指挥中心。武功和文治交错在动荡不安而寻求"王化"的宋明赣南,最终文治战胜了武功,成为"王化"的主线。客家文化被清出赣城,而郁孤台以象征"一郡文运"的地位重登城市制高点。

"王化"的社会诉求体现为士绅们的"科举焦虑",具化为赣城官学的频繁搬迁,成为延续至清代的城市建设焦点。其中,赣县学经历代搬迁,规模形制、环境条件均优于府学。赣城经过长期"王化",在清代融入中原主流文化。

第 7 章 结论与启示

7.1 主要结论

7.1.1 关于早期赣城的性质、职能和选址分析

东晋以前的赣南地区对于中原王朝是个"边区"。因此，早期赣城由于其周边区域的险恶军事政治形势而具有"边城"的特点，只具备军事政治职能。其人口记录证明了当时赣县城市规模有限。历次赣城迁移和选址说明，赣城的落址决定于中原王朝对当时的区域军事政治格局的考量及其军政意图，其生死存亡决定于中原王朝；中原王朝的决策考虑减少统治资源的消耗，提高统治效率。

决策具体着眼于三点：

（1）区域的军事战略格局；

（2）周边城市所辖范围及军事政治管控的便利性；

（3）城市具体选址点的军事地利（因其防御或进攻的具体对象而异）。

思考和启示：

（1）城市安全和经济地利之间的辩证关系是考察早期城市的要点之一。安全是繁荣的前提，在城市获得安全、稳定的发展环境之前，城市安全是放在第一位的，而经济地利不可能凸显，城市规模也不可能扩大；城市的经济地利是早期城市存续的重要条件，但是必须在城市安全得到保障的前提下才具有讨论的空间，然而具备地利的环境最终会被重视、挖掘和利用，将取代安全成为主导要素。

（2）早期城市由于本体的孱弱而具有明显的工具性，只有当城市有了足够的经济功能，才能有足够的自主性和强大的生命力，才能演化为一个独立的主体。

（3）军政职能和区域军政关系的分析是研究早期城市及其选址的重要依据，由于早期城市的军政格局与后世不同，对最优选址的理解也会与后世有所不同。

7.1.2 关于唐宋虔州的城市变革及其驱动力

由于具备交通地利，在经济重心南移和区域经济交往的驱动下，唐宋虔州城市发生了从规模、性质、职能到形态的变革，成为阐释"唐宋变革"中城市发展历史的一

个典型案例。同时,山地河谷平原的地形特征又给它带来"江城"的防洪营建特色——"龟城"形态和城墙、"福寿沟"防洪排涝工程。

岭南、岭北的区域经济、交通重心东移是虔州获得发展的重要前提,唐宋经济重心南移中国家的意志和力量是打通交通天险的重要力量,是区域经济互动发展的有效助推力。人口、商税和城市地望的分析说明这一时期的区域经济交往催生了虔州的商业繁荣,使之成为一个交通商贸型的城市。对这些要素的细致研究能得出这一时期城市发展的许多分支结论:

(1)唐宋虔州城市规模大增;性质转变,工商业崛起;北宋熙宁间虔州的商税排名全国第18,东南第7,流域第1。

(2)人口的纵向、横向量化对比说明:①虔州的繁荣起于隋,兴于唐,极于宋;②虔城的发展驱动力前期主要来自区域经济互动和内在条件成熟,移民的作用在后期才凸显;③城市发展和资源/人口饱和度密切相关,唐代中后期至宋代时移民的作用开始凸显;④南宋时赣州已经没有资源/人口优势,到达农业社会的极限。

(3)人口的分期变化和商税构成的分析为明确虔州城分区发展的时序提供了依据。

(4)商税构成分析证明唐宋虔城是个交通商贸型城市,城乡差异大,首位度高。

(5)唐宋虔城的地望变化和流域城市对比证明其在宋代才成为流域的商贸中心。

(6)宋虔州的极兴,其直接原因可能是它成为朝廷指定的"广南纲运"中转站。

唐宋虔州发生了从"军镇山城"到"商贸江城"的形态演变,其城市产业和功能变为以工商服务业为主导。由于城市职能转变和新建筑类型出现而使城市的景观、面貌变得开放而富含人文色彩。城市的分区发展时序说明城市发展的主导因素依次是军事安全—农业资源—商业地利—人文景观资源;城市形态、城市轴线也随之改变。

人口数据分析和水灾记录证明虔城发展受到水灾的严重制约,因此产生了"龟城"形态、城墙、福寿沟和坑塘水系的具有城市特色防洪排涝工程。历代修城频率表明,非战争和变乱时期朝廷不愿修城,赣城的城墙功能对于朝廷来说以内防变乱为主;对于地方则以防洪为第一功能。福寿沟的作用不是单一的,它和城墙、坑塘水系共同组成赣州城的防洪排涝体系。

思考和启示:

(1)城市在积累了足够的经济基础之后,有走向开放、交流的动力;在适当的区域环境下,城市能发挥经济地利的作用,必然发生区域经济交往,这是这一时期城市发展的重要驱动力。

(2)商业经济是城市走向繁荣的直接驱动力,而且它必然会发生、发展,耕地资源对人口的限制只有通过发展商业经济才能突破,没有商业聚集条件的城市和城区难以实现城市化;商业经济的发展,带来新的建筑类型,新的城市职能,还有新的城市面貌;城市在性质、职能的改变下,发生从物质空间形态到精神面貌的变革。

(3)城市在不同的历史时期有不同的发展主导因素,其顺序应该是军事安全—

农业资源—商业地利—人文景观；城市空间形态的演变忠实地反映着这些主导因素的作用。

（4）城市的特殊地理环境一定会在城市的发展中留下特色印迹，成为城市特色的重要组成。

7.1.3 关于宋、明、清赣州的"盗乱"问题和明清赣州城

宋、元、明之际赣南遭受兵劫、瘟疫，又由于中央政府的不当政策，导致"中央"和"地方社会"之间的矛盾冲突，进而演变成严重的社会问题。因此明代赣城基本上只继承了宋赣城的遗产，人口大减，经济衰退，发展驱动力消失。宋代以后，赣州城的总体格局没有太大变化。

明清赣城较宋代出现半军事化的倾向，增加了许多军事设施，成为平息南赣"盗乱"的军事指挥中心；同时赣州城也出现文化置换，成为一个语言、文化孤岛。

武功和文治交错在动荡不安而寻求"王化"的明清赣南，最终文治战胜了武功，成为"王化"的主线。郁孤台以"一郡文运"象征的地位重登城市制高点。"王化"的社会诉求体现为士绅们的"科举焦虑"，具化为赣城官学的频繁搬迁，成为延续至清代的城市建设焦点。其中赣县学经历代搬迁，规模形制、环境条件均优于府学。赣城经过长期"王化"，在清代融入中原主流文化。

思考和启示：

（1）在中央政府统治不够深入的地区，当国家和地方利益冲突，不能得到妥当处理就会产生严重的社会问题，进一步导致城市发展的停滞或严重衰退。

（2）当经济利益不能妥协的时候，中央政府往往动用武力镇压和文治教化两套方案来尝试解决，并利用其强大力量来"王化"不能服从的地区，形成社会主流文化；而城市文化的更迭、演变又会在城市的物质空间形态中留下耐人寻味的痕迹。

7.2 创新点总结

（1）以区域军政格局阐释汉代至南朝赣县的选址、迁移，论证早期城市的工具性。

文章考析汉代初至南朝期间的南方军政局势，以及百越、山越的民族历史，发现赣县的选址和迁移的主导因素——汉族政权的军、政统治；进一步对比夔州、汀州的迁移和定址历史，概述历史上多个城市的迁徙史，说明早期城市的军镇性质和普遍频迁的内在原因——它是王权统治的工具。

本书还以类似的观察角度阐释了唐末卢光稠扩城的备战目的，以及城池形态与防御布局的关系。

（2）用人口数据列表、曲线图作纵、横向对比，结合历史事件、地望变化阐明唐宋虔州的发展分期、变化节点。

本书搜集多城市，多时代的人口数据，列表并绘制曲线图，对应历史事件、地望变化阐述唐宋虔州的发展分期，分析历史事件对城市发展的影响，透析移民对虔州发展的作用和时期，说明虔州城的资源/人口饱和点和繁荣顶峰出现在南宋。

这种方法还发现了唐元和七年（公元812年）大水灾的严重打击，证明唐城发展受到洪灾限制，间接说明卢光稠扩城的考虑因素；类似方法也确证了明代赣南的衰败，消除了"明代户、口数据不确说"在赣南史研究上的疑虑。

在分析赣州历代修城频率时，也用了类似的列表、绘图对应历史事件的方法。

（3）排序对比《宋会要辑稿》的商税数据，分析赣州在各级城市体系的经济地位、赣州地区经济发展状况以及赣城"两江四岸"各区发展时序。

本书汇总《宋会要辑稿》的各城市商税数据，分全国、区域、流域进行对比、排序，说明北宋熙宁十年（公元1077年）虔州的商业地位——商税排名全国第18，东南第7，流域第1；以赣州各场务税额的多寡说明赣城是个交通商贸型城市，城乡差异大，并据此分析赣城"两江四岸"的分区发展时序。

（4）结合中微观平面形态分析的方法，考证分析晋、唐、宋三代赣城的形态，说明其从"山城"到"江城"的演变历史。

初探赣州晋城，推测城池形态，绘图详解其与地形地貌、军事防御的关系，提出东晋高琰土城范围即唐、宋、明子（府）城范围的观点，分析南朝陈霸先土城（唐城）的城池形态和城市分区，分析唐宋城市的格局演变、周边城区发展次序、肌理和轴线的转变及其主导因素。

（5）综合人口数据、城乡人口比例、人均城市用地、合理耕作半径、历史亩产等方面分析验证古赣州城各阶段发展状况。

本书用历史人口数据，根据经济史、城市史前辈学者关于上述问题的研究成果，多方验证三代赣城的规模、范围、城市职能等历史状况，验证赣州城乡在南宋达到人口饱和的观点，从而达到各研究结论的自洽。

（6）从社会文化、主流意识的角度阐释宋、明、清赣城空间形态和城市面貌的变化。

本书考证宋代赣城人文景观建筑的新兴、书院的兴起、明代赣城的语言文化孤岛现象、军政公署的入驻和宋、明、清官学的频繁迁移，结合赣城在宋代的人文鼎盛、历代的科举焦虑、明清的"盗乱"问题和"王化"主流意识，阐述城市物质文明和精神文化之间相互关联、相互促进、制约的关系，以此论证社会文化、意识形态会最终反映在城市的物质空间形态和景观面貌上。

图表索引

图 1-1　研究内容和基本框架图 ································· 19
图 2-1　赣南地形和赣州古城形势图 ·························· 21
图 2-2　赣城 4 迁图 ·· 23
图 2-3　汉初赣县选址图 ··· 27
图 2-4　东吴时期的析地置县 ····································· 32
图 2-5　南野移至南安和赣县迁移关系图 ····················· 34
图 2-6　虎岗选址的赣县和山越军事关系图 ·················· 35
图 2-7　白帝城、奉节城位置关系图 ··························· 44
图 2-8　清代中后期夔州府城图 ·································· 44
图 2-9　汀州府城图 ··· 45
图 3-1　南朝宋至元初赣州府户、口变化曲线图 ············ 59
图 4-1　东晋高琰土城与后世赣州城的地形关系 ············ 89
图 4-2　东晋高琰土城的范围和形态 ··························· 93
图 4-3　高琰土城官衙地块遗留下整齐的平面肌理特征 ··· 94
图 4-4　东晋高琰土城横街端头的转折 ························ 96
图 4-5　陈霸先土城范围 ··· 99
图 4-6　九曲巷和古城巷的特殊肌理暗示的城门和瓮城（或角楼）遗迹 ··· 100
图 4-7　陈霸先土城功能分区示意图 ··························· 102
图 4-8　卢光稠扩城的攻防考虑示意图 ························ 105
图 4-9　唐代陈霸先土城外的市井人家 ························ 107
图 4-10　陈霸先土城范围（左图）与民国建成区范围（右图）比较 ··· 108
图 4-11　赣州城两河四岸城乡发展时序图 ··················· 109
图 4-12　宋虔州城外的合理耕作范围 ·························· 113
图 4-13　民国赣县示意图 ·· 116
图 4-14　赣州宋代公共建筑分布图 ····························· 118
图 4-15　城内外分区发展时序图 ································· 123

图 4-16	唐宋前后的虔州城市主轴	125
图 5-1	赣江洪涝汇水示意图	127
图 5-2	历代赣州城市修建频率图	135
图 5-3	同治《赣州府志》中的赣州龟形示意图	138
图 5-4	同治《赣州府志》中的福寿二沟图	139
图 5-5	20世纪90年代绘制的福寿沟示意图	141
图 5-6	已知现存福寿沟分布图	142
图 5-7	均井巷30号前的福寿沟	143
图 5-8	坛子巷口、罗家巷12号前的福寿沟局部坍损	144
图 5-9	典型的石基青砖拱券福寿沟构筑方式	145
图 5-10	有"嘉靖"铭文的城砖和均井巷石板平顶的福寿沟	145
图 5-11	带有"福寿"铭文的青砖拱券	146
图 5-12	福寿沟的作用机制	147
图 5-13	20世纪80年代赣州城的坑塘水系	147
图 6-1	宋代至明代赣县人口曲线图	161
图 6-2	明代赣州官署位置及迁移图	168
图 6-3	宋、明、清赣学及考院位置及迁移图	180
图 6-4	府学、县学地块条件对比(府学进深短于县学)	181
图 6-5	县学(文庙)地形高亢隆阜	181
表 2-1	豫章郡城市数量在汉初的异常增幅	26
表 2-2	赣县迁徙时间表	29
表 2-3	晋宋豫章诸郡户、口及占全国的比重	37
表 3-1	晋初至元初赣州府户、口变化表	58
表 3-2	南宋赣州府各县户数和口数升降表	62
表 3-3	唐元和年间至宋太平兴国年间4道28州的户数	63
表 3-4	南宋赣州、吉州和袁州客籍户占比	64
表 3-5	唐代流贬至虔州的官员列表	65
表 3-6	南宋赣南地区部分县岁收贡赋情况	72
表 3-7	北宋熙宁十年(公元1077年)全国285个州军级城市在城商税等级统计表	74
表 3-8	北宋熙宁十年(公元1077年)全国在城商税3万~5万贯的城市排名	75
表 3-9	熙宁十年(公元1077年)东南各路城市在城商税对比表	76
表 3-10	虔、洪、吉州熙宁十年(公元1077年)前后商税增长对比表	78
表 3-11	南朝梁至唐末虔州大事表	80
表 3-12	《唐会要》全国十道新升州府统计表	81

表 3-13	《元和郡县图志》中赣江流域的州府地位、户数	82
表 3-14	《宋史》中赣江流域的州府地位、户数	83
表 4-1	赣州城池迁移（新筑）表	86
表 4-2	晋太康至南朝宋时期南康郡人口情况表	90
表 4-3	南朝宋至唐初虔州地区户、口情况表	100
表 4-4	宋代修浮桥时间表	108
表 4-5	南宋赣县户、口表	109
表 4-6	唐中至宋初赣县户、口表	111
表 5-1	历代赣州水灾记录表	128
表 5-2	虔州元和七年（公元812年）大水灾前后人口数据表	129
表 5-3	元和七年（公元812年）大水灾及遭水州府前后人口数据表	130
表 5-4	历代赣州修（损）城时间表	131
表 5-5	北宋赣粤边区州县城池修筑情况一览表	137
表 6-1	历代赣江流域四州（府）户、口对比表	150
表 6-2	明清时期赣州钞关税收（单位：银两）	151
表 6-3	明、清赣州地方志中的坊、乡、都、图统计	152
表 6-4	明代赣州府户、口一览表	159
表 6-5	宋代至明代赣县人口的衰减	160
表 6-6	两宋赣南地区进士（含特奏名）人数对比表	173
表 6-7	宋代赣南地区书院名录	173
表 6-8	宋代赣南地区私学地区名录	174
表 6-9	北宋江西进士地域分布表	175
表 6-10	南宋前后期进士分布表	175
表 6-11	明代江西13府进士数量及在本省所占的比例	176
表 6-12	明代江西进士分县统计	176
表 6-13	南宋江西书院分布表	177
表 6-14	清代江西14个州府进士统计表	183

参考文献

[1] 安般.山越盛衰浅析[J].中央民族大学学报,1999(4).

[2] 蔡良军.唐宋岭南联系内地交通线路的变迁与该地区经济重心的转移[J].中国社会经济史研究,1992(3).

[3] 曹家齐.官路、私路与驿路、县路——宋代州（府）县城周围道路格局新探[J].学术研究,2012(7).

[4] 曹树基,李玉尚.历史时期中国的鼠疫自然疫源地——兼论传统时代的"天人合一"观[C]//中国经济史上的天人关系学术讨论会论文集.1999.

[5] 曹树基.赣、闽、粤三省毗邻地区的社会变动和客家形成[C]//中国地理学会历史地理专业委员会《历史地理》编辑委员会.历史地理:第14辑.上海:上海人民出版社,1997:123-135.

[6] 曾日瑛,等修.李绂,等纂.汀州府志[M].同治六年刊本.台北:成文出版社,1966.

[7] 陈典松.广州南海神庙始建年代考[J].广东史志,2001(1).

[8] 陈国灿.南宋城镇史[M].北京:人民出版社,2009.

[9] 陈梦家.亩制与里制[J].考古,1966(1).

[10] 陈明达.周代城市规划杂记[C]//张复合.建筑史论文集（第14辑）.北京:清华大学出版社,2001.

[11] 陈寿.三国志[M].上海:上海古籍出版社,2006.

[12] 陈伟明.唐五代岭南道交通路线述略[J].学术研究,1987(1).

[13] 陈玮.对我国山地城市概念的辨析[J].华中建筑.2001(3).

[14] 程民生.北宋商税统计及简析[J].河北大学学报:哲学社会科学版,1988(3).

[15] 董鉴泓.中国城市建设史[M].北京:中国建筑工业出版社,1989.

[16] 董天锡.赣州府志[M].国家图书馆藏本.

[17] 段进,邱国潮.国外城市形态学概论[M].南京:东南大学出版社,2009.

[18] 段进.城市空间发展论[M].南京:江苏科技出版社,2006.

[19] 段塔丽.试论三国时期东吴对岭南的开发与治理[J].南京大学学报:哲学·人文科学·社会科学,1999(1).

[20] 额哲克.（同治）韶州府志[M].清同治十三年刊本.

[21] 范文澜,蔡美彪.中国通史:第四册[M].北京:人民出版社,1994.

[22] 方高峰.六朝民族政策与民族融合[D].北京：首都师范大学，2002.

[23] 方健.宋代江南经济史研究之一：农业篇[C]// 中国宋史研究会.宋史研究论丛：第8辑.保定：河北大学出版社，2007.

[24] 方志远，谢宏维.江西通史·明代卷[M].南昌：江西人民出版社，2008.

[25] 方志远.明清湘鄂赣地区的"淮界"与私盐[J].中国经济史研究，2006（3）.

[26] 方志远.明清湘鄂赣地区的人口流动与城乡商品经济[M].北京：人民出版社，2001.

[27] 房玄龄，等.晋书[M].北京：中华书局，1970.

[28] 冯长春.试论水塘在城市建设中的作用及利用途径——以赣州市为例[J].城市规划，1984（1）.

[29] 傅崇兰.中国运河城市发展史[M].成都：四川人民出版社，1985.

[30] 赣南地方历史文化研究室.赣州古城墙铭文城砖简介[J].南方文物，2001（4）.

[31] 赣县志编纂委员会.赣县志[M].北京：新华出版社，1991.

[32] 赣州市地名委员会办公室编印.江西省赣州市地名志[Z].1988.

[33] 赣州市政协文史资料委员会.国家历史文化名城赣州[Z].1994.

[34] 葛剑雄.中国移民史[M].福建人民出版社，1997.

[35] 葛金芳，顾蓉.宋代江南地区的粮食亩产及其估算方法辨析[J].湖北大学学报：哲学社会科学版，2000，27（3）.

[36] 龚缨晏.关于古代"海上丝绸之路"的几个问题[J].海交史研究，2014（2）.

[37] 谷凯.城市形态的理论与方法：探索全面与理性的研究框架[J].城市规划，2001（12）.

[38] 顾祖禹.读史方舆纪要[M].北京：中华书局，2005.

[39] 管汉晖，李稻葵.明代GDP及结构试探[J].经济学，2010（2）.

[40] 郭秋兰.北宋江西盐法变革述论[J].赣南师范学院学报，2003（1）.

[41] 韩国磐.唐代江西道的经济和人文活动一瞥[J].江西社会科学，1982（4）.

[42] 韩振飞.赣州古城墙城砖铭文简介[J].南方文物，2001（4）：71-76.

[43] 何炳棣.明初以降人口及其相关问题（1368—1953）[M].葛剑雄，译.北京：生活·读书·新知三联书店，2000.

[44] 何朝银，施骏栋.流寓民的差别性户籍制度与客家民系的形成——基于人口流动和社会分层的分析[J].赣南师范学院学报，2012（2）.

[45] 何兹全.魏晋南北朝史略[M].上海：上海人民出版社，1958.

[46] 贺业钜.中国古代城市规划史[M].北京：中国建筑工业出版社，1996.

[47] 洪迈.容斋随笔[M].北京：中华书局，2005.

[48] 洪迈.夷坚志[M].北京：中华书局，1981.

[49] 侯仁之.历史地理学的理论与实践[M].上海：上海人民出版社，1979.

[50] 胡水凤.繁华的大庾岭古商道[J].江西师范大学学报：哲学社会科学版，1992（4）.

[51] 胡纹，何虹熳.山地环境下耕作半径优化农村居民点布局的实证研究[J].西部人居环境学刊，

2014（2）.

[52] 胡耀飞.唐末五代虔州军政史——割据政权边州研究的个案考察[J].唐史论丛，2015（1）.

[53] 胡业雄.赣州古城墙的保护与维修[M]//国家文物局文物保护司，等.中国古城墙保护研究.北京：文物出版社，2001.

[54] 黄德溥，褚景昕，等.赣县志[M].民国20年重印本.台北：成文出版社，1975.

[55] 黄登峰.宋代城池建设研究[D].保定：河北大学，2007.

[56] 黄光宇.山地城市学[M].北京：中国建筑工业出版社，2002.

[57] 黄国信.弥"盗"、党争与北宋虔州盐政[J].史林，2006（2）.

[58] 黄国信.区与界——清代湘粤赣界邻地区食盐专卖研究[M].北京：生活·读书·新知三联书店，2006.

[59] 黄厚文.赣州历史文化名城保护规划与实施思考[J].规划师，2004（4）.

[60] 黄宽重.广东摧锋军——南宋地方军演变的个案研究[J].中研院历史语言研究所集刊，1994.

[61] 黄宽重.南宋军政与文献探索[M].台北：新文丰出版公司，1990.

[62] 黄利娜.唐末五代江西经济开发[D].沈阳：辽宁大学，2011.

[63] 黄枚茵.唐代江西地区开发研究[M].台北：台湾大学出版委员会，1987.

[64] 黄鸣珂.南安府志[M].台北：成文出版社，1975：1895.

[65] 黄启臣.广东海上丝绸之路史[M].广州：广东经济出版社，2003.

[66] 黄咸强.张九龄与南海神庙[J].广州航海学院学报，2014（1）.

[67] 黄翼，王建国.赣州古城城市规划设计特色初探[J].华中建筑，1999，17（3）.

[68] 黄志繁，廖声丰.清代赣南商品经济研究[M].北京：学苑出版社，2005.

[69] 黄志繁."贼""民"之间：12—18世纪赣南地域社会[M].北京：生活·读书·新知三联书店，2006.

[70] 贾禄锋.宋代农业生产商品化研究[D].西安：陕西师范大学，2013.

[71] 江玮平.唐末五代初长江流域下游的在地政治——淮、浙、江西区域的比较研究[D].台北：台湾大学，2007.

[72] 江西内河航运史编审委员会.江西内河航运史：古、近代部分[M].北京：人民交通出版社，1991.

[73] 蒋芸敏.赣州旧城中心区传统空间保护与传承研究[D].北京：清华大学，2007.

[74] 角媛梅，胡文英，速少华，等.哀牢山区哈尼聚落空间格局与耕作半径研究[J].资源科学，2006，28（3）.

[75] 金其鑫.中国古代建筑尺寸设计研究——论《周易》蓍尺制度[M].合肥：安徽科学技术出版社，1991.

[76] 乐史.太平寰宇记·卷一〇八[M].北京：中华书局，2000.

[77] 李昉.太平广记[M].北京：中华书局，1961.

[78] 李海东，司徒尚纪，薛德升. 粤北区域经济地理的历史变迁 [J]. 热带地理，2003，23（4）.

[79] 李海根，刘芳义. 赣州古城调查简报 [J]. 南方文物，1993（3）.

[80] 李海根. 赣州的历史与文化 [J]. 南方文物，1993（1）.

[81] 李海根. 赣州古城 [Z]// 江西省赣州市政协文史资料委员会. 国家历史文化名城赣州. 1994.

[82] 李海根. 赣州窑的新史料 [J]. 江西文物，1989（2）.

[83] 李吉甫. 元和郡县图志 [M]. 北京：中华书局，1983.

[84] 李坚. 宋代赣粤边区地域社会变迁——以动乱为中心的考察 [D]. 南昌：南昌大学，2007.

[85] 李景寿. 北宋商税"旧额"时间再考 [J]. 中国史研究，2003（1）.

[86] 李林甫. 唐六典 [M]. 陈仲夫点校. 北京：中华书局，1992.

[87] 李埏. 不自小斋文存 [M]. 昆明：云南人民出版社，2001.

[88] 李心传. 建炎以来系年要录 [M]. 北京：中华书局，1956.

[89] 李长虹. 可持续农业社区设计模式研究 [D]. 天津：天津大学，2012.

[90] 梁方仲. 中国历代户口、田地、田赋统计 [M]. 上海：上海人民出版社，1980.

[91] 梁洪生，李平亮. 江西通史·清代卷 [M]. 南昌：江西人民出版社，2008.

[92] 梁江，孙晖. 唐长安城市布局与坊里形态的新解 [J]. 城市规划，2003，27（1）.

[93] 梁瑞. 唐代流贬官研究 [D]. 杭州：浙江大学，2011.

[94] 梁艳. 古城赣州地名的历史文化内涵研究 [D]. 赣州：赣南师范学院，2008.

[95] 林小昭. 福建汀州城市历史地理的初步研究 [J]. 中国历史地理论丛，2008，23（1）.

[96] 刘安. 淮南子 [M]. 顾迁，译注. 北京：中华书局，2009.

[97] 刘灯明. 试析宋代赣州铸钱题刻与宋代赣州铸钱业 [M]// 中国历史文献研究会. 历史文献研究（总第30辑）. 上海：华东师范大学出版社有限公司，2011.

[98] 刘瀚芳，孙麟贵，等，赣县志 [M]. 康熙二十三年刻本.

[99] 刘玲清. 南宋赣南经济文化研究 [D]. 上海：上海师范大学，2014.

[100] 刘明金. 中国陆海两条丝绸之路比较 [J]. 湛江海洋大学学报，2003，23（2）.

[101] 刘新光. 帝国路线的选择：历代五岭交通格局的变迁 [J]. 国学学刊，2014（1）.

[102] 卢星. 秦汉东南战事与江西开发 [J]. 江西师范大学学报：哲学社会科学版，2012，45（6）.

[103] 陆元鼎. 中国民居建筑 [M]. 广州：华南理工大学出版社，2003.

[104] 罗薇. 古代赣州城市发展史研究 [D]. 赣州：赣南师范学院，2010.

[105] 罗雄飞. 宋代汀、赣诸州私盐问题探析 [J]. 中国社会经济史研究，2005（3）.

[106] 罗勇. 客家赣州 [M]. 南昌：江西人民出版社，2004.

[107] 罗勇. 论赣南在客家民系形成和发展中的地位 [J]. 赣南师范学院学报，2001（1）：50-55.

[108] 马端临. 文献通考 [M]. 北京：中华书局，1986.

[109] 马峰燕. 北宋中期东南地区城镇的数量、商税与空间分布研究 [D]. 上海：复旦大学，2010.

[110] 马继业. 宋代城池防御探究 [D]. 济南：山东师范大学，2005.

[111] 马剑. 夔州城市形态与空间结构的演变 [J]. 中国历史地理论丛, 2008, 23（3）.

[112] 马蓉, 陈杭, 钟文, 等点校. 永乐大典方志辑佚 [M]. 北京: 中华书局, 2004.

[113] 马正林. 中国城市历史地理 [M]. 济南: 山东教育出版社, 1999.

[114] 欧阳修. 新唐书 [M]. 北京: 中华书局, 1974.

[115] 欧阳修. 新五代史 [M]. 北京: 中华书局, 1974.

[116] 庞朴. 文化的民族性与时代性 [J]. 北京社会科学, 1986（2）.

[117] 庞朴. 文化的民族性与时代性 [M]. 北京: 中国和平出版社, 1988.

[118] 彭定求等编. 全唐诗 [M]. 北京: 中华书局, 1999 年版, 1960.

[119] 漆侠. 宋代经济史（上）[M]. 上海: 上海人民出版社, 1987.

[120] 钱德洪, 王汝中. 王阳明年谱 [M]. 力行要览编辑社, 1933.

[121] 邱光明. 中国历代度量衡考 [M]. 北京: 科学出版社, 1992.

[122] 任士英. 试论唐朝均田令时代的移民政策 [J]. 中国历史地理论丛, 1997（2）.

[123] 沈均安. 赣县志 [M]. 台北: 成文出版社, 1984.

[124] 沈涛修. 沈大中等纂. 长宁县志 [M]. 乾隆十四年刻本. 中国国家图书馆扫描版.

[125] 沈约. 宋书 [M]. 北京: 中华书局, 1974.

[126] 史念海. 历史时期黄河中游的森林 [M]// 河山集（二集）. 北京: 生活·读书·新知三联书店, 1981.

[127] 苏轼. 四库全书荟要 [M]. 世界书局, 1936.

[128] 孙志方. 周必大著述中几则南宋"会子"奉召辑录 [J]. 安徽钱币, 2011（2）.

[129] 谭其骧. 中国历史地图集 [M]. 北京: 地图出版社, 1982.

[130] 田燕兵. 六朝时期江西军事地理研究 [D]. 长沙: 湖南师范大学, 2009.

[131] 田银生. 走向开放的城市——宋代东京街市研究 [M]. 上海: 上海三联书店, 2011.

[132] 田余庆. 东晋门阀政治 [M]. 北京: 北京大学出版社, 1991.

[133] 脱脱. 宋史 [M]. 北京: 中华书局, 1977.

[134] 万幼楠. 赣南传统建筑与文化 [M]. 南昌: 江西人民出版社, 2013.

[135] 万幼楠. 赣南围屋及其成因 [J]. 华中建筑, 1996（4）.

[136] 万幼楠. 赣南围屋研究 [M]. 哈尔滨: 黑龙江人民出版社, 2006.

[137] 王安石. 临川先生文集 [M]. 北京: 中华书局, 1959.

[138] 王安石. 王安石全集 [M]. 上海: 上海古籍出版社, 1999.

[139] 王谠. 唐语林校证 [M]. 周勋初, 校证. 北京: 中华书局, 1987.

[140] 王东. 明代赣闽粤边的人口流动与社会重建——以赣南为中心的分析 [J]. 赣南师范学院学报, 2007（2）.

[141] 王建军. 赣水、赣县名称源流考 [J]. 南昌大学学报: 人文社会科学版, 2011（1）.

[142] 王景慧, 阮仪三, 王林. 历史文化名城保护理论与规划 [M]. 上海: 同济大学出版社, 1999.

[143] 王溥. 唐会要 [M]. 北京：中华书局，1955.

[144] 王瑞. 北宋地方官员任期制度研究——以知州、知府为重点 [J]. 赤峰学院学报：哲学社会科学版，2010（1）.

[145] 王双怀. 明清"狼兵"新探 [J]. 中国边疆史地研究，2013，23（3）：21-30.

[146] 王象之. 舆地纪胜 [M]. 北京：中华书局，1992.

[147] 王绪蕾.《禹贡》水名歧说研究 [D]. 郑州：郑州大学，2013.

[148] 王颖. 雩都县志 [M]. 同治十三年刊本. 台北：成文出版社，1970.

[149] 王元林. 浅议地理环境对北方、南方陆上丝路及海上丝路的影响 [J]. 新疆大学学报：哲学、人文社会科学版，2006，34（6）.

[150] 王元林. 浅议地理环境对北方、南方陆上丝路及海上丝路的影响 [J]. 新疆大学学报：哲学·人文社会科学版，2006，34（6）.

[151] 王子今. 秦汉时期的内河航运 [J]. 历史研究，1990（2）.

[152] 王子奇. 福建汀州城址勘查 [J]. 中原文物，2014（2）.

[153] 魏瀛. 赣州府志 [M]. 同治十二年刊本. 台北：成文出版社，1970.

[154] 魏征. 隋书 [M]. 北京：中华书局，1973.

[155] 温春香，朱忠飞. 书写与流传——文化史视野下的郁孤台 [M]// 中国历史文献研究会. 历史文献研究（总第30辑）. 上海：华东师范大学出版社有限公司，2011.

[156] 文锡进. 关于秦统一岭南的战争问题 [J]. 中山大学学报：哲学社会科学版，1986（2）.

[157] 翁俊雄. 唐代的州县等级制度 [J]. 北京师范学院学报：社会科学版，1991（1）.

[158] 吴刚. 秦汉至南朝时期南方农业经济的开发 [J]. 上海社会科学院学术季刊，1991（1）.

[159] 吴良镛. 世纪之交的凝思：建筑学的未来 [M]. 北京：清华大学出版社，1999.

[160] 吴庆洲，李海根. 中国城市建设史的活教材——历史文化名城赣州 [J]. 古建园林技术，1995（2）.

[161] 吴庆洲. 建筑哲理、意匠与文化 [M]. 北京：中国建筑工业出版社，2005.

[162] 吴庆洲. 迎接中国城市营建史研究之春天 [J]. 建筑师，2011（1）.

[163] 吴庆洲. 中国古城防洪的历史经验与借鉴 [J]. 城市规划，2002，26（4）.

[164] 吴庆洲. 中国古城防洪研究 [M]. 北京：中国建筑工业出版社，2009.

[165] 吴庆洲. 中国古城选址与建设的历史经验与借鉴（上）[J]. 城市规划，2000，24（9）.

[166] 吴庆洲. 中国景观集称文化 [J]. 华中建筑，1994（2）.

[167] 吴庆洲. 中国军事建筑艺术 [M]. 武汉：湖北教育出版社，2006.

[168] 吴庆洲. 中国客家建筑文化 [M]. 武汉：湖北教育出版社，2008.

[169] 吴松弟. 中国移民史 [M]. 福州：福建人民出版社，1997.

[170] 吴薇. 近代武昌城市发展与空间形态研究 [M]. 北京：中国建筑工业出版社，2014.

[171] 吴小红. 江西通史·元代卷 [M]. 南昌：江西人民出版社，2008.

[172] 夏金瑞. 赣南考古工作辑录 [J]. 赣南师范学院学报, 1982 (4).

[173] 肖爱玲. 西汉城市地理研究 [D]. 西安: 陕西师范大学, 2006.

[174] 肖红颜. 赣州城市史及其保护问题 [J]. 华中建筑, 2000 (3).

[175] 肖红颜. 赣州城市史及其保护问题 (续) [J]. 华中建筑, 2000 (4).

[176] 谢小平, 王贤彬. 城市规模分布演进与经济增长 [J]. 南方经济, 2012 (6).

[177] 谢诏. 重修虔台志 [M]. 本书所引用《虔台志》为电子扫描版, 实书现存于日本.

[178] 谢重光. 客家源流新探 [M]. 福州: 福建教育出版社, 1995.

[179] 谢宗瑶. 赣州城厢古街道 [Z]. 2009.

[180] 徐国利. 钱穆的历史文化构成论及其中西历史文化比较观——对钱穆历史文化哲学的一个审视 [J]. 中国社会科学院研究生院学报, 2003 (2).

[181] 许嘉璐. 二十四史全译·宋史·第六册 [M]. 上海: 汉语大词典出版社, 2004.

[182] 徐丽. 明清肇庆城市的发展及其影响因素 [D]. 广州: 暨南大学, 2011.

[183] 徐松. 宋会要辑稿 [M]. 北京: 中华书局, 1957.

[184] 许怀林. 江西史稿 [M]. 南昌: 江西高校出版社, 1998.

[185] 许怀林. 江西通史·北宋卷 [M]. 南昌: 江西人民出版社, 2008.

[186] 许怀林. 江西通史·南宋卷 [M]. 南昌: 江西人民出版社, 2008.

[187] 许慎. 说文解字 [M]. 北京: 中华书局, 1963.

[188] 许檀. 明清时期江西的商业城镇 [J]. 中国经济史研究, 1998, 3.

[189] 薛翘, 刘劲峰. 从赣南出土的古代农具看汉、唐时期江西南部的开发 [J]. 农业考古, 1988 (1).

[190] 薛翘, 刘劲峰. 考古发现与赣南古代史 [J]. 江西历史文物, 1986 (S1).

[191] 闫晓青. 南海神庙——中国古代海上丝绸之路的重要遗迹 [J]. 南方文物, 2005 (3).

[192] 颜森. 江西方言的分区 (稿) [J]. 方言, 1986 (1).

[193] 杨錞. 南安府志补正 [M]. 重印本. 1987.

[194] 杨恒平. 历代《赣州府志》纂修述略 [J]. 中国地方志, 2013 (9).

[195] 姚广孝. 永乐大典 [M]. 北京: 中华书局, 1986.

[196] 姚思廉. 陈书 [M]. 北京: 中华书局, 1972.

[197] 叶鹏. 赣州城市空间营造研究——客家文化为主的多文化互动博弈 [D]. 武汉: 武汉大学, 2012.

[198] 于志嘉. 卫所、军户与军役 [M]. 北京: 北京大学出版社, 2010.

[199] 余家栋, 徐菁, 余江安. 赣江上游的瓷业明珠——江西赣州七里镇窑 [J]. 南方文物, 2007 (1).

[200] 余家栋, 张文江, 李荣华. 江西赣州市古城墙试掘简报 [J]. 南方文物, 1995 (1).

[201] 余文龙, 谢诏, 等. 赣州府志 [M]. 台北: 成文出版社, 1989.

[202] 岳红琴.《禹贡》与夏代社会 [D]. 郑州: 郑州大学, 2006.

[203] 张春红. 区位与兴衰: 以临清关为中心的个案研究 (1429—1930) [D]. 南昌: 江西师范大学,

2010.

[204] 张慧芝. 宋代太原城址的迁移及其地理意义 [J]. 中国历史地理论丛，2003，18（3）.

[205] 张景. 赣州七里镇窑陶瓷艺术研究 [D]. 赣州：赣南师范学院，2011.

[206] 张九龄. 曲江集 [M]. 刘斯翰，校注. 广州：广东人民出版社，1986.

[207] 张恺，陈建中. 赣县新志稿 [M]. 民国三十五年刻本.1946.

[208] 张嗣介. 赣州七里镇窑终烧年代新证 [J]. 南方文物，2004（1）.

[209] 张嗣介. 南赣明珠——七里镇 [J]. 南方文物，2001（4）.

[210] 张嗣介. 五代卢光稠虔州扩城理念风水探析 [M]// 巫晓恒. 风水文化论丛. 北京：大众文艺出版社，2008.

[211] 张小平. 大余县发现西汉南野古城址 [J]. 江西历史文物，1984（2）.

[212] 张勇. 宋代江南东、西路物资转输地理格局的演变 [J]. 武汉大学学报：人文科学版，2014，67（5）.

[213] 赵葆寓. 关于宋代县望等级的几个问题 [J]. 北京师院学报：社会科学版，1987（1）.

[214] 赵冈. 中国城市发展史论集 [M]. 北京：新星出版社，2006.

[215] 赵天改. 洛阳古都的城址转移及原因探索 [M]// 中国古都学会. 中国古都研究（第十五辑）. 新郑：三秦出版社，2004.

[216] 赵志强. 秦汉地理丛考 [D]. 西安：陕西师范大学，2013.

[217] 郑晓君. 宋元时期环九龙江口的陶瓷业与早期航运 [D]. 厦门：厦门大学，2007.

[218] 郑学檬. 中国古代经济重心南移和唐宋江南经济研究 [M]. 长沙：岳麓书社，2003.

[219] 钟永超. 赣南官话语音及其系属考察 [D]. 南昌：南昌大学，2013.

[220] 周建华. 宋明理学在赣南创始，发展和推向新阶段 [J]. 赣南师范学院学报，2002（5）.

[221] 周琍. 盐粮流通与闽粤赣经济区域的形成 [J]. 赣南师范学院学报，2007，28（4）.

[222] 周霖. 秦汉江南人口流向初探 [J]. 江西师范大学学报，1997（3）.

[223] 周运中. 客家人由来新考 [J]. 地方文化研究，2015（1）.

[224] 朱维干. 闽越的建国及北迁 [M]// 百越民族史研究会. 百越民族史论集. 北京：中国社会科学出版社，1982.

[225] 庄绰. 鸡肋编 [M]. 北京：中华书局，1983.

[226] 邹春生. 王化和儒化：9—18世纪赣闽粤边区的社会变迁和客家族群文化的形成 [D]. 福州：福建师范大学，2010.

[227] 邹春. 物质·制度·精神：客家文化的层次结构———一种基于文化学视野下的学术考察 [J]. 西南民族大学学报：人文社科版，2005，26（12）.

[228] 左强. 宋金榷场贸易与走私贸易研究 [D]. 长春：吉林大学，2004.

[229] 阿尔弗雷德·申茨. 幻方：中国古代的城市 [M]. 梅青，译. 北京：中国建筑工业出版社，2009.

[230] 格迪斯. 进化中的城市 [M]. 李浩，等译. 北京：中国建筑工业出版社，2012.

[231] 亨利·皮雷纳. 中世纪的城市——经济和社会史评论 [M]. 陈国樑，译. 北京：商务印书馆，1985.

[232] 加藤繁. 中国经济史考证·第一卷 [M]. 吴杰，译. 北京：商务印书馆，1959.

[233] 康泽恩. 城镇平面格局分析诺森伯兰郡安尼克案例研究 [M]. 北京：中国建筑工业出版社，2011.

[234] 林达·约翰逊. 帝国晚期的江南城市 [M]. 成一农，译. 上海：上海人民出版社，2005.

[235] 刘易斯·芒福德. 城市发展史——起源、演变和前景 [M]. 宋峻岭，等译. 北京：中国建筑工业出版社，2005.

[236] 刘易斯·芒福德. 城市文化 [M]. 宋峻岭，等译. 北京：中国建筑工业出版社，2009.

[237] 罗威廉. 汉口：一个中国城市的商业和社会（1976—1889）[M]. 江溶，鲁西奇，译. 北京：中国人民大学出版社，2005.

[238] 乔尔·科特金. 全球城市史 [M]. 王旭，译. 北京：社会科学文献出版社，2006.

[239] 施坚雅. 中华帝国晚期的城市 [M]. 叶光庭，徐自立，王嗣均，等译. 北京：中华书局，2000.

[240] 斯波义信. 宋代江南经济史研究 [M]. 方健，何忠礼，译. 南京：江苏人民出版社，2001.

[241] 斯波义信. 宋代商业史研究 [M]. 庄景辉，译. 台北：稻禾出版社，1997.

后　记

本书自论文答辩至今付梓又经历了7年，蹉跎去许多岁月。世事如棋，归根到底是自己心有旁骛，置身迷局不能自拔。

洞中七载参弈阵，回首已是烂柯人。

想到这期间师长们一再容忍和鞭策，既感激又惭愧。

感谢我的父母，他们一直在关心我的研究写作，督促我也帮助我。感谢爱妻张宏，她承负着照顾家庭的任务，让我免除很多琐碎的事务，专心治学。还有可爱的谦谦，你是爸爸前行的动力……

特别要感谢我的导师——田银生老师。当初我动笔的时候，是他告诉我——不能平铺直叙，要抓住变革的时间点，找背后的驱动因素。当我写唐宋变革，困于资料匮乏的时候，是他告诉我——是因为研究还不够深入，变革一定会有痕迹，只要深入挖掘，"材料会源源不绝地自己蹦出来"。当我写明清赣州，感到无从下手的时候，是他告诉我——写文化，赣州的官学频迁，是因为地方多盗和文化上力求自新。

印象特别深刻的是，每次看我的文稿，他翻阅目录，浏览内容，一目十行，就能找到问题所在，说出改进的重点。还有他的《走向开放的城市：宋代东京街市研究》，我论文的逻辑框架，大部分是受其"绪论"启发而来。我有种这样的感觉：最终写完博士论文，似乎只是证明了他的真知灼见。

完成了博士论文，又是田老师组织出书，反复关心和督促我。我时常想，仅凭这本书，难以承载老师的殷切期盼。

要特别感谢的学术前辈还有万幼楠老师。每一次去赣州，他都热情款待，带我走街串巷，介绍历史渊源，帮助收集资料；还提供了许多论文写作的线索和建议。他的关于赣南围屋的研究，是我看到的最为严谨的学术研究，坚定了我从历史地理、社会经济文化角度研究赣城历史的决心。还要感谢韩振飞、张嗣介老师，他们都为我提供了许多帮助。

感谢肖大威、朱竑、潘安、陆琦、唐孝祥、蔡云楠、刘玉亭老师，他们在预答辩和答辩中给了我许多宝贵的意见，使论文得以修补许多论述上的漏洞。可惜我才疏学陋，诸位老师们指出的问题，还有许多有待修补。

感谢我的朋友李炎，他申请的国家自然科学基金项目特意纳入研究赣州防洪排涝的内容，多次陪我赴赣调研，一起去钻赣州的福寿沟，一起搜集资料，一起探讨赣城发展历史，提供论文的底图。

还要感谢肖旻师兄。我在写作近半的时候请教他，他专门花时间看了论文，一针见血地指出当时的论文限于实证，缺乏理论升华的问题。

还要特别感谢中国建筑工业出版社的编辑吴宇江、孙书妍和陈夕涛。若不是你们精校细审，又在事务上给予热情帮助，本书付梓还遥遥无期。

还有许多帮助了我的良师益友，抱歉我一时想不到太多……

再回头看这本书，跳出当初一些想当然的定见，又发现有不少疑点。随着学习和研究视野的拓展，也发现许多有待研究的问题。

赣县的第三次迁城，多数研究者认为落在七里镇一带。然而，近几年赣州七里镇等地的开发建设中，并未发现古城址的痕迹。另外，七里镇地势较低，对上游洪水的抗击能力较差，作为城市选址不佳。因此，这次迁城的目的地只能据史料判断为贡水东，其具体位置是一个疑点。

赣州城区老街巷众多，号称有"六街七十二巷"，其中六街及其相关城区的形成在书中第四章有粗略分析。然而，城东沿贡江一带的商业街巷究竟是否在宋代已经成型，其成型的时序又是如何？历经元、明、清兵燹鼎替和复兴，又发生了什么变化？尤其是明清六百余年的赣州城究竟发生过怎样的演变发展？万幼楠老师几次跟我提出这个问题，而我始终无法回答。

另外，福寿沟是什么年代形成的？一开始是明沟还是暗沟？在什么时代达到怎样的规模？

这些问题常常在我心里萦绕。限于学识粗陋，我一直未能找到答案。学无止境，能者为师，期待有其他关于赣州城市史的力作，为此答疑解惑。

城市史是人类社会发展的经验宝库，充满谜团，也充满魅力。谨以此拙作献给在宝库中探赜索隐的研究者们。

吴运江

2023 年 12 月于广州